分裂与对峙：

历代帝王 三国两晋南北朝

焦庆锋◎著

吉林出版集团股份有限公司

图书在版编目（CIP）数据

分裂与对峙：历代帝王三国两晋南北朝 / 焦庆锋著
. — 长春：吉林出版集团股份有限公司，2021.1
ISBN 978-7-5581-9105-3

Ⅰ. ①分… Ⅱ. ①焦… Ⅲ. ①皇帝 — 生平事迹 — 中国 — 三国时代②帝王 — 生平事迹 — 中国 — 魏晋南北朝时代 Ⅳ. ① K827=35

中国版本图书馆 CIP 数据核字 (2020) 第 250724 号

分裂与对峙：历代帝王三国两晋南北朝

著　　者　焦庆锋
责任编辑　王　平　姚利福
封面设计　晴晨时代
开　　本　787mm × 1092mm　1/16
字　　数　268 千
印　　张　17
版　　次　2021 年 3 月第 1 版
印　　次　2021 年 3 月第 1 次印刷

出　　版　吉林出版集团股份有限公司
电　　话　总编办：010-63109269
　　　　　发行部：010-63104979
印　　刷　唐山才智印刷有限公司

ISBN 978-7-5581-9105-3　　定价：49.00 元

前言

中华文明五千年，每个时期都会有一个核心人物，他们是政治带头人，是文明使者，是经济振兴家，是“天的儿子”，是群众眼中的“神”，这些人被习惯性地称作“帝王”。从传说的“三皇五帝”到大清王朝的十二帝王，一茬接一茬，一代换一代，帝王的故事在不停上演。

中国图书市场从不缺乏对帝王的记载，严肃庄重的正史探究，丰富悦目的戏说故事，以及传说加想象的野史杜撰，内容庞杂，头绪繁多。这些书有的过于考究，读来沉重；有的过于轻佻，可信度不高；很少有一种既尊重历史事实，又图文并茂、通俗易懂、风趣幽默的轻松读物。为此，我们隆重推出这套丛书。

帝王神圣。秦王嬴政一统天下，汉武帝刘彻振作中兴，唐王李世民开放博大，康熙玄烨苦学勤政。要想做个称职的帝王，不付出点汗水，光想着天上掉馅饼是不可能的。

帝王神秘。福临出生带异象，朱元璋长相是个谜，比起平头百姓，帝王当然要特殊一些，否则怎能体现其与众不同?

帝王神经。穿着红裤衩在后宫里晃荡的南朝萧昭业，要老爸的妻妾做老婆的李治，跟猪死较劲的朱厚照，他们的行为举止实在是有点莫名其妙，不可思议。

本书采用图文结合的编排方式，幽默诙谐的语言风格，将中华上下五千年有代表性的帝王一一展现，书中有一些野史和传说仅做参考，如与正统史观有差异请以正史为准。

我们的目的不在于考究史实，只为普及知识，让您在一天的繁重工作之余，从本书中了解历史，增进智慧，愉悦心情，收获快乐!

目录

三 国

魏武帝曹操——治世能臣，魏国的奠基者

魏文帝曹丕——一代枭雄的接班人

魏明帝曹叡——半明半昏的君主

魏高贵乡公曹髦——留下一句名言的帝王

蜀汉昭烈帝刘备——卖过草鞋的“刘皇叔”

晋朝

晋武帝司马炎——厚颜无耻的风流帝王

晋惠帝司马衷——愚蠢无能的白痴帝王

晋元帝司马睿——身世不明的帝王

晋明帝司马绍——不明而亡的短命明君

晋成帝司马衍——被叛军俘虏的帝王

晋孝武帝司马曜——死于一句玩笑话的帝王

南北朝

南朝宋武帝刘裕——出身不好的军事领袖

南朝宋孝武帝刘骏——贪财好色又专情的帝王

南朝宋前废帝刘子业——不靠谱的荒淫帝王

南朝梁武帝萧衍——喜欢做和尚的高寿帝王

南朝梁简文帝萧纲——诗人帝王

南朝陈武帝陈霸先——南朝第一英明帝王

南朝陈文帝陈蒨——想立男人为皇后的帝王

南朝陈后主陈叔宝——全无心肝的亡国

北朝北齐武成帝高湛——绿帽子帝王

北朝北周武帝宇文邕——横空出世的英才之主

北朝北周宣帝宇文赟——22岁的“太上皇”

三国

三国

San Guo<<

这是一个混乱割据的多元时期，也是一个枭雄辈出的历史舞台。公元220年，魏、蜀、吴三足鼎立，各国之间争战不断。

三国的军事实力以魏国最强，吴国次之，蜀国最弱。

“奸雄”曹操虽未真正称王，但其手握的实权早已达到王者的标准。曹魏第一个真正的君王曹丕虽为称帝要手段，却也奠定了统治的基业。后经魏明帝、魏齐王、魏高贵乡公、魏元帝，正当魏国的发展还算顺利的时候，曹操当初怎么也没想到，自己一手提拔的司马家族，暗中给了曹家班一记黑刀，曹魏政权终被窃取；卖草鞋的刘备是英雄，引得各路豪杰都来为他卖命，可惜儿子不争气，蜀国成了短命王朝，没心没肺的阿斗“乐不思蜀”，却也难得地获得善终；生子当如孙仲谋，东吴大帝孙权早期绝对称得上枭雄，他给子孙留下了殷实的家底，之后历经会稽王、景帝、乌程侯，吴国成为三国中存活时间最长的国家。

三国是汉末各地割据混战时代的结束，也是魏晋南北朝大纷乱的开端。

晋武帝太康元年（公元280年），晋灭吴，完成统一大业。至此，三国时代宣告终结。

魏武帝曹操

——治世能臣，魏国的奠基者

姓　　名：	曹操
职　　称：	太祖
生卒年份：	公元 155 ~ 220 年，享年六十六岁
最大政绩：	为北方统一奠定了基础
最大错误：	生性多疑，错杀好人
荣誉称号：	武帝王
家庭出身：	高干家庭
老　　爸：	曹嵩
老　　妈：	邹氏
接 班 人：	曹丕
最 得 意：	灭袁绍，统一北方
最 痛 心：	心爱的儿子曹冲早夭
最 擅 长：	奸诈多疑
最 失 意：	赤壁之战大败
现在住址：	不详
个性签名：	不能流芳百世，那就遗臭万年，奸雄也是雄哦！

魏武帝曹操像

机灵的小鬼

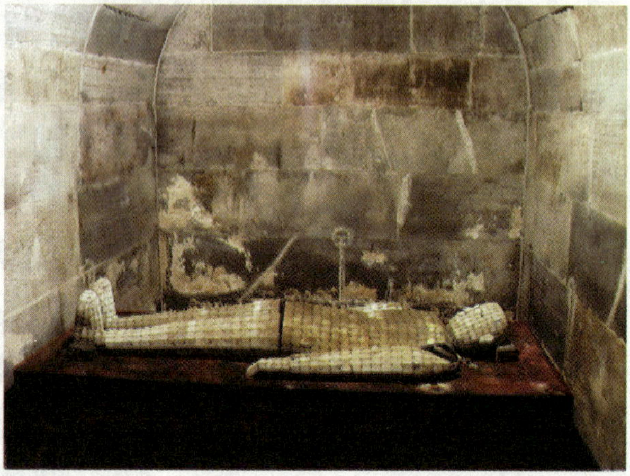

曹嵩墓出土的由 2464 片美玉玉片和银丝编缀的银缕玉衣

在中国京剧脸谱中，白脸绝不是什么好人物，而今天的主人公“幸运”地跻身于白脸行列，他就是曹操。

曹操出生于一个显赫的官宦家庭。祖父曹腾，是东汉末年著名的宦官集团首领之一，权倾一时，是汉相国曹参的后人。父亲曹嵩是曹腾的养子，曾任司隶校尉、大司农、大鸿胪、太尉等要职。

曹操年少时非常放荡顽皮，叫他“曹大胆”一点不为过。据《世说新语》记载，有一次，曹操和袁绍看人家办婚事，夜间潜入主人家园中，大叫：“有贼！”洞房里的人听了都纷纷跑出来。曹操则趁机溜进去，用匕首把新娘劫持，与袁绍一道又跑了出去。袁绍由于慌张，不小心掉进了荆棘丛里，动弹不得，怎么也出不来。眼看那家人就要追出来了。曹操急中生智，在旁大叫了一声：“贼在这里！”袁绍吓得屁滚尿流，不知道哪里来的力气，一跃而出，才与曹操脱了险。

京剧中曹操的脸谱

曹操还很有心计。他叔叔看不惯他的不拘礼俗，放荡不羁，经常跑到曹嵩那去告状。曹操受不了父亲的斥责，决定寻找机会对叔父进行报复。一天，曹操看到叔父走过来，就马上倒下，口吐白沫，一副中风的样子。他叔父见了，立刻跑去告知曹嵩。等曹嵩慌忙跑过来，曹操却跟没事一样，便问他病是不是好了。曹操说：“我根本就没有病，可能是叔父不喜欢我，所以才诬陷我。”此后，曹嵩便很少再相信兄弟的话。

名副其实的奸雄

曹操虽然没有称帝，但其权力与地位并不比帝王低。之所以能“流芳百世”，主要还得归功于他的奸诈和多疑。

公元189年夏天，汉灵帝病死，太子刘辩做了帝王。董卓以剿除宦官为名，率领二十万大军进洛阳，把刘辩废掉，立九岁刘协为帝王，他自己则独揽朝廷大权。为了笼络人心，董卓把曹操提升为骁骑校尉，但是曹操不想跟他混，一心想刺杀董卓。

一天，曹操佩刀来到丞相府，董卓坐在床上，见曹操进来，问道：“孟德，今天怎么来晚了？”曹操说：“我的马太瘦，跑不快。”董卓为了拉拢曹操，就叫吕布挑了一匹西凉送来的好马，送给曹操。吕布领令出去了。不一会儿，董卓觉得很困，便头朝里倒在床上想睡一会儿。曹操一见，这可是好机会，急忙拔出宝刀，正要向董卓刺去，却没想到董卓从衣镜中看见了，一骨碌坐起来，问道：“孟德你要干什么？”这时，吕布已牵马来到。曹操惊慌间，把刀举起，跪下说：“我有一口宝刀，特带来献给丞相。”董卓接过来一看，这刀有一尺多长，柄上镶嵌着珠宝，刀刃极为锋利，果真是一口宝刀，便收下了。曹操又从身上把刀鞘解下来，交给吕布。随后，董卓领曹操出来看马。曹操拜谢说：“我想骑上试试。”董卓叫人给马备上鞍辔。曹操牵马出了相府，狠打几鞭，往东南方向飞驰而逃。

曹操刺杀董卓失败，立即献刀

曹操刺杀董卓的计划没实现，就找借口逃出了京城，路过中牟县时，被守关的军士抓住，押着去见当地县令陈宫。陈宫认出他就是曹操，在夜里就把曹操从监牢中提出，进行审讯。曹操说：“我正准备回去发矫诏，号令天下诸侯兴兵一起诛杀董卓，谁知被你给逮了个正着。”一句话，使得陈宫对曹操的忠心感动不已，弃了官职与曹操一同出逃，打算跟着曹操干一番讨伐董卓、维护汉室的大业。后来的事情却让他大失所望，事实证明他看走眼了。二人来到一个叫成皋的地方，在曹操父亲的结义弟兄吕伯奢家投宿。吕伯奢吩咐家人杀猪款待，自己骑驴到西村去买酒。曹操忽然听见院子后边有磨刀的声音，便与陈宫潜入草堂后头偷听，听到有人说：“先绑了再杀掉，怎么样？”一向多疑的曹操以为是要杀他和陈宫二人，便先下手，杀了吕家男女八口。搜到厨房，发现一头被捆了的猪，才恍然大悟，原来是捆一头猪杀掉。

多疑的曹操

陈宫说：“孟德多心，误杀了好人啊。”二人急忙出庄，上马就跑。在路上，正好遇见吕伯奢买酒回来，为了杀人灭口，曹操又把他杀了。陈宫大惊说：“刚刚是判断失误，情有可原，这一出又是为何？”曹操说：“吕伯奢到家，见杀死多人，怎么肯善罢甘休？如果率领众人来追，我俩必遭大祸。”

陈宫说：“明明知道他是好人，还故意杀掉，这是大不义啊！”曹操说：“宁教我负天下人，休教天下人负我！”两个人夜行数里，在一家客店住下。陈宫原本以为曹操是个好人，却没想到是个狠心多疑的家伙，便乘曹操酣睡时，离开了他，投奔东郡去了。

夜梦杀人

曹操不但生性多疑，他的心狠手辣与奸诈也是出了名的。为防止别人暗算，曹操对照料自己饮食起居的侍从们说：“我有个毛病，或者说特殊功能。当我在睡梦中时，只要有人稍一接近我，我就会跟梦游症似的，马上跳起来杀死这个人，所以今后当我睡着，尤其是熟睡之际，千万不要靠近我，以免被误杀。”曹操为使众人相信自己的话，在一天夜晚睡觉时，故意蹬开被子，装作受冻而不知的酣睡状。一个平日深受曹操喜爱，对曹操的照料十分精细入微的小男童，见主人在寒夜受冻，出于职责，更出于对曹操的爱戴，小心翼翼、轻手轻脚地走到曹操卧床前，刚要伸手捡起地上的被子给主人盖好，曹操突然翻身跳起，抽出床头宝剑，狠命一挥，男童即刻身亡。曹操杀人之后，一言不发，重新躺倒，呼呼大睡起来。其他侍从吓得面无人色，都呆傻般一动不能动，很长时间才清醒过来，但谁也不敢再靠近曹操，那个被杀的小童也就一直横在曹操床下。第二天清晨，曹操醒来，一见床头、床尾溅满鲜血，床下又横卧着已死的小童，大惊之后便大怒：“谁敢杀我所爱之人？！”曹操的这种伎俩，只有一人看得透明至极，这个人就是杨修。当曹操装模做样为小童送葬时，他扶棺苦笑道：“不是曹公在梦中，而是你在梦中啊！”曹操见杨修戳穿了自己的计谋，深恨杨修，后来终于找了个借口杀死了杨修。

曹操在想借谁的刀杀掉祢衡

神医华佗

东汉名士祢衡，有才学而狂傲不羁，在当时的文人学者中很有影响，连大思想家孔子的后人孔融也十分尊重他，说：“我的朋友祢衡可以说是当世奇人，他的才学是我的十倍！”曹操听说后，非常嫉妒。像他这么自负的人，怎么能容忍在本国境内有名声超过自己的人存在？于是，曹操很快派人把祢衡叫来，想当面侮辱他一回，压压他狂傲的气焰。谁知，狂妄不羁的祢衡却在席间大骂曹操，边击鼓边历数曹操的罪行。曹操气得七窍生烟，面目青紫，咬牙切齿。曹操怒视祢衡良久，忽然笑了笑：“我马上派你到荆州刘表处，作为我的专使说他来降。你有才华，曹某也最重天下人才。等你完成这个任务回来，我可以让你做公卿，以示我求贤若渴之诚意。”

众人不解，纷纷问曹操原因，曹操笑而不答。祢衡到荆州后，刘表猜出了曹操想借刀杀人的目的，没有中计，将祢衡转派到地方军阀黄祖那里。黄祖不像刘表，性情十分粗蛮。俗话说秀才遇到兵，有理说不清，更何况是这个狂妄无比的祢衡了，他俩碰在一起那还有好？果然，当祢衡冒犯他时，黄祖就大发雷霆，立刻把他砍了。

曹操听到祢衡死在黄祖刀下的消息，轻松又轻蔑地一笑：“这迂腐不堪的书呆子是自己找死，根本用不着脏我的刀。”

曹操就是这么一个心狠手辣、狡诈多疑的人，就像一只时刻等着吃人的猛虎。但老虎也有打盹的时候，强中自有强中手，多疑的曹操中了吴国周瑜的反间计，误杀蔡瑁、张允，后来又错杀神医华佗，最后终于气绝身亡。

中国历史上第一位提出“薄葬”的帝王

曹操虽然没当帝王，但实权与地位却绝不亚于帝王，死后举行一个隆重的发丧仪式，绝不是难事。但生前风光无限的曹大丞相却成为中国历史上第一位提出“薄葬”的高官。

据说，曹操一生提倡节俭，他对家人和官吏要求极严。儿子曹植的妻子因为身穿绫罗，被他按家规下诏自裁。宫廷中各种用过的布料，破了再补，补了再用，不允换新。有个时期，天下闹灾荒，财物短缺，曹操不穿皮革制服，到了冬天，朝廷的官员们都不敢戴皮帽子。

许昌魏武帝广场的曹操雕像

又据传，曹操早年曾干过盗墓的勾当。他亲眼目睹许多坟墓被盗后尸骨纵横、随葬物品狼藉的场面。为防止自己死后也出现这种惨状，他颁布了一道《终令》，提出死后不厚葬，要将自己埋在贫瘠的土地上，陵上不堆土，不植树。一年后，他还为自己准备了送终的四季衣服，并留下遗嘱说：“我如果死了，请按当时季节所穿衣服入殓，金玉珠宝、铜器等物，一概不要随葬。”

为了防止盗墓，在“薄葬”的同时，他还采取了“疑冢”的措施。传说，在安葬他的那一天，七十二具棺木从东南西北四个方向，同时从各个城门抬出。

这七十二座疑冢，哪座是真的呢？曹操之墓的千古之谜随之而起。千百年来，盗墓者不计其数，但谁也没发掘出真正的曹操墓。军阀混战年代，东印度公司的一个古董商人为了寻找曹操的真墓，雇民工挖了十几座疑冢。结果除了土陶、瓦罐一类的东西外，一无所获。带头“薄葬”，既保护了自己，也使盗墓者无从下手，这也算是他的明智之举。至于曹操陵寝的真实情况至今仍是个谜，还有待于新的考古发现。

曹丕代汉后，曹操被尊称为“大魏武帝王”，生前没称帝的曹操，死后却成了三国时期有名的帝王。

奸雄的功绩

作为一个政治家，要在群雄林立的动乱社会中求得生存，占有一席之地，没有远大的目光和过人的胆识是不行的。曹操之所以能够削平群雄、统一北方，就是因为他具有这样的目光和胆识。当汉末中央政权处于风雨飘摇之际，曹操大胆采纳谋士荀彧的建议，奉迎献帝迁都许昌，“挟天子以令诸侯”。此后，他不仅可以名正言顺地利用朝廷的名义行事，而且可以逐步扩大自己的地盘，壮大自己的军事实力。只有曹操这样“胸怀大志，腹有良谋，有包藏宇宙之机，吞吐天地之志”的人，才称得上真正的英雄。

曹操非常重视人才，对人才求贤若渴，极力搜罗，并加以重用。“青青子衿，悠悠我心，但为君故，沉吟至今……”靠着这种对人才的渴望与重视，他身边聚拢了一大批有才之士：荀彧、荀攸、郭嘉、程昱，机智深远；张辽、许褚、李典、乐进，勇不可当。正是这些文臣武将的运筹谋划和拼死战斗，才使得

后人画曹操像

曹操的势力逐步扩大，最终削平群雄、统一了北方。

曹操治军素以“军法甚严”著称，他以身作则，对百姓也颇为爱护。“割发权代首”这一事例最为典型。这其中虽有伪善的一面，但更多的却是爱民之举，毕竟老百姓得到了实惠。

曹操不但是中国历史上一位杰出的政治家、军事家，还是一位杰出的文学家，著有《孙子略解》《兵书接要》等军事著作和《蒿里行》《观沧海》《薤露行》《短歌行》《苦寒行》《碣石篇》《龟虽寿》等不朽诗篇。后人辑有《曹操集》。一首壮怀的《观沧海》至今令人称道，曹操的文学造诣可见一斑。在曹操父子的推动下，形成了以三曹（曹操、曹丕、曹植）为代表的建安文学，史称建安风骨，在文学史上留下了光辉的一笔。

魏文帝曹丕

——一代枭雄的接班人

姓　　名：	曹丕
职　　称：	高祖（世祖）
生卒年份：	公元 187 ~ 226 年，享年四十岁
最高职务：	魏国第一任帝王
帝王工龄：	七年（公元 220 ~ 226 年）
最大政绩：	建立魏国
最大错误：	没把握住统一全国的机会
荣誉称号：	文帝王
老　　爸：	曹操
老　　妈：	卞夫人
家庭出身：	高干家庭
接 班 人：	曹叡
最 得 意：	逼迫汉献帝禅位，自立为帝王。
最 痛 心：	老婆甄洛跟弟弟闹绯闻
最 擅 长：	猜忌
最 失 意：	三次伐吴都失败
现在住址：	河南省洛阳市首阳山首阳陵
个性签名：	男人四十正当年，而我却……

魏文帝曹丕像

父不夸的老二做了王

许昌曹丞相府一景

一般来说，在兄弟姐妹中，老二通常是舅舅不疼、姥姥不爱的主儿。曹丕就是曹家的老二，不幸成为这家兄弟中的“失宠儿”。失宠的女人要想得到男人的宠爱，无非是一哭二闹三上吊。那么一个失宠的男人呢？

据史书记载，曹操有五个儿子：长子曹昂，次子曹丕，三子曹植，四子曹彰，五子曹冲。聪慧可爱的小曹冲会称象，家喻户晓；剽悍的曹彰空手可擒猛兽，勇猛无敌；文采华丽的曹植少有异才，十岁能诵读诗文辞藻数十万言；年长的曹昂早年征战张绣，为救父而英勇牺牲于宛城；似乎只有曹丕一无是处，从未得到过老爸的表扬，始终以一种失落、寂寞而苍凉的状态生存于兄弟背后。

曹操表扬过曹植。

一天，吃早饭时，一家人正在吃烧饼和油条。曹操就对儿子们说：“谁能以《烧饼与油条》为题作一首诗？”

曹植一向文才了得，此次更是出口成章：“烧饼说自己像月亮，油条说一点儿也不像。烧饼不能照亮大地，烧饼不能挂在天上。但烧饼是圆的，月亮有时也是圆的，烧饼和月亮还是有一点儿像。”

曹操听后，哈哈大笑：“好！我家植儿文思敏捷，像我，像我！”

听了这话，曹丕难受得吃不下早餐，对老爸一向喜欢曹植早就嫉妒得不行，恨得咬牙切齿，这次听了老爸表扬老弟以后，一见到烧饼、油条就反胃。

曹操表扬过曹彰。

又一天，一个月黑风高的夜里，有个小偷来到了曹府。听到“乒乒乓乓”一阵乱响后，曹丕点亮灯盏。这时，曹丕的另一个弟弟曹彰，已结束了与小偷的搏斗，将其按倒在地。事后，曹操说：“好！我家彰儿身手矫健，像我，像我！小时候，家里来了小偷都是我“接待”的。有我在，来多少个小偷也别想吃到好果子！”听了这话，曹丕挺怕自己在老爸的心目中没啥好印象，便恨恨地踢了小偷几脚，心里骂道："本来就够乱的了，你还来坏我的大事！"

兄弟几个里，属老五曹冲最贪玩，成绩最差，对曹丕最构不成威胁，曹丕也最放心。但是，曹操对小儿子也是疼爱有加。

有一天，私塾老师上门告状："你得管管你们家曹冲了！他一下课就爬到附近的一棵大树上，说什么要训练马蜂！"

曹丕心想："这下可有人比我更差劲了。"哪知他高兴得太早了。

曹操听完私塾老师的话，拍着大腿说："好！这小子贪玩，像我，像我！我那时候是瞎淘气，他呢，还能玩出名堂来，哈哈……"

这时，一种危机感顿时包围了曹丕。要知道，曹丕最大的心事就是：五兄弟中，老爸会让谁来接班。这下倒好，老爸夸奖过老三、老四、老五"像我"，但没说过"老二也像我"，从来没说过！"不行！"曹丕想，"我得想尽办法取悦老爷子，才能当上我梦寐以求的接班人！"

曹丕曾经希望以文章来经国传世，可他的文采一直没有超过弟弟。那么，他还能用什么来取悦高高在上的父亲呢？他知道世道无常，人生短暂，荣耀也只这一身，所以为之奋斗的也就只有权力了。终于，曹丕运用各种计谋，在司马懿、吴质等大臣帮助下，在继承权的争夺中战胜了弟弟曹植，被立为太子。

有人说，如果没有曹丕，那皇位就一定是曹植的了。曹丕嫉贤妒能、暗箱操作，才让曹操失去了判断能力。其实曹操的智商并不低，他看得出曹植虽然文治武功不差，但在魄力上始终输曹丕一等。

曹丕被立为太子后三年，也就是公元220年，这个没有得到过父亲夸赞的男人——曹丕当上了帝王。他老爸曹操一辈子梦想而没有做到的事情最终让他做到了。

其实在曹操眼里，他从心里更喜欢才情高人一筹的曹植。建安十五年，曹操在邺城修建了一座铜雀台。落成当天，曹操让儿子们都登台作赋，曹植一气呵成，写成名篇《铜雀台赋》，曹操看后，大为高兴，封其为平原侯。只是曹植性格狂放，不自雕励，饮酒不节，屡犯法纪，以致渐渐失去父亲的宠爱，

嘿嘿，这下可有人比我更差了

最后在争当太子的斗争中败给了哥哥曹丕。

曹操去世后，曹丕废汉献帝为山阳公，自己为帝王，建国号魏。

为了女人，兄弟反目

“翩若惊鸿，婉若游龙……”在三国才子曹植的笔下，超尘脱俗的洛神呼之欲出。传说洛神就是曹植思慕的嫂嫂甄氏，也就是魏文帝曹丕的妃子甄洛夫人。

甄氏是中山无极（今河北省无极县）人，原名甄洛，父亲是做过上蔡县令的甄逸，母亲是远近闻名的美人张氏。甄逸夫妇有三儿五女，其中生于汉灵帝光和五年十二月（公元182年）的甄洛排行最小，也最为出色。相传她的母亲张氏怀孕时梦见一个仙人，手里拿着玉如意，站在她的旁边；临产时，张氏看见仙人入房，拿他的玉衣盖着自己的身体，不久便生下了甄氏。甄氏三岁时老爸就死了。当时一个很有名的算卦先生刘良看了甄洛以后，对张氏悄声说：“你这个女儿贵不可言！”

甄洛从小到大，性格静好。八岁的时候，门外有马戏，姐姐们和家中其他人都上阁楼争相观看，独独甄氏坐着一动不动。姐姐们都觉得奇怪，问她：“大家都争着看热闹，你怎么不看？”甄洛回答：“这岂是女子应该看的吗？”

甄洛美艳惊人。据说，她每次就寝，因肤白如玉，以至家人仿佛看到有人将玉盖在她的身上，惊奇之余疑惑不解。令人更惊异的是，甄洛虽然貌美，但绝不是花瓶，她博览群书，通晓经史，是远近闻名的大才女。她九岁时就学习读书写字，有一次，她向大哥借文房四宝。大哥说：“你应当学习做点针线活之类的，哪用得着读书写字，难道想做女博士不成？”甄洛回答：“古代的先贤，没有不学前世成败而全部自己去尝试的。不看书不学习，怎么能进步呢？”

美人甄洛像

当时正值天下纷扰，连年饥荒，老百姓都抛卖金银珠宝以换取食物。甄氏家巨富，所以趁便宜收买储藏了许多宝物。甄氏对母亲说：“现在世道那么乱，你干嘛还买那么多宝物？这不是自己给自己找麻烦吗？穷人无罪，富人有罪。再加上现在大街上到处都是饥民，咱们应该发放粮食赈济乡亲邻里，广施恩惠。”全家人听甄洛的这番话很有道理，也就照做了。

甄氏才色双绝，德才兼备，这般凤毛麟角的女子，自然美名远扬。当时，任冀州牧（中山无极正属其管辖范围）的袁绍得知后，立即让自己的二儿子袁熙娶了这个非同一般的女子，甄洛也就成了袁熙的夫人。可是袁熙似乎不太懂得怜香惜玉，这使得甄洛的生活非常苦闷，为此她写了一系列闺怨之作。

邺城遗址

东汉献帝七年，袁绍拥有冀、并、幽、青四州，但在官渡之战中被曹操打得惨败。不久，曹操兵围邺城，邺城副将苏由投降。苏由对邺城的情况了若指掌。他告诉曹操，袁绍的夫人刘氏尚留在城中，极得刘氏喜爱的二媳妇甄洛也在她身边。曹操早听说甄洛在袁氏父子的众多美艳妻妾中是最为秀美、最具风情的一位女子，知道她还在邺城，不禁怦然心动。曹操还想进一步证实甄洛的美丽，便故意问苏由：“一直听说袁绍的几个媳妇都很美，这个甄洛究竟怎么样？”苏由也是善于察言观色之人，知道曹操在想什么。于是他回答道：“袁绍的几个儿媳确实个个貌若仙子，但在这几个儿媳中，却要数这二媳妇甄洛最美。甄洛不仅美艳绝伦，而且还知书达礼，善解人意。刘夫人在袁府中是以脾气古怪闻名的，谁也侍候不好，只有这个二媳妇甄洛，最合刘夫人的脾气，刘夫人十分地喜爱。甄洛在袁府中调和上下，内外亲融，府中人人都喜爱她。”

一员守城武将说起这甄洛都如此头头是道、心驰神往，可见这位美人的美名实在是家喻户晓。曹操心里已恨不得马上把甄洛拥入怀中。

曹操的二儿子曹丕也参加了这场战争。当时他正少年气盛，随父从军。大破袁军后，他当即跃马冲进袁府，提剑下马，径入后堂，只见一个中年妇人坐在那里独自垂泪，膝下有一个少妇跪着小声地哭泣。那中年妇人是袁绍的妻子刘氏，少妇就是袁熙的妻子甄氏。袁熙已带着他的残兵败将匆匆逃往辽西。甄氏满脸泪水，脂粉模糊，却似梨花带雨，一种娇羞情态，惹人怜惜。曹丕看得不由动了心，于是走到近前，替她拂拭泪痕，再一端详，真是桃腮杏脸，美艳绝伦，有一种说不出的气质。

曹丕当即自报姓名，叫甄洛放心，承诺不会拿她怎么样。刘氏一听是曹操的世子，

曹丕见到美人甄洛心花怒放

忙让甄氏下拜。甄氏含羞施礼，偷偷地看了一眼曹丕的相貌。原来是一位英姿潇洒、仪表风流的翩翩少年，不由得萌动芳心，含情脉脉地注视着曹丕。曹丕呆呆地站在那里，忘记了时间，忘记了地点，心里早就如花怒放。

这时，忽然外面人声嘈杂，原来是曹操来了。曹操问到袁氏家属的情况，曹丕便入内引出刘氏和甄氏。曹操一见甄氏，便故作镇静地问刘氏："家里怎么只留下你们两个？"

刘氏回答："一家老小走的走，逃的逃，只有我的二儿媳愿意留在我的身边，所以还留在府里。现在承蒙世子好心保全，真是不幸中的万幸。"

曹操看了看一旁的曹丕，见他两目痴痴呆呆地盯着甄氏，知道曹丕也对这个美人动了情。

动情的又何止是曹操和曹丕，曹植从第一眼就看上了这个倾城美女。但是从行动上还是曹丕的速度快，他先发制人，对曹操说："儿子一生别无他求，只要能娶到甄洛，此生足矣！希望父皇念在儿子虽年轻力壮却没人相伴的分上，予以成全！"话已至此，曹操虽然心里也想将美人占为己有，可是儿子这么一说，做父亲的当然不好拒绝，便叫人做媒。刘氏不敢不从，与甄氏商量，甄氏也没有别的意见。于是，当下便择取吉日，把婚事办了。甄洛也就从袁家二少奶奶摇身一变，成了曹家的二少奶奶。

曹丕捷足先登，把这么漂亮的美人娶到手，曹植只有暗中悲愤。上帝为你关上一扇门的时候还为你留着一扇窗，这话一点不假。为了消灭群雄，曹操与曹丕都不得不在外奔忙，只有曹植因为年龄小而有空闲时间。这样一来，他就有时间陪他这个美丽的嫂子了。

曹植在家陪着这位多情而又美艳的少妇，消磨了许多风晨雨夕与花前月下的辰光；耳鬓厮磨，了无嫌猜。慢慢地，曹植与甄妃的浓情蜜意已经快速升级到难舍难分的地步。

曹丕跟他老爸一个德行——好猜忌。家里就自己的媳妇和老弟，闲言碎语自不会少，曹丕因此对曹植耿耿于怀。

一直因为甄洛而对弟弟怀恨在心的曹丕以帝王的身份命令曹植出封临淄。监国灌均阴按照曹丕的意思，弹劾曹植，于是曹丕又把曹植征回朝廷，打算找个借口处死他，幸亏老妈卞太后从中保护，曹植才幸免于死。但曹丕不甘心，限令曹植七步成诗，诗必须以兄弟为题，而且不准直说。这就成就了那首经久流传的《七步诗》：“煮豆燃豆萁，豆在釜中泣，本是同根生，相煎何太急？”曹丕听了这首诗，心里感到惭愧，于是放弃了杀他的念头，但余恨并未因此消除，还是将曹植贬为安乡侯。

除了甄妃，曹丕还有许多内宠，其中最宠爱的是郭氏。郭氏不仅善于谄媚，并且善于谋略，曹丕能够被立为太子，也是受益于这位“成功男人背后的女人”。曹丕篡汉建魏，升郭氏为贵嫔，本来想立她为皇后，只因为前边还有甄妃，便拖延下来。曹丕对于甄妃和曹植错综复杂的关系一直难以释怀，所以仅仅封她为妃，甄妃始终未能得到母仪天下的

曹植吟诵《七步诗》

皇后地位。郭氏为谋夺后位，多方挑拨是非，曹丕听信郭氏的话，将甄妃留置在邺城。不久，郭氏又在曹丕跟前煽风点火，说甄洛心怀怨恨。曹丕一气之下，将她赐死。郭氏没有儿子，只有甄妃有一个儿子，名叫曹叡。曹丕立郭氏为皇后，将曹叡交给郭后抚养。

甄妃死后，有一次曹植入朝到宫里，曹丕将甄妃使用过的一个盘金镶玉枕头赐给他。曹植睹物思人，不免触怀伤情。回来时经过洛水，夜宿舟中，恍惚之间，远远看见甄妃凌波微步，御风而来，并说了一些"我本有心相托"之类的话语。曹植一惊而醒，才知道原来是南柯一梦。于是就着蓬窗微弱的灯光写下一篇《感甄赋》，借洛河中的水神宓妃作为甄妃的化身，抒发蕴积已久的爱慕之意。赋中写他经过洛水，遇见美丽的洛水之神宓妃，两人一见钟情，互相爱慕，但因为一个是神，一个是人，而没能结合在一起，最后不得不怅怅而别。

相传甄夫人死时无人收殓，披发覆面，口里塞满了糠。这件事被曹植知道了。魏主曹叡即位时，虽已追谥生母甄妃为文昭皇后，但对于甄夫人冤死的情形，并不知道。

太和四年，太皇太后卞氏病死，曹植利用回都城洛阳奔丧的间隙对曹叡讲述了甄夫人惨死的情状，曹叡疑信参半，私下询问庶母李贵人，才知道曹植说的都是实情，不胜悲愤。作为甄洛的亲生儿子，曹叡当然要讨个说法。他到郭太后那里诘问亲娘的死状，郭太后丝毫不觉得愧疚，反而忿然道："是先帝要赐死她的，与我何干？何况你身为人子，难道还要追究你死去父亲的责任么？难道还要为前母逼死后母吗？"曹叡听了，更加气愤。虽然当时他无言以对，但从此往后，凡是郭太后的饮食服用，都故意裁减，气得郭太后有口难言，郁郁而终。曹叡吩咐内侍棺殓，就像当初郭后对甄妃一样，只是表面上按礼仪治丧完事。曹叡还命甄夫人的哥哥甄象为太尉，持节到邺城，改葬甄夫人，并改封曹植为陈王。曹植虽得到封赏，却仍然不被信任。

曹植像

顾恺之所绘《洛神赋图》

他屡次上疏自荐，希望能在政治上有所作为，但始终不受重用。明帝太和六年，曹植在抑郁中病逝。因其被封为陈王，谥号为“思”，所以后世多称他为“陈思王”。他的那篇《感甄赋》，也因牵涉到曹植与甄妃之间一段错综复杂的感情，行迹太过明显，被曹叡改名为《洛神赋》。

他也曾兢兢业业

曹丕在位时间很短，在封建帝王的历史长河中是一个很不出彩的角儿。但他还是兢兢业业做了很多事的。或许有的好有的坏，但既然是他做的，还是应当被记录下来的。

曹丕墓遗址

1. 重视文教。公元 221 年，曹丕下令人口达十万的郡国每年察举孝廉一人，也就是公开进行一次人才招聘。同年又重修孔庙，封孔子后人为宗圣侯，把孔家的儒术仁义又提到了很高的地位。公元 224 年恢复太学，设立春秋谷梁博士。

2. 修复洛阳，营建五都。

3. 采取休养生息的策略，恢复生产，发展经济。

4. 发展屯田制，施行谷帛易市，稳定社会秩序。黄初末，魏国国库充实，累积巨万，基本解决战争造成的通货膨胀问题。

5. 创立九品中正制。

6. 巩固中央集权，限制后党，削夺藩王权利，建立防辅制度。强化中书省，发展校事官制度。

公元 226 年 5 月，曹丕病重，秘密命令中军大将军曹真、镇军陈群、抚军司马懿等扶立子曹叡继位，命令后宫淑媛、昭仪以下的宫人回家与父母团聚。丁巳日，病死于洛阳宫内中寿殿，这年他刚刚四十岁，正是男人的鼎盛年华。

魏明帝曹叡

——半明半昏的君主

姓　　名：	曹叡
职　　称：	烈祖
生卒年份：	公元 204 ~ 239 年，享年三十六岁
最高职务：	魏国第二任帝王
帝王工龄：	十四年（公元 226 ~ 239 年）
最大政绩：	成功防御吴、蜀的多次攻伐
最大错误：	错传了皇位
荣誉称号：	明帝王
老　　爸：	曹丕
老　　妈：	甄洛
家庭出身：	帝王之家
接 班 人：	曹芳
最 得 意：	大败蜀军，迫使诸葛亮挥泪斩马谡。
最 痛 心：	老妈惨死
最 擅 长：	带兵打仗
最 失 意：	无安国之智
现在住址：	河南省洛阳市东南大石山高平陵
个性签名：	俺适合打天下，不适合坐天下。

魏明帝曹叡像

一只没了母鹿的小鹿

曹叡的老爸就是曹丕，这个做爸爸的还兼任他的启蒙老师。

曹叡刚懂事，曹丕就给他上了一课：这世上谁也不能相信，包括你自己的父亲；只有权力，才能给人真正的安全感。

曹叡之所以受到这番教育，全因他有个不一般的母亲。他的母亲，就是“翩若惊鸿，婉若游龙”的美人甄妃。当年，她本已嫁入袁家，做了袁绍的儿媳妇，可曹丕垂涎她的美色，硬是把她弄到手，册封为妃。

公元 205 年，甄妃生下曹叡。之后不久，甄妃被曹丕赐死，曹丕把曹叡交给没有儿子的郭氏抚养。曹叡听说妈妈是在郭氏的挑拨下被父亲害死的，非常气愤，从此讨厌郭氏，但郭氏是父亲跟前的红人，为了生存，他又不得不听从父亲的安排。他知道，只有忍辱负重，将来当了帝王，才能出人头地。

曹叡不忍心射小鹿

郭氏心中有鬼，很不喜欢曹叡，处处为难他。曹叡每天看着“后娘”的脸色说话行事，处处小心谨慎，时时遵守礼仪。渐渐地，他的殷勤博得了郭氏的好感。

即便如此，因为甄妃的事，曹丕仍未打算立曹叡为太子。直到曹叡十五岁那年，事情才有了转机。

那天，曹叡跟随曹丕到郊外打猎，一只母鹿领着一只小鹿从他们面前奔跑过去。曹丕弯弓搭箭，把母鹿射死了，然后转过身来，让曹叡射杀小鹿。曹叡望着那只惊恐的小鹿，联想到自己的遭遇，眼泪落了下来，他说：“陛下既然已经射死母鹿，我怎能再忍心射杀其子？”曹丕听后，不由得一阵心酸，当即把弓箭扔在地上回宫了。

经过此事，曹丕心中有了立曹叡为皇太子的念头，但不知何故，他当时并未将“皇太子”的头衔给曹叡，只是封他当了平原王。

公元226年，曹丕病危，感觉自己熬不下去了，这才立下遗诏，立曹叡为皇太子。同年，曹丕驾崩，曹叡继位，定都洛阳。

诸葛亮曾是他手下败将

曹叡虽当了帝王，但他这帝王当得很不太平。当时，魏、蜀、吴三国鼎立，为了夺取霸权，三国之间战争不断。

烽火连天的局势，给了曹叡施展军事才华的机会。

公元228年，蜀相诸葛亮率军北伐曹魏。因甘肃三郡的守军集体叛变，弃魏投蜀，魏国上下顿时乱成一团。有人断言，魏国时日不多，很快就要玩完了。危急时刻，曹叡面不改色地从龙椅上站起来，不慌不忙地说：“不就是丢了三个郡嘛，有啥可慌张的？待朕调兵遣将，定将诸葛亮率领的蜀军打得落花流水！”

曹叡马上组织一支实力强大的军队，亲自率军镇守长安，同时抽调五万名步骑兵，由大将张郃带领，阻止蜀军的进攻。

与张郃对阵的是蜀国将领马谡。马谡“好论军计”，惯于纸上谈兵。刘备临死前曾告诫诸葛亮：马谡“言过其实”，不可重用。但是，诸葛亮没有听从他的劝告。北伐曹魏，马谡自告奋勇，提出镇守战略要地街亭（今甘肃秦安县东北）。诸葛亮同意

后人绘马谡像

马谡失街亭画图

了马谡的请求。

不料，马谡到达街亭后，没按诸葛亮的指示“依山傍水部署兵力”，而是自作主张，将大军部署在远离水源的街亭山上。副将王平劝马谡街亭一无水源，二无粮道，若魏军围困街亭，切断水源，断绝粮道，蜀军则不战自溃。马谡不以为然，仍固执己见。结果，张郃将马谡围困于山上，纵火烧山，蜀军不战即败。

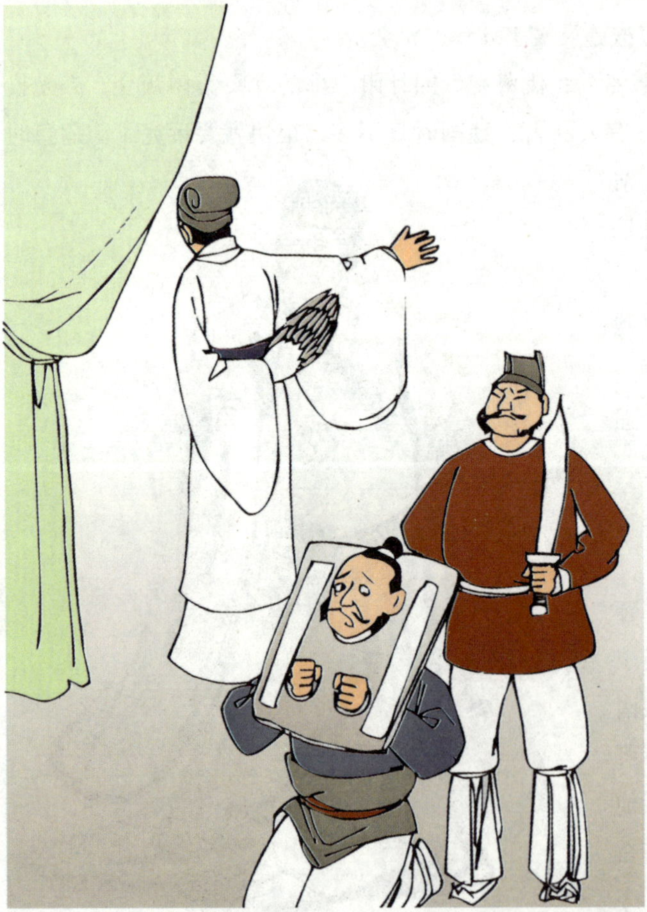
诸葛亮挥泪斩马谡

街亭失守，战局骤变，诸葛亮不得不率军退回汉中。为了严肃军纪，诸葛亮下令将马谡斩首。这就是历史上有名的“诸葛亮挥泪斩马谡”。

街亭一役，说明诸葛亮并非事事都能神机妙算，也显示出曹叡能用人、会用人。

此后，诸葛亮又数次率军北伐曹魏。曹叡大胆起用司马懿等人，与蜀军对抗。公元234年，诸葛亮率军最后一次北伐，在五丈原与司马懿对峙。司马懿坚守不出，以逸待劳。诸葛亮派人给司马懿送去妇人衣饰，羞辱司马懿。魏军将士得知主帅受辱，纷纷要求出战。司马懿上书曹叡，假意要求与蜀军决战。曹叡看完司马懿的奏章，心领神会，令其不准出战，并派大臣手持符节，前往营中加以压制。魏军久不应战，蜀军粮草耗尽，不得不沮丧地退兵。

时隔不久，孙权应蜀国之邀，发兵三路攻魏。曹叡又果断派兵，在合肥（今安徽合肥西北）击败吴军主力，导致吴军全线溃退，使蜀、吴夹击曹魏的计划落空。

在一次次破坏蜀、吴的进攻计划后，曹叡在魏国的威信越来越高，加上他能够接受大臣直言上谏，能够明察断狱，在他统治的前期，魏国的局势相对比较稳定，疆域也一度扩展。

错披了皇袍的将军

曹叡的爷爷曹操很厉害，挟天子以令群臣，能打仗，善诗文，是名副其实的一代枭雄，生前已把曹魏立国的基础奠定；曹叡的老爸曹丕也厉害，抢班夺权搞政变，硬是把东汉的江山变成了曹魏的江山。

作为枭雄的子孙，曹叡也传承了家族的基因，有所作为。大败蜀军，逼得诸葛亮“挥泪斩马谡”就足以证明他的实力，不得不承认他很会打仗，可惜的是，他没有安国之智。甚至可以说，魏明帝曹叡不像是个皇上，更像是一个错披了皇袍的将军。

蜀相诸葛亮死后，曹叡心病得除，龙椅坐稳，开始纵情享乐。他挑选了大批美女入宫，日夜在宫中作乐。他还大兴土木，挥霍资财，国家政权成了他任意摆布的玩具，最后导致老百姓怨声载道。

另外，连年征战，曹魏国库空虚，财政开支本已告急，曹叡又雪上加霜，在洛阳、许昌两地建宫殿，弄得国家财政频频亮起红

身披戎装的帝王曹叡

曹叡临终托孤留下隐患

灯。大臣们数次上书力陈其弊，曹叡就是不听，反而变本加厉地劳民伤财，激起了全国上下的不满。

不会算经济账倒也罢了，只要选对皇位继承人，曹魏还有重整河山的希望。可是，曹叡在继承人和顾命大臣的选择上也犯了致命的错误。

曹叡没有儿子。按说，他应该从父亲、祖父的后嗣中选择皇位继承人。或许是受了他父亲曹丕排斥亲兄弟曹植的影响，他竟然收养了与自己血缘关系并不很近的曹芳、曹询。

没过两年，曹叡病重。他觉得有必要交代一下后事，就叫来宠臣司马懿，握着他的手说："我不行了，后事托付你了。"指着站立在一旁的八岁的儿子曹芳说："这就是嗣君，你要看清了，切勿误事！"又命令曹芳上前抱住司马懿的脖子，这是曹叡在使用情感武器对司马懿进行软化。司马懿顿首流涕，表示了忠诚后，曹叡宽慰地说："这就好了，愿你和曹爽一起辅佐他。临终前能当面托付你这件事，我死也瞑目了。"也许是怕司马懿靠不住，他又叫来皇室宗亲曹爽，让他与司马懿一起辅佐朝政。这下乱子可大了：司马懿和曹爽各怀野心，曹叡临终托孤，正好给了两人明争暗斗的机会。

公元239年，曹叡在洛阳宫内嘉福殿驾崩。

曹叡的陵墓在洛阳境内，可到目前为止，还没人能在地图上标出它的确切位置。曹魏的江山是从东汉手里抢来的，不够光明正大，因此，"曹家班"历来疑心很重。为防有人毁陵，曹操死时，布下了"七十二疑冢"。曹操的子孙做得更绝，干脆不封不树，这就使得后人的考证困难重重。

对曹叡的评价，历来有两种看法：有人说他是军事天才，果敢有为；有人说他是无道昏君，只知道奢侈享乐。只能说，曹叡是半明半昏的君主，很有军事才能，但对帝王之术却一无所知！

魏高贵乡公曹髦

——留下一句名言的帝王

姓　　名：	曹髦
职　　称：	待考证
生卒年份：	公元 241 ~ 260 年，享年二十岁
最高职务：	魏国第四任帝王
帝王工龄：	七年（公元 254 ~ 260 年）
最大政绩：	喊出一句千古名言
最大错误：	没来得及犯错
荣誉称号：	高贵乡公
老　　爸：	曹霖
老　　妈：	甄夫人
家庭出身：	高干家庭
接 班 人：	曹奂
最 得 意：	一语成名
最 痛 心：	被司马氏间接杀死
最 擅 长：	说真话
最 失 意：	傀儡帝王
现在住址：	河南洛阳某处
个性签名：	司马老贼，做鬼我也不放过你！

魏高贵乡公曹髦像

司马昭之心，路人皆知

东汉是依靠豪强地主建立起来的政权，逐渐形成所谓的“衣冠望族”（世代做官）或有名望的族姓，散布在各州郡。在反对宦官的斗争中，他们互通声气，互相支持。宦官失败以后，士族内部的矛盾便加剧了。士族内部按族望的高低、门阀的上下，也就是按势力大小来分配做官。当初，魏文帝实行九品官人法，就是对这一既成事实的法律肯定，因此取得了士族对曹魏政权的拥护。司马氏要想夺取曹氏政权，当然也必须争取士族的支持。出身名门望族的司马懿起初曾因有“狼顾相”而遭多疑的曹操猜忌，直到曹丕篡汉称帝后才逐渐受到重用。明帝曹叡时，因司马懿“北平公孙、西拒诸葛”而渐掌兵权、累积战功，终成魏国重臣，也成了士族门阀阶层当然的利益代言人。他用优厚的待遇收买士族，逐渐形成司马氏集团。虽然明帝临终托孤，但司马懿因功高震主屡遭猜忌而被架空。于是老家伙装傻充愣、隐忍待时，终于等到机会，于公元 249 年发动政变，掌控了魏国大权。他的两个儿子司马师与司马昭更是青出于蓝而胜于蓝，将曹魏帝王玩弄于股掌之中。气得魏帝曹髦嚷出了那句著名口号：“司马昭之心，路人皆知！”

情急之下曹髦口出名言

就这样，魏主曹髦，像欧洲中世纪的骑士一样，仗剑于车辇之上，匍匐于血泊之中，单枪匹马地和司马昭的虎狼之师作战，不惜以一腔热血染红帝王冠冕。

但见云龙门外，凶手成济的长戟刚刚从曹髦的胸前拔出，还嘀嘀嗒嗒淋漓着帝王的鲜血，狡猾的司马昭来到现场，佯装大惊，疾步上前，泪流满面，为皇上突然被杀而“愤怒”。他以头撞击车辇，发誓要抓到凶手，为皇上雪恨。听到他的命令，士兵们一声呐喊，冲进成济家中。成济见了，一拍脑门说：“不好，司马昭要杀我灭口！”急忙逃到屋顶，大声辩白道：“不是我要刺杀皇上，是贾充指使我干的！”

一语未了，早有兵士飞身上房把他摁住，并用一副长枷锁住，只待砍头。司马昭怒道：“成济大逆不道，要一刀一刀剐了，灭其三族！”成济一听，大骂不止：“乱臣贼子，你才是幕后真凶，你不得好死！”

司马昭令人割去成济的舌头，不让他叫喊，然后就地将其正法，斩首示众，灭其三族。

可是，谁都知道真凶是司马昭。司马氏家族的坏名声，从此广布天下，以致后来司马炎建立了晋朝，天下士子都不愿为其效劳。

曹家班的窝囊鬼

曹奂档案：
姓名：曹奂
本名：璜
字：景明
谥号：元帝
陵墓：未知
政权：曹魏
在世：公元246-302年
在位：公元260-265年
老爸：曹宇
老婆：卞皇后，卞綝的女儿。

曹髦死后，司马昭要立新君，挑来挑去，相中了一个少年，名叫曹璜。

曹璜出生于公元246年，是曹操的孙子、燕王曹宇的儿子，当时的封号是“常道乡公”。为什么要让曹璜来当帝王呢？司马昭曾进行过考查：这个十五岁的少年，长得很富态，有帝王之相；脾气很温和，估计不会像曹芳、曹髦那样写血诏、动刀枪；年龄也非常合适，十五岁了，性格已经基本定型，作为枭雄的后代，曹璜对于爷爷和爸爸的英雄气概一点都没继承。软绵绵的脾气，会很听话，摆布起来要多顺手有多顺手。

可是，司马昭觉得，曹璜的名字有点儿不太理想：“璜”是指美玉，但这种玉的形状却是半壁。司马昭不由得皱起眉头，联想起三国纷争的现状。

这一年正是公元260年。当时的蜀国，丞相诸葛亮已死，后主刘禅又是个糊涂虫，远不如他的父亲刘备能干，整天只知吃喝玩乐，所以对于魏国来说，蜀国这个宿敌，已不再可怕。可怕的是蜀国还有一位能征善战的元帅，就是姜维。这姜维，一贯主张北伐魏国，虽然这种北伐，就像如今的一些运动项目一样，水平总是在原地打转转，冲不进主流圈里去，但通过北伐，锻炼了队伍，实施了“以攻为守”的战略，让天下人知道还有一个蜀国仍在那里挺立着。只要蜀国存在，魏国再强大，也只能拥有半壁江山。不，连半壁江山都称不上，因为东南还有一个东吴呢！魏国欲一统天下，任重道远，并非易事。

后人所绘姜维像

所以，曹璜这个名字，得改。

改成啥呢？改作曹奂。奂，是盛大、众多的意思，延伸为强盛和兴旺，大吉大利，很好！帝王的字，就叫“景明”！景明，景明，前景光明，也很好。

于是，原来的那个曹璜，不存在了，变成了曹奂；原来的那个“常道乡公”，不存在了，变成了皇上。朝廷举行新君登基典礼，改年号为景元，曹奂像模像样地当起了帝王。

这时已是公元260年的5月，中原大地暖阳高照，麦穗初黄；巴蜀之地山林翠绿，油菜飘香。魏国和蜀国，都已度过青黄不接的无粮岁月，战马膘肥，士卒体壮，可以打仗了。

于是，司马昭上朝请战，曹奂批准，任命其为相国，封晋公，加九锡。这些官职、荣誉、威名十分了得，可谓“一人之下，万人之上”。但是，司马昭已经看不上这些头衔了，他想要的，是帝王的宝座。他把皇上赏赐的十万钱、万匹绢封存于库，不屑一顾。

为了名正言顺地“接班”，也为了捞取更多的政治资本，更为了在带兵过程中壮大嫡系部队，他下定决心，出兵灭蜀，作最后一搏。老天帮忙，魏国大军迅速占领涪城，进而进军成都。蜀国上下一片混乱，后主刘禅干脆投降。灭蜀后，司马昭除掉了素有野心、叛变投敌的钟会，司马氏集团内部更加“纯粹”，成员结成死党，势力更加强大。而以曹奂为首的“曹家班”，此时却是日薄西山，气息奄奄了。

司马氏开始向“曹家班”夺权了。

首先，在处理蜀后主刘禅的问题上，司马昭根本不让曹奂出面，一切都由他这个“总理”定夺。

按说，曹奂是魏国帝王，曹奂应该是魏国的主宰。可是，作为俘虏的刘禅，来到洛阳后，看到的是司马昭在领导魏国，根本感觉不到曹奂的存在。

没有人安排刘禅去拜见曹奂，却有人通知他拜见司马昭。刘禅明白了：原来，魏国还是一个君主立宪的国家！

按照司马昭的安排，刘禅住到了魏国，只是同他一个级别的曹奂始终没露面。

他只能看到司马昭威仪日隆，司马昭的王妃，竟然也称后；司马昭的世子，竟然也称太子,这不是和帝王一模一样吗?

就在司马昭春风得意的时候，他却突然中风，而且病情迅速恶化，不久就死了。这一年是公元265年，他被隆重下葬，极尽哀荣。

司马昭死后，他的儿子司马炎为相国，封晋王。贾充等人一看时机成熟了，就劝司马炎仿效曹丕，代魏称帝。这年12月，经过精心准备，司马炎仿效曹丕代汉的模式,接受了魏帝曹奂的“禅让”,是为晋武帝，晋国建立了。

改名后的曹奂洋洋自得

魏国灭亡了，曹奂被封为陈留王。不能当帝王的曹奂，生活待遇竟然比不上亡国之君刘禅。一天，刘禅与曹奂不期而遇,两人都一大把年纪了,步履蹒跚,加上都是被废之帝，自然同病相怜。四目相交，感慨万千，他们心中似有许多话要说,却不敢倾心交谈。两人擦肩而过,算是相互报了平安。

待司马炎的眼线离开之后，刘禅赶紧命手下给曹奂送去肉食，并慷慨赠予一名美女，让曹奂排遣心中的忧愁。

曹奂墓

曹奂十五岁被迫退位，开始了漫长的养“老”生涯。司马炎对他还算宽大，让他安度“晚”年，在公元302年，曹奂寿终正寝，终年五十七岁，追谥为“元帝王”。屈指算来，自魏文帝曹丕在公元220年登基至公元265年曹奂禅位，魏国共历五帝、四十六年。

由于曹奂归西时正赶上“八王之乱”，皇族很多记录都已经在那混乱期间遗失

安徽亳州的曹氏宗族墓

或被毁。曹奂的后人没有再在官方的记录中出现，而我们也无从知道他有没有后人。尽管后来东晋一直有姓曹的陈留王这个爵位，但不知道这个爵位的任职者是否为曹奂的后人，或是曹家旁系入继。邺城遗址附近一直有一个相传为曹奂墓的土墩，后来被考古发掘证实并不是曹奂的墓。

至此，曾经辉煌一时的曹家班退出了历史舞台，曹家祖师爷曹操只有靠着记忆来回味自己的光辉岁月！

其实客观看来，曹奂也没必要过于自责：并非你们太窝囊，而是司马氏太狡猾；并非你们太无能，而是司马氏太聪明。因为从司马懿到司马师，再到司马昭、司马炎，这个家族中走出来的男子，一个比一个厉害。而“曹家班”的创始人曹操，太强了！似乎已经“竭尽”了曹家的“底气”，预支了子孙的福气——强不过五世，富不过三代，历史走到这一步，许多东西已经如隔岸观火，无法挽救了。

蜀汉昭烈帝刘备

——卖过草鞋的『刘皇叔』

姓　　名：	刘备
职　　称：	蜀先主
生卒年份：	公元 161 ~ 223 年，享年六十三岁
最高职务：	蜀汉第一任帝王
帝王工龄：	三年（公元 221 ~ 223 年）
最大政绩：	建立蜀汉
最大错误：	没听诸葛亮的话，兴兵伐吴，被人火烧连营八百里。
荣誉称号：	昭烈帝王
老　　爸：	刘弘
老　　妈：	不详
家庭出身：	家道中落的皇亲国戚
接 班 人：	刘禅
最 得 意：	诸多英雄给自己卖命
最 痛 心：	儿子刘禅不争气
最 擅 长：	仁德
最 失 意：	伐吴兵败
现在住址：	四川省成都市南郊武侯祠内惠陵
个性签名：	一句话，感谢所有弟兄的支持！

蜀汉昭烈帝刘备像

卖草鞋的皇叔

刘备是汉景帝之子中山靖王刘胜的后代，孝景帝王生了十四个儿子，第七个儿子是中山靖王刘胜，刘胜之后的若干代就到了刘备。

论辈分，刘备是汉献帝的叔叔。既然刘备是皇叔，日子应该过得挺潇洒。但是“刘皇叔”曾经却以卖草鞋为生。为何贵族后代如此落魄呢？原来，刘胜虽说是汉景帝的儿子，可是并没有做帝王，所以这么十几代繁衍下来，说好听点还是皇亲国戚，实际上早就没什么权势了。刘备的老爹刘弘虽然在东汉末年当过小官，但死得早，家道中落，所以到刘备这代便只有靠织草席、卖草鞋维持生计了。

后来，汉献帝想借助刘备的力量振兴汉室，才给了他个“皇叔”的名分。

相传刘备身高七尺五寸，双手垂下来长过了膝盖，眼睛能看到耳朵。胡须少，为此还曾被刘璋手下的官吏张裕取笑。当然这只是传说，流传至今的刘备画像都将他塑造得十分高大，也许这与他日后的光辉事迹有关吧。刘备不太爱说话，喜怒不形于色，不是很爱读书，喜欢玩狗马、听音乐、穿漂亮衣服、与天下豪杰交朋友，而且善待下人及百姓。

刘备能够在日后创造辉煌业绩，靠的就是他的“仁德”。

桃园三结义

刘备、关羽、张飞三结义石像

凡是英雄，都是有勇有谋，能力超群的。但一个人的力量毕竟有限，干大事的人背后往往有很多人的支持与辅佐。就像刘备，他也有左膀右臂，重要的有关羽和张飞。

提起刘备、关羽和张飞，人们总是会联想到他们早年在涿郡张飞庄后那花开正盛的桃园，备下乌牛白马，祭告天地，焚香再拜，结为异姓兄弟，不求同年同月同日生，只愿同年同月同日死的故事。人们一直传诵着这个故事，也一次次效仿着焚香结义……

关羽雕塑

河北涿县城里有一条大街叫忠义庙街。相传，当年张飞在涿州卖肉就在这条街上。张飞在这条街上开了个肉铺卖肉。他把肉系在门前一口井里，用千斤石板盖上，井旁竖起一块牌子，上面写着“谁能举石，割肉白吃”。

有一天，赶集的关羽赶着小毛驴粜绿豆，来到张飞肉铺门口，见了那牌子上写的字，心想：“好大的口气呀！”他上前用手轻轻地一掀，没费吹灰之力就掀起了千斤石，从井里拎出半片猪肉搭在小毛驴背上，一声没言语就“得儿驾”赶着小毛驴走了。等张飞回来，他老婆一五一十对他一学，他一听就火了，立刻追到集上要找人家算账。

张飞陶瓷塑像

张飞是个粗中有细的人。他想自己有言在先，牌子上写得明白，这会儿如和人家争扯占不住理；但是要不声不响，以后他总来白吃肉那还得了吗！于是他想了另外一个办法，来到关羽的粮食摊上找茬将关羽待卖的绿豆都碾碎了。

关羽自然不干，就说了张飞两句，结果两人说崩，挽起袖子，拳打脚踢扭在一块。人们上前去拉，谁也拉不开。这时候，恰巧刘备赶集卖草鞋走到这里，见两条大汉大打出手，却不见一个人敢上前拉架，就想上去劝解。别人见他弱不禁风的样儿，劝他不要去。刘备不听这一套，上去两手往两处一拨拉，就把他俩给分开了。刘备一手支住一个，关羽、张飞两人干跺脚，谁也摸不着谁。这就是人们常说的“一龙分二虎”。

张飞和关羽经过一番厮打，互相都佩服对方的力气，又经过刘备从中一调停，三人成了好朋友，于是在桃园三人拜盟结义，成为历史上有名的“三人帮”。

无心插柳柳成荫

汉献帝初平四年（公元 183 年），割据兖州的曹操派遣泰山太守应劭往琅邪迎其父曹嵩及家人百余口到兖州。途经徐州时，徐州牧陶谦为交好曹操，特派都尉张闿护送曹嵩一行。不料张闿杀死曹嵩及其家人，席卷财物而去。于是曹操便把账记在陶谦身上，以为父报仇之名，发兵攻打徐州。

面对兵临徐州城下的曹操大军，陶谦自知难以抵敌，便采纳别驾从事糜竺的建议，请北海相孔融、青州刺史田楷前来相救。孔融请刘备同去救陶谦。刘备遂欣然带领关羽、张飞、赵云和数千人马奔赴徐州。

刘备率军在徐州城下与曹军交战，初战告捷，被曹军围困的徐州危机暂时得到了缓解。于是陶谦急令将刘备迎入城内，盛宴款待。陶谦席间主动提出将徐州让给刘备，说："当今天下大乱，国将不国；刘公你是汉室宗亲，正当为国出力。我这把老骨头年迈无能，情愿将徐州相让。你可千万不要推辞啊，我会自写表文，申奏朝廷。"

刘备听了都傻眼了，这个从天上掉下来的大馅饼把他砸晕了。他急忙推辞说："我虽是汉室的后裔，但功德不足称道，当了一个平原相还恐不称职，更别说这个了。我本是为了义气前来相助，你这样说，莫非怀疑我有吞并的想法？"

陶谦表白说："我这说的可是真心话，不是闹着玩的。"但刘备一直推辞，终不肯接受。糜竺见二人让来让去的很磨叽，就在一旁说："现在兵临城下，应当商议退敌的策略。待事情平息之后，再讨论相让也不迟。"于是刘备写信给曹操，希望曹操以国家大义为重，撤走围困徐州之兵。恰好这时吕布攻破兖州，进占濮阳，威胁曹操后方。因而曹操便顺水推舟，卖个人情，接受刘备建议，退兵而去。

三义宫忠义鼎

三义宫系为纪念刘关张三结义而建，位于今涿州

陶谦见曹军撤走，徐州转危为安，便差人请刘备、孔融、田楷等入城聚会，庆祝解围。饮宴既毕，陶谦再向刘备让徐州。刘备说："我应孔融之约救援徐州，是为义而来。现在若无端占据徐州，天下将以为我是不义之人。"糜竺、孔融及关羽、张飞等皆纷纷劝刘备接替陶谦治理徐州。刘备却是一再推辞说："各位想

陷我于不义吗？”陶谦推让再三，见刘备终不肯受，便说：“如果您还是不肯接受，那就请暂时驻军在小沛，以保护徐州，怎么样？”众人也都劝刘备留驻小沛，刘备这才同意。

不久，陶谦染病，日渐沉重，便派人以商议军务为名，把刘备从小沛请来徐州。陶谦躺在病榻上对刘备说：“这次请您前来，不为别事，只因老夫病已垂危，朝夕难保；万望您以汉家城池为重，接受徐州牌印，老夫死也瞑目了！”

陶谦让徐州，刘备忙谢绝

刘备说：“可以让你的两个儿子来接班啊。”

陶谦说：“以他们的才能来看，根本胜任不了。我死后，你还得多加教诲，千万不能让他们掌握州中大权。”刘备还是辞让，陶谦便以手指心，带着对刘备的厚望闭上了眼睛。

哀悼完陶谦，徐州军民极力表示拥戴刘备执掌州权，关羽、张飞也再三相劝。至此，刘备才同意接受徐州大权，担任徐州牧。

刘备终于从一个帮忙的变成了一个掌权的。世间万物就是如此，有时候越想得到的就越得不到，越不想占有的反而会垂青于人。

我不是英雄

刘备是一个很能忍的人，在风光之前，他忍辱负重了好一阵子。

当初刘备给曹操种菜，曹操在白门楼勒杀吕布后，带着刘关张三人回到许昌。刘备说自己是中山靖王、孝景帝王的玄孙，于是献帝和刘备论上了亲戚，并称刘备为皇叔。曹操的谋臣就都劝说他早日干掉刘备，免得刘备日后成为威胁，曹操嘴上说：“大局在我的掌握之内，我有什么好怕的？”其实他还是有所顾虑的，刘备之仁义天下人都知道，而关羽、张飞又都是虎狼之将，为了验证猜测，曹操想了一招来考验刘备。

话说那日，曹操一个人喝着闷酒，越喝越闷，突然灵光一闪：一个人喝闷酒，不如两个人一边喝酒一边聊天。可是叫谁好呢？想了半天，想到一个绝佳的人选——刘备！正好趁机探探一下他的心思。

曹操邀刘备喝酒

刘备听说曹操有请，自然很高兴，“曹老大请我喝酒，不容易啊”另一方面心里也发毛，“为什么请我喝酒？喝酒时说话最容易漏嘴，得小心点儿。”

有些人虽然一度贫困潦倒，但依旧掩盖不了他的大贵之气，刘备就是这样的人。曹操跟刘备聊得很开心，到了兴头上，终于说出了心中的疑问：“你说这年头谁是英雄？”

刘备心里想：“当然我是英雄了，只是现在不得志。”但刘备不敢说，说了肯定要掉脑袋的。刘备想了想，就跟曹操打起了酒官司，顾左右而言他。绕了半天，曹操有些不耐烦，端起一杯酒喝完说：“别绕了！这年头真正的英雄人物就是你跟我。”

话音刚落，只听“轰隆”一声，天上打了个巨雷。刘备呆呆地看着曹操，筷子掉到地上，一支筷子还在地上弹了一下。曹操正用袖子擦胡子上的酒，看到筷子落地，就问刘备：“怎么啦？”

刘备赶紧把筷子捡了起来，顺口说了句：“这么大的雷，吓死我了！”

曹操哈哈一笑：“大丈夫怎么可以怕雷呢？”

刘备赶紧接话：“孔子是圣人，他也怕打雷，更别说我了。”

此时张飞、关羽两人怕曹操会杀刘备，闯了进来。见刘备没事，关羽连忙掩饰说自己来舞剑助兴。曹操说：“这又不是鸿门宴。”然后斟酒给他们压惊。后来三人一起出来，刘备说：“我在曹操的地盘上天天种菜，就是要让他知道我胸无大志，没想到刚才曹操竟说我是英雄，吓得我筷子都掉了。又怕曹操生疑，所以我就说自己怕打雷掩饰过去了。”关羽、张飞佩服得不得了。

曹操与刘备“青梅煮酒论英雄”石雕

奸雄曹操是否能看出刘备的伎俩来，暂且不说，刘备忍辱负重的精神堪称了得！

宝马一跃刘备活命

官渡之战以后，袁绍带领残兵逃走，原来投靠袁绍的刘备，只好带着张飞和从曹营回来的关羽，投奔荆州军阀刘表。刘表很仰慕刘备的为人，也很重视关羽、张飞等将士，所以答应接纳刘备并给关羽、张飞、赵云等并委以重任。凭什么对他们这么好？！刘表的内弟蔡瑁很是不服，便串通他的姐姐也就是刘表的夫人蔡氏一起谋害刘备。

后人所绘刘备画像

刘备去新野驻守，刘备夫人喜生贵子，也就是后来的后主刘禅——刘阿斗。一天，刘表请刘备谈刘表的继嗣之事。刘表有两个儿子，老大叫刘琦，是陈氏所生；老二叫刘琮，是蔡氏所生。刘表喜欢老二，有意立他为嗣。刘备听了刘表的讲述，说出一番废长立幼后患无穷的道理。这一席话正好被蔡氏也就是老二的母亲听到了。“这还了得，不立我老蔡家的儿子，却要立那个姓陈的女人生的儿子，岂有此理！刘备你这个不识好歹的家伙！”蔡氏越想越气，于是与弟弟蔡瑁想出了一个阴招——夜间点火烧死刘备。

马跃檀溪

只可惜刘备命不该绝，有一个叫伊籍的人将这件事偷偷告诉了刘备，三十六计走为上，刘备当夜逃回了新野。

蔡氏姐弟见一计不成，又生一计——由蔡瑁假冒刘备作反诗一首，骗刘表杀害刘备。

在妻弟的一番煽风点火之后，刘表也动摇了，决定让刘备去襄阳主持一个盛会，其实就是暗中给妻弟下手的机会。蔡瑁秘密布置了军队，准备干掉刘备。刘备也料到这可能是个“鸿门宴”，但与谋臣商议一番后，还是决定赴会，由赵云护卫前往。席间，在场的诸位纷纷向刘备劝酒，大家推杯换盏，喝得不亦乐乎。伊籍借向刘备敬酒的机会，示意刘备更衣。刘备会意，起身上厕所，伊籍将蔡瑁的杀机告知，刘备二话不说，骑上“的卢”就逃。

跑着跑着，突然，的卢紧急刹车——前面一条檀溪挡住了去路。刘备扭头一看，后面蔡瑁的追兵赶了上来。就在这万分危急之下，“的卢”宝马一声嘶吼，一跃而起，跃过檀溪到达对面的山崖之上，刘备化险为夷。蔡瑁在后面看着这壮观的场景，都惊呆了，“的卢”能跳过去，他的马可不行，最后只得放弃追击，打道回府。宝马“的卢”这惊人的纵身一跃，救了刘备的命。

三顾茅庐

刘表这个人既无大志，又无胆略，还害怕刘备的势力发展，只得叫刘备屯驻在偏僻的新野县城内。

刘备是汉朝的宗室，从起事到现在已经二十多年了，名声极大。有许多德才兼备的人都认为他是一个明主，前来来投靠他；而且刘备自己也为了江山大业四处寻觅人才。刘备刚刚将兵屯驻在新野，就有一个人来投奔他，此人名叫徐庶。刘备见他机敏、忠诚，就请他担任军师。

有一天，徐庶对刘备说：“你知道卧龙先生吗？”

刘备说：“曾经听别人说起过。不知道他的才能比您如何？”

诸葛亮像

徐庶急忙摇摇头，摆手说：“我怎么能与卧龙先生比呢？如果非要我和他比的话，就是乌鸦比凤凰了。”

刘备惊讶地说道：“那么他一定是位非常难得的人才了。请您带他来见我吧！”

徐庶连忙说：“这个万万使不得，像卧龙这样的天下奇才，得您亲自登门拜请才行。此人复姓诸葛，单名亮，字孔明，是琅琊郡阳县人。从小死了父母，跟着叔叔在荆州避难，在他十七岁那年，叔叔也死了，他就在襄阳城西二十里的隆中山定居下来。平时除了种地以外，经常和一些朋友们攻读史书，切磋学问，谈论天下大事，而且他还将自己比作辅佐齐桓公成为霸主的管仲和辅佐燕昭王打败齐国的名将乐毅。您想想看，他不正是您所寻求的兼有将相才能、能够辅佐您成就大业的人吗？他是一个非常了不起的人物，就像卧在地上准备腾空而起的巨龙，所以被称作‘卧龙先生’。您说，像这样的天下奇才，是不是值得您亲自前往，请他出山呢？”刘备听得心花怒放，点头称是，马上决定亲自去请卧龙先生。

诸葛亮故居襄樊“古隆中”牌坊

第二天，天气明朗，刘备带着关羽和张飞前往隆中山。这里山峦叠嶂，树木高大、挺拔、风景很迷人。其中有一座山蜿蜒曲折，真像一条静卧的苍龙，准备随时飞上天空。刘备三人骑马继续前行，来到一座山岗下，看到了几间掩映在苍松翠竹间的小屋。刘备下马亲自敲门，里面出来一位小书童，问：“你们找谁呀？”

三顾茅庐画作

刘备客气地说：“请告卧龙先生，刘备前来拜见。”

小书童说：“先生不在家，人一早就出去了。”

刘备急忙问：“先生去哪儿了？”

小书童说：“不知道。先生朋友很多，大概找朋友们一块儿读书去了。”

刘备很失望，问道：“那么先生什么时候才能回来呢？”

小书童说：“这也说不定，或者三五天，或者十几天，没准儿。”

张飞见刘备还想问下去，很不耐烦，就对刘备说：“既然不在，我们就回去吧！”关羽也同意，刘备只好对小书童说：“等先生回来，请你转告他说，我刘备前来拜访了。”于是，三人掉转马头，失望地离开了卧龙岗。回到新野后，刘备天天派人打听隆中的动静。过了几天，得到一个非常令人高兴的消息：卧龙先生回来了！刘备命令立即备马。这时候，正赶上冬天，冷风嗖嗖地吹，天上又飘着雪花，关羽和

诸葛亮躬耕南阳故址卧龙岗

刘关张冒雪拜访诸葛亮

张飞都劝刘备改天再去。刘备不听劝阻，决意亲自去请，关羽、张飞也只好陪着。

雪花纷纷扬扬地飘落下来，山就像用玉砌成似的，树也好像用白银裹着一样，很漂亮。三人却无心赏景。张飞还在生刘备的气，吵吵嚷嚷地说：“这么一个山里人，派个人叫来不就行了，何必哥哥您亲自去请呢！”

刘备劝他说：“卧龙先生是一个非常难得的人才，怎么可以随便去叫他来呢？我之所以冒着这么大的风雪去请他，正是想向卧龙先生证明我刘备是诚心实意请他出山的。”

兄弟三人冒着风雪，好不容易才到了卧龙岗，刘备下马，轻轻地敲门，又是那个书童出来说：“诸葛先生正在书房读书呢。”刘备高高兴兴地进去拜见，只见这个少年只不过二十来岁，年轻英俊。刘备恭敬地行了个礼，说：“久仰先生大名，这次终于见到您，实在是很荣幸。”

那个少年慌忙站起来，还了个礼说：“将军您是刘皇叔吧。听童儿说过，您来找过我二哥。”

刘备惊讶地问：“先生不是卧龙先生？”

少年说：“我是诸葛均，是诸葛亮的弟弟。我还有个大哥叫诸葛瑾，现在东吴做官。我和二哥住在隆中。”

刘备问：“那么卧龙先生现在何处？”

诸葛均说：“二哥和几个朋友昨天出去了。”

刘备二请诸葛亮，仍是没有见到人影，只好失望地回去了，打算改日再来拜访。

又过了些时候，他们打听到诸葛亮确实在家，刘备就让关羽和张飞陪着，第三次前往隆中拜见诸葛亮。这次不用说张飞不愿意去了，就连关羽也有些不愿意了。刘备说："你们知道周文王访贤姜尚的故事吗？文王那么倚重姜尚，姜尚一心辅佐文王和武王，他们齐心合力，终天完成了灭殷的大业。我们应该向古人学习啊！"说完，就带着他们出发了。

为了表示自己的恭敬，在离草屋很远的地方，刘备就下马步行。从小书童那里得知诸葛亮还在草屋睡觉，就没敢惊动，刘备让关羽和张飞在门外等候，自己恭恭敬敬地站在草屋的台阶下等着。时间过得很慢，刘备等了好一会儿，诸葛亮才醒来，小书童连忙向诸葛亮禀报说："刘将军已来了好半天了。"

诸葛亮立即出门迎接。刘备看诸葛亮，二十七八岁年纪，身高约八尺，是山东人的个子，而且长得眉目清秀，神采焕发。刘备迎上去说："久仰先生大名，今日承蒙接见，很荣幸。"诸葛亮赶紧说："刘皇叔三顾茅庐，未能迎候，请您原谅。"二人就进入草堂谈起天下大事来。

刘备说："现在汉室衰败，曹操将汉献帝挟持到许昌，借着天子的名义摆布各诸侯。我想尽我的全力，平定天下。但是我的智慧和谋略很差，能力也很微薄，起事二十多年，也没有什么成就。很想请你出山，帮助我实现夙愿。"

诸葛亮说："我为将军您忧国忧民之心而感动。但是我的年纪太轻，学识不足，而且又不愿追求功名利禄，还是请将军另请高明吧！"

诸葛亮怎么也不肯答应刘备的请求，刘备急忙诚恳地说："希望先生能救救天下受苦受难的百姓，为我指出一条宽阔的前程吧！"

诸葛亮虽然在封闭的隆中居住了十年，但他却对天下大事了如指掌，通过精心观察与分析，形成了独特的政治见解，确定了统一天下的方针。刘备诚恳的求问使他很受感动，于是就向刘备提出了自己的见解。他说："自从董卓叛乱进入洛阳以来，天下豪杰们同时举起反叛大旗，势力很大，大有争夺天下之势。曹操和袁绍相比，无论是实力还是名望，都不如袁绍，可他却打败了袁绍，主要是因为他有智谋。如今，曹操兵力充足，并且挟持汉帝，不可能与他争夺天下。而孙权呢，他占有长江的险要，而且老百姓都顺从于他，有才能的人也去投奔他，因

武侯祠中的诸葛亮像

三顾茅庐皮影戏

此对他只能联合，不能打他的主意。总之，要联孙抗曹。”

刘备会心地点了点头，说：“是啊，对曹操是不能硬拼，只能联合孙权才能同曹操对抗。但是我还不能站稳脚跟呢，我没有立足之地呀？”

诸葛亮说：“荆州这个地方，地势险要，北有汉水、沔水，南通南海，东连吴会，西通巴蜀，是个用兵的好地方，而刘表却没有守住它的能耐。这荆州之地，正是为将军提供了发展事业的好地方。而且益州号称‘天府之国’，将军您可以益州为根据地，完成您的远大志向。”

听完这一番话，刘备舒了一口气，精神为之一振。但是他对自己如何争取光明的前程，还很模糊。诸葛亮说：“您是皇家后代，而且为人正直，许多人才都前来投靠于您。您如果能同时占荆州、益州，凭着险要的地势，团结好西南的少数民族，对外联合孙权，对内政治清明，等待时机，再向中原发展，这样，您就能完成自己的夙愿，汉业也就可以复兴了。”

刘备对诸葛亮精辟的分析大为赞赏，一再拜谢道：“先生的话使我受益匪浅，如能出山相助，我就可以随时求教了。”诸葛亮仍然推脱，刘备悲伤地说：“先生您这样的天才，不肯出山相助，是我刘备的不幸，是汉室的不幸啊！”说着，泪水夺眶而出。诸葛亮被深深地感动了，于是答应出山。

从此以后，诸葛亮就用他全部的智慧和才干辅佐刘备。刘备三顾茅庐求贤诸葛亮的佳话也一直流传至今。

捡了一个老婆

三国时期，荆州地处西川与东吴之间，是重要的兵家必争之地。当初，刘备窘迫时，向东吴“借”荆州以栖身，后来实力稍有恢复，东吴再三索要荆州，第一次被诸葛亮巧言拒绝；第二次诸葛亮答应暂借荆州，待刘备夺取西川后，便归还荆州。

东吴大都督周瑜十分气恼，知道“暂借”只是托词，要讨还荆州，还得另想奇谋。

不久，刘备的甘夫人去世。周瑜想用联姻之计，将刘备骗到东吴做人质，以讨还荆州。孙权从其计，派吕范去荆州提亲。刘备临行时，诸葛亮给负责护卫的大将赵云三个锦囊，叫他在适当的时候依次打开，照其中的妙计行事。

刘备招亲剪纸

一行人到了东吴的都城，赵云打开第一只锦囊，按照里面写的行事：让五百名军士和随从采办喜庆礼物，使全城老少都知道刘备已来娶亲；同时拜访孙权的舅父乔国老，并通过他转告孙权的母亲吴国太。吴国太不知孙权要为妹妹办喜事，问了孙权才知道他是想把刘备骗来当人质，便大骂孙权，并且当场决定，约刘备第二天到甘露寺赴宴见面，她看中就把女儿嫁给他，看不中听任孙权处置。孙权马上命部将贾华，第二天带三百名刀斧手埋伏在旁，见他的眼色行事。

第二天，吴国太见刘备相貌堂堂，谈吐举止得体，非常高兴。这时赵云发现两廊埋伏着许多刀斧手，急忙令人告知刘备，刘备马上跪请吴国太作主。吴国太责问孙权，孙权只好把责任推在贾华身上。吴国太大怒，命左右将贾华推出斩首。亏得刘备求情，才留他一命。

戏曲中的孙夫人形象

甘露寺会见后，吴国太怕有人加害刘备，便叫他搬到府中书院暂住，并择日完婚。婚后刘备夫妇非常恩爱，吴国太也很喜欢刘备。孙权见事情弄假成真，荆州没有讨回，反把妹妹赔给了刘备当夫人，非常气恼，于是写信问周瑜怎么办。周瑜再次献计，要他让刘备过安逸享乐的生活，丧失意志，使他与诸葛亮等疏远，届时再取回荆州。孙权依计，为刘备整修府第，在里面摆设金玉锦绮等好玩之物，又赠送女乐数十人，让刘备沉迷于优裕的生活环境之中。果然，刘备乐而忘返，把荆州丢在了脑后。

到了年底，赵云见刘备没有回荆州的意思，就打开第二只锦囊，并按其中写的妙计，惊慌失措地对刘备说，诸葛亮派人来报，曹操五十万精兵杀向荆州，请主公速回。

甘露寺，刘备招亲之地

刘备一听大惊失色，心事重重。在孙夫人的再三追问下，他才说了实话。孙夫人慨然表示，她愿随刘备一起回荆州去。为了防备孙权阻挡，孙夫人决定不辞而别。正月元旦那天，刘备夫妇向吴国太谎称去江边遥寄刘家祖坟，获得同意，便出城与赵云会合，向江边而行。

孙权得知刘备离走，先命两名部将率五百精兵去追捕刘备夫妇，后又担心他们不敢对孙夫人下手，便解下佩剑交给另外两名部将，要他们领一千兵马取刘备夫妇脑袋。

刘备一行人来到周瑜驻军的柴桑地界，被两名将领拦住。赵云赶紧打开第三只锦囊，依计叫刘备请孙夫人解救。在孙夫人的责骂下，那两名将领只得放行。

过了一会儿，孙权派出的第一批人马追了上来。这时，刘备已带了一部人先奔向江边。孙夫人严词痛斥，两名部将不敢违抗夫人，又见赵云在边上怒目横眉，准备厮杀，怕有个闪失，只好眼看一行人走了。

一行人走不多时，孙权派出的第二批人马又追了上来。这时刘备等已到了江边，只见那里停着二十多条船，正好容纳下他们一行。上船后才发现，诸葛亮早已在此迎候。

等追兵抵达江边，刘备等乘坐的船只已驶到了江心。但不久又听到江上喊声大震，原来是周瑜亲自领着水军追来。诸葛亮命船靠上北岸，登陆而走。周瑜见刘备一伙全上岸了，亲自率水军上岸追赶。眼看快要追上，山谷里一阵鼓响，拥出大批刀斧手，为首的是大将关羽；紧接着两侧又杀出两支军队。原来诸葛亮早就在此埋下了伏兵。

周瑜率领的水军不惯陆战，损失了不少士兵，只得退到江边登船南返。就在这时候，岸上的荆州追兵齐声高喊：“周郎妙计安天下，赔了夫人又折兵！”

白帝城托孤

公元219年冬，关羽把守的荆州被吴国攻占，关羽兵败被俘，宁死不屈，最后被孙权杀害。刘备知道后，痛心疾首，听不进诸葛亮的劝告，亲自率军出征讨伐吴国，为关羽报仇。这时，诸葛亮正在南方和孟获打仗，所以没有随军。

没有诸葛亮，刘备就等于失去了大脑，很快被吴国火烧连营。蜀国大败，退到白帝城。刘备怒火攻心，一病不起。他知道自己的病治不好了，便派人日夜兼程赶到成都，请诸葛亮来嘱托后事。

白帝城遗址

诸葛亮留太子刘禅守住成都，带刘备的另外两个儿子刘永和刘理来到白帝城。进了永安宫，诸葛亮见刘备病得不成人形，慌忙拜倒在刘备跟前。刘备叫诸葛亮坐在旁边，用手摸着他的肩背说：“自从得了丞相，我发展了自己的事业，只是由于知识浅薄，没听丞相的话，遭到今天的失败，实在后悔万分。看来我这病是难好了，我儿子能力太弱，不得不将大事托付与你。”刘备说完，泪流满面。诸葛亮也哭着说：“望陛下保重身体。”

刘备托孤的塑像

刘备用眼睛往周围扫了一下，见马谡也在身边，就叫大家暂时退出，然后对诸葛亮说：“马谡这个人言过其实，不能重用。对于他，丞相你要慎重考察。”（刘备看人很准，马谡在街亭之战中失败，被诸葛亮斩首）接下来，刘备召集众将官到齐，拿笔写了遗嘱，交给诸葛亮，感叹地说：“我本想和你们一同消灭曹丕，不幸中途分手。麻烦丞相把我的遗嘱交给太子刘禅，以后一切事情，都望丞相指点。”

四川成都武侯祠内的刘备墓——惠陵

诸葛亮拜倒在地上说：“望陛下好好安息，臣等一定全力效劳，辅助太子。”刘备叫左右的人扶起诸葛亮，一手抹泪，一手握住诸葛亮的手说：“我现在快要死了，有心腹的话要说。”诸葛亮问：“有什么事吩咐？”刘备说：“阁下才干高于曹丕十倍，一定能办成大事，如果刘禅可以帮助就帮助，实在不行，你就作两川之主。”历史上没有一个君王肯将皇位让给一个异姓人来当，哪怕他的儿子是个弱智或者残疾，他都不会这样干。如果诸葛亮真的要夺权，又有这句话，蜀汉就要灭亡在他的手里。诸葛亮听到这话，立即哭拜在地说：“臣一定尽力辅助太子，一直到死为止。”说完，连连叩头，额头上渗出了鲜血。

刘备又请诸葛亮坐在旁边，叫刘永、刘理两兄弟到跟前，吩咐道：“你们要记住，我死了以后，你们弟兄三个，都要把丞相当作自己父亲一样，不能怠慢。”说完，叫两个儿子拜在诸葛亮跟前。接着又对众将官说：“我已把国家大事托拜给丞相，要我儿子待他像父亲一样，诸位也不可怠慢。”说完，双眼一闭，断了气，终年六十三岁。

三国之一的君主就这样走完了自己的一生，过去多少事，都付笑谈中……

刘备语录：

朕不为弟报仇，虽有万里江山，何足为贵！

兄弟如手足，妻子如衣服。

屈身守分以待天时，不可与命争也。

操以急，吾以宽；操以暴，吾以仁；操以谲，吾以忠；每与操相反，事乃可成。

夫济大事必以人为本，今人归吾，吾何忍弃去！

蜀汉后主刘禅

——扶不起的刘阿斗

姓　　名：刘禅

职　　称：蜀汉后主

生卒年份：公元 207 ~ 271 年，享年六十五岁

最高职务：蜀汉第二任帝王

帝王工龄：四十一年（公元 223 ~ 263 年）

最大政绩：没做出来

最大错误：投降魏国

荣誉称号：孝怀帝王

老　　爸：刘备

老　　妈：甘氏

家庭出身：帝王之家

接 班 人：无

最 得 意：亡国未亡命

最 痛 心：活在老爸的阴影下

最 擅 长：吃喝玩乐

最 失 意：做了亡国君

现在住址：不详

个性签名：吃饱不想家，活命比啥都强！

蜀汉后主刘禅像

没被杀死，差点儿被摔死

刘备的儿子刘禅，也就是阿斗，在刘备死后继承皇位，称为蜀后主。刘禅平庸无能，虽然有诸葛亮等贤臣良将辅佐，也不能振兴蜀国，最后还主动投降魏国。他的“光辉事迹”为他赢得了一个后人常提到的名字——扶不起的刘阿斗。

当初的新野一战，刘备以少胜多打败曹操。曹操不服，带五十万大军前来报仇。

刘备的三千人马走到当阳县时，突然被曹兵截住，战到天明才摆脱曹兵的追赶。护卫刘备一家老小的赵云发现不见了刘备，走散了糜夫人，立即集合三十人马，杀回乱军中寻找。后来，赵云在一截断墙后面的枯井旁找到糜夫人及在襁褓中的阿斗。糜夫人说：“见到将军，阿斗就有救了……我死而无恨！”说完，趁赵云不注意跳井身亡。刘禅并非糜夫人所生，但正有幸遇到这样一个无私的母亲，才保得性命。

这时，曹兵向这边杀来，赵云含泪推倒土墙埋了夫人，抱起阿斗就往外冲。赵云的功夫了得，把追过来的曹将统统送上了西天。为了保护阿斗，他好几次险些性命不保。面对赵云的威武勇猛，在山上观战的曹操传令一定要将他活捉，赵云寻找机会冲出包围，连杀五十员曹将，总算完好地把阿斗交到了刘备手里。

刘备摔阿斗

刘备接过襁褓中的阿斗，不但没有半点高兴，反而做出了一个出人意料的举动，将还不懂事的阿斗一下摔在地上，生气地骂道：“为你这个破孩子，差点损失了我一员大将！”站在一旁的赵云哪受得了这个，赶紧从地上抱起阿斗，边哭边拜道：“赵云虽肝脑涂地，也不能报答主公的知遇之恩啊。”

刘备真想摔死阿斗么？不见得！毕竟那是自己的亲儿子，但人家刘备还真就拎着阿斗摔地上了。这就是他的聪明之处，在爱将面前给足了他们面子，让他们觉得自己在主公心中的地位有多重要，使其工作起来更加卖力。真不愧是个好主公，难怪他材智平平，却能让那么多智囊和干将都为其卖命。

扶不起的阿斗

刘备临终托孤让诸葛亮辅佐刘禅。可诸葛亮一死，刘禅没了智囊团，更加昏庸无道，贪图享乐，不理朝政。当时魏军入川，一听敌军逼近，刘禅慌作一团，不知所措，急忙召集大臣商议。有人建议逃向南中地区，但那里情况复杂，能否站稳没有把握。有人建议东投孙吴，但孙吴也日益衰弱，自身难保。光禄大夫谯周力主降魏，懦弱的刘禅最终采纳了投降的建议，让人绑着自己双手，出城投降魏将邓艾，并根据邓艾的命令，下令蜀军全部投降——蜀汉灭亡。曾经盛极一时的蜀国就这样被灭掉了。

国破家亡的滋味并不好受，尤其对一国之君来说。可是刘阿斗却挺想得开。

作为俘虏，刘阿斗被送到洛阳。魏国的司马昭封他为安乐公，赐给豪华住宅，每月的开销吃喝全部公费，这还不够，就连仆人也给准备了不少。刘禅每天花天酒地，自然是不亦乐乎，为表感谢，他特意登门致谢，司马昭于是设宴款待，并以歌舞助兴。当演奏到蜀地乐曲时，原蜀国旧臣们油然涌起国破家亡的伤怀之情，个个泪流满面。可刘禅却一点反应都没有，还在那边吃边喝，说说笑笑，好像蜀国的事情与自己无关。司马昭见状，便问刘禅；“你不想念你的故乡蜀国吗？”

刘禅乐不思蜀

刘禅倒是干脆："这个地方要吃有吃，要喝有喝，过得这么舒服，干吗要想蜀国？"哎，要不说"吃饱不想家"呢！他的旧臣郤正一听自己的主子这样说，连忙找个机会悄悄对他说："陛下啊，等会儿若司马昭再问您，您可不能那么说了，您得哭着回答：'先人坟墓，远在蜀地，我没有一天不想念啊！'这样，司马昭就能让您回蜀国了。"刘禅听了之后，牢记在心。

涿州三义宫中的刘禅塑像

酒至半酣，司马昭果然又发问，刘禅赶忙把郤正教他的话学了一遍，话是好说，但是眼泪是一滴都没掉，尽管刘禅使劲在挤。司马昭听了，说："咦，这话怎么像是郤正说的？"

刘禅惊奇道："你怎么知道啊！"司马昭及左右大臣全笑翻了。哎，想刘备一世英明竟生出这么一个不成器的傻儿子，真是天不开眼啊。

阿斗不傻

世人说起刘禅，就会用"扶不起的阿斗"来指称，好像除了在长坂坡做了回英雄人物赵子龙的"道具"以外，这位蜀汉后主实在没有跟什么壮举连在一起过。在人们的心目中，刘禅对上有损刘皇叔乃至汉高祖纯正皇族血统的尊贵，对下愧对他儿子"哭祖庙"的壮烈，属于里外不是人的角色。

这种观点持续了很多年，甚至到现在。陈寿虽然为他立了传，但"字"多却不"详"，很多重要的地方都被"春秋笔法"描绘成了一个模糊的背影。野史对他似乎也不感兴趣，可能他既没有文采又缺乏风流韵事，属于一个彻头彻尾的"庸人"。但有时候仔细想想，刘禅是真傻么？他的平庸是不是属于一种另类的生存策略呢？

从遗传上讲，直系的除了中山靖王刘胜有些爱胡闹外，他父亲的父亲到他自己的儿子都没有智障的表现，甚至表现还有些"英武"，所以从基因上看他并不弱智。

在他对待诸葛亮的态度，尤其是对“相父”自己降自己级的问题上，他也并不是特别的糊涂。所以从最低限度上说他是一个平常人也不为过，更何况再有能力的人在诸大仙的影子之下也会显得平庸。

尽管后来诸葛亮自不量力的北伐既劳民伤财又费力不讨好，但刘禅也只有摆着一副崇拜的表情装傻的份儿。因为反对的话，肯定会招来刘备旧部的愤怒，说他忘了祖宗。再加上刘备死前的遗言像一把大铡刀一样悬在他的头上，他能怎样？所以他只能容忍诸葛亮的“义举”。

至于兵临城下时，他知趣地亮了白旗。如果换作其他人，说不定就会被说成是一种爱民的策略，可到了他这儿就没人提了。

刘禅亡国之后的做派受非议最大，但不那样会如何呢？如果在北方的酒宴上他气壮山河地说出一句：“我一定要食尔肉，饮尔血，光复我蜀汉河山！”那刘禅还会见到第二天的太阳吗？

历史上“后主”有几个，但得到“善终”的好像只有这位阿斗先生了。熬不到善终的南唐后主李煜，肚子里有点儿墨水，唱了句“故国不堪回首月明中”就被勒令去见了阎王。如果刘禅也奋笔疾书，痛抒亡国之恨的话，历史上怕是只不过多了位不很成功的诗人而已。“成功人士”勾践，亡国之后自己甘受尝人家粪便的屈辱。但他赢得了活下去的机会，最终成了某类人的楷模。试想如果刘禅在几年甚至多年之后也能聚拢旧部收拾河山的话，那历史的圣殿之中，勾践的旁

高大背影下的刘禅

边，是不是会多一位新卧薪尝胆的英雄刘禅呢？但可怜的刘禅没有等到那一天。所以勾践是英雄，李后主是词人，而刘禅仅仅是阿斗。

扶不起的阿斗

东吴大帝孙权

——少年有为晚年昏庸的大帝王

东吴大帝孙权像

姓　　名：	孙权
职　　称：	太祖
生卒年份：	公元 182 ~ 252 年，享年七十一岁
最高职务：	吴国第一任帝王
帝王工龄：	二十四年（公元 229 ~ 252 年）
最大政绩：	建立吴国
最大错误：	晚年昏庸
荣誉称号：	大帝王
老　　爸：	孙坚
老　　妈：	吴夫人
家庭出身：	高干家庭
接 班 人：	孙亮
最 得 意：	联刘抗曹，赤壁大战完胜。
最 痛 心：	废太子孙和
最 擅 长：	听讽纳谏
最 失 意：	晚节不保
现在住址：	南京钟山南麓梅花山
个性签名：	“生子当如孙仲谋”，知道这是夸谁吧？

长了个帝王相

孙坚发现枯井上冒着紫气

当初，孙坚在洛阳讨伐董卓时，一道紫色之气从一口枯井里升腾而出。探井一看，便发现了孙权与传国玉玺。

孙权之所以会被丢弃在枯井里，是因为长了一双蓝色的眼珠，一头紫色的头发。大家都认为这是个不祥之兆，但孙坚与儿子孙策不相信，将孙权带回家抚养长大。后来孙坚和孙策双双战死，大臣们认为是孙权克父克兄所致，非常恐慌，纷纷离开吴国。东吴因此变成了“东无”，也就是“无人才之国”。只有周瑜不离不弃，反倒继续协助孙权。后来大臣们回返，而孙权也从此不再带来灾祸。当然这只是一种传说。

另又传说，孙权的母亲吴氏夜里梦见红日东升，黄龙入体，不久便生下了孙权。孙权长得非常奇特，蓝眼睛，紫头发，方颐大口，眼放金光，上身长下身短。孙坚见他的容貌非常高兴，认为这孩子将来必有富贵前程，人们也都说他有富贵之相。

比较普遍的说法是，孙权的老爸孙坚是春秋时大军事家孙子之后，任长沙太守，被封“破虏将军”。孙权的哥哥孙策被曹操上奏封为讨逆将军和吴侯。孙权打小便跟着父亲和哥哥转战各地，见过世面，而且他又很爱读书，历史、文学各方面都广泛涉猎，这使得孙权初步具备了文韬武略。

孙权有着开朗的性格，也很能容人，在父兄的军队中名望很高。父亲战死后，他有时还给哥哥出谋划策。哥哥孙策大为惊讶，没想到弟弟竟有如此过人的谋略。孙策很高兴，在设宴招待宾客的时候，总是对弟弟孙权说：“你看，现在眼前的文臣武将，以后都会成为你的属下，辅佐你成就大业的。”为了让弟弟早日成才，孙策让他去做了一个县的县令，这时的孙权只有十五岁。

临危受命，东南称王

清人绘孙权像

公元200年，孙策被害致死。临终时，孙策将孙权托付给了张昭，然后又将印信交给了孙权，对他说："如果论率领江东将士征杀疆场，和天下豪杰逐鹿中原，你比不上我。但是如果论知人善任，合力稳定江东，哥哥我又不如你了。现在大任已经落到你的肩上，你自己好好努力吧。"并额外嘱托"内事不决问张昭，外事不决问周瑜"。孙权继承哥哥之位，这年他刚刚十九岁。

辅佐孙权的大臣，除了张昭和周瑜，还有一个很重要的人物就是鲁肃。他对于孙权就好像诸葛亮对于刘备一样，他也曾经像诸葛亮在《隆中对》中那样为孙权分析过天下大势："现在的汉朝已经无法恢复元气了，但是曹操也很难短期内将他清除。现在将军您最重要的是安定自己的后方，以便对抗曹操。稳固自己的领地之后，再等待有利时机，四处征讨，最终将长江两岸广阔的领地据为己有。到那时便可以称帝号令天下了。这其实就是当年汉高祖曾经创立的功业。"

鲁肃墓

正因为有能人的辅佐，加上孙权励精图治，他没有辜负哥哥的希望，于公元222年，孙权即位为吴王，定都建业。

为了增强对江东的遥控，时任魏国最高领导人的曹丕要求孙权将其儿子送到魏国都城做官（实际就是人质）。孙权始终不肯，总是找借口

孙权石像

推辞，最后曹丕以此为借口，说孙权心不诚，于是发兵攻打江东。为了对抗曹丕，孙权又派人向刘备请求和好，刘备虽然没办法收回荆州，但为了集中力量治理好后方，便同意下来。

江东和魏国断交，和刘备重新修好，这使曹丕很是恼火，亲自率领军队讨伐东吴。孙权采纳了徐盛的计策，一夜之间在长江南岸用木桩和芦苇造了无数的假城楼，连绵数百里远。第二天，曹丕一见，以为江东早有防备，只得丧气地退兵而去。

公元 229 年，孙权趁魏国是小帝王在位、江东与刘备的蜀国关系较好的时机，称帝建立了吴国。

酒鬼也清醒

孙权非常喜欢喝酒，酒喝多了，往往出言不逊，甚至做出一些不合适的举动。不过，他有个优点，即便是醉了，也还能保持一份清醒，虚心听取意见，改正错误。

孙权当上吴王后，自然是满心的高兴。为了庆祝，他大摆酒宴，招待群臣。酒宴将要结束的时候，他亲自起身，给大臣们敬酒。走到骑都尉虞翻面前，虞翻之前已经喝不少了，不想再喝，所以就干脆倒在地上，假装喝醉。孙权一看这样，也就没多说，回到了座位上，可是当他刚坐下，虞翻也不醉了，爬起来也坐下了。这举动孙权看在眼里，感觉自己受到了戏弄，十分生气，手持利剑就要杀掉虞翻。当时在座的大臣都吓得不敢上前劝阻，只有大司农刘基上前抱住了孙权，劝说道："大王在饮酒之后，杀掉有才能的人，是非常不妥当的。即使虞翻有罪，天下人又有谁知道呢？正是因为大王能广招人才，容纳贤士，所以天下有才之人闻风而至，现在一下子废弃了自己的好名声，值吗？"

孙权说："曹操尚且杀掉孔融，我为何不能杀虞翻呢？"

刘基说："曹操轻易害死贤人，天下人都反对他。而大王施行仁义，与尧舜这样的贤君相当，怎么可以与曹操相提并论呢？"

孙权听了刘基的一番话，怒气慢慢地消退。虞翻因此而免于死罪。其实当时孙权也是喝多了，才会那么冲动。酒席后，孙权对手下人说："从今以后，我酒后要说杀人，你们都不要去杀。”

还有一次，孙权在武昌临钓台饮酒，喝得酩酊大醉。醉后他叫人用水洒席上的大臣，并对大家说：“今天饮酒，一定要醉倒在这里不可。”当时，任辅吴将军的张昭，板起脸孔，一言不发地离开酒席，走到外面，坐在自己的车内。孙权派人叫他回去，说：“今天只不过是共同饮酒取乐罢了，你为什么要发怒？”

龙门古镇孙权故里的孙权壁画

张昭回答说：“过去纣王造了糟丘酒池，作长夜之饮，也是为了快乐，他也不觉得是坏事，可结果呢？”

孙权听了，立马意识到了自己的错误，一句话也不说，脸上露出惭愧的神色，立即让人撤了宴席。

孙权的用人哲学

“卧龙”诸葛亮辅佐刘备治理蜀国，忠心不二，他的哥哥诸葛瑾其实也是个旷世奇才，不过他辅佐的是刘备的对手——孙权。亲兄弟两人服侍两个互相敌对的人，这事不多见，而像孙权那样对诸葛瑾那么放心、那么信任的更是不多见。

东汉末年，诸葛瑾在江东避乱，经孙权妹夫弘咨的推荐，受到孙权的礼遇。一开始出任吴国的长史，后担任南郡太守，再后来被任命为大将军，领豫州牧。古代以九州之长为“牧”，“牧”是管理人民之意，当时来看，豫州牧已经是豫州的最高官员了，可见孙权对诸葛瑾的重视。

而诸葛瑾受到重用，难免引起一些人的嫉妒。有些“长舌妇”就在背后中伤诸葛瑾，说他明保孙吴、暗通刘备，实际上是为他弟弟诸葛亮所用的。一时间谣言四起，弄得满城风雨。

孙吴的名将陆逊是个明白人，他听说后非常震惊，当即上表保奏，声明诸葛瑾心胸坦荡，忠心于吴，根本没有不忠之事，恳请孙权不要听信谗言，应该消除对他的疑虑。

孙权应答道：“子瑜与我共事多年，情同骨肉，彼此也了解得十分透彻。对于他

后人所作诸葛瑾画像

的为人，我是相当了解的，不合道义的事不做，不合道义的话不说。刘备从前派诸葛亮来东吴的时候，我就曾经对子瑜说过：‘你与孔明是亲兄弟，而且弟弟应随兄长，在道理上也是顺理成章的，你为什么不把他留下来，他不敢违背兄意，我也会写信劝说刘备，刘备也不会不答应。’当时子瑜回答我说：‘我的弟弟诸葛亮已投靠刘备，应该效忠刘备；我在你手下做事，应该效忠于你。这种归属决定了君臣之分，从道义上说，都不能三心二意。我兄弟不会留在东吴，如同我不会到蜀汉去是一个道理。’这些话，足以显示出他的高贵品格，哪能出现那种流传的事呢？子瑜是不会负我的，我也不会负子瑜。前不久，我曾看到那些文辞虚妄的奏章，当场便封起来派人交给子瑜，我写了一封亲笔信给子瑜，很快就得到了他的回信。他的信中论述了天下君臣大节自有一定名分的道理，使我很受感动。可以说，我和子瑜已经是情投意合，而又是相知有素的朋友，绝不是外面那些流言蜚语所能挑拨得了的。我知道你和他是好朋友，也是对我一片真情实意。这样，我就把你的奏表封好，像过去一样，也交给子瑜去看，也好让他知道你的一片良苦用心。”

孙权了解诸葛瑾，没有因为谗言而怀疑诸葛瑾，相反对他更加信任，诸葛瑾该做什么还让他做什么，从不干涉，既然放权给他，就充分地信任他，不无端地猜疑。作为一个领导者，这种气魄是值得现代人学习的！

草船借箭——孙权的专利

诸葛亮“草船借箭”是一个精彩的故事。这段故事，常常使人对诸葛亮的聪明才智赞叹不已。然而，诸葛亮的一生并没有干过这件事。这个故事只是罗贯中为了增加小说的可读性而凭空杜撰的。“草船借箭”的真正主角不是诸葛亮，而是孙权，并且这件事发生在赤壁之战以后五年。

京剧脸谱孙权

正史上的“草船借箭”其实发生在孙权与曹操的濡须之战中。当时，孙权坐船亲自去刺探曹操的军情。曹操发现后，命令士兵射箭攻击。孙权的船被射歪，差点儿沉了。他灵机一动，让船掉了个头，让箭继续射，这样一来船平衡了，孙权顺利把船划回本部大营，还命人奏乐助威。

孙权的聪明与胆略让曹操都不得不惊叹："生子当如孙仲谋，刘景升儿子若豚犬耳！"意思就是说，以后生儿子就要生个像孙权这样的，如果都像刘表那样的儿子，连猪狗都不如。

晚年的昏庸

孙权称帝后，曾派将军卫温等率大规模人员航海，加强对夷洲（今台湾）、印度、东南亚等国的联系；又设置农官，实行屯田；在山越地区设立郡县，促进了江南土地的开发，在政治上颇有建树。

孙权谢曹操送箭

可到了晚年，孙权却昏庸起来，这也许和年龄有很大的关系，当年的汉武帝刘彻、隋文帝杨坚也都有这毛病。

孙权在晚年中了公孙渊的诡计。当时割据辽东的公孙渊派使者向孙权称臣，这让孙权心花怒放，打算派使者到魏国，封公孙渊为燕王，还要派将领率着一万精兵一同前去。文武大臣都极力劝止，说这肯定是公孙渊背叛魏国之后受到来自魏国的压力，想利用吴国来对抗魏国，这绝对是个阴谋，根本没必要这么兴师动众，只派个使者去就行了。孙权哪里听得进去，还是派了使者和将领前去。老臣张昭见孙权如此刚愎自用，一气之下装病在家。孙权也很生气，让人用土将张昭家的门堵住。张昭更干脆，让家人从里边也用土堵住，自己不出门了。孙权比其他时期的一些帝王毕竟还是宽厚了许多，和大臣斗气也很有风度，不是任意杀戮，而是采用堵家门的方式来泄愤，一来出了气，二来也不会影响到大局。

梅花山孙权墓一景

梅花山孙权墓一景

据《三国志》记载，东吴帝王孙权死后葬于蒋陵。孙权因避祖父孙钟名讳，而把钟山改名蒋山，孙权陵因在蒋山而称作蒋陵。公元252年，孙权死后葬于钟山南麓的高岗上，葬处得名“孙陵岗”，后人又称“吴皇坟”，而这也是南京地区最早的六朝陵墓。明初朱元璋建孝陵时，主持建陵工程的中军都督府佥事李新，曾向朱元璋建议把孙权墓移开，朱元璋说：“孙权也是一条好汉，留着给我看门吧！”“孙陵岗”上还葬有孙权的夫人步氏、潘氏以及宣明太子孙登等人。20世纪40年代，因岗上多梅花，故将“孙陵岗”改名为“梅花山”

不出张昭他们的预料，孙权果然上了公孙渊的当。公孙渊杀了孙权派去的使者，又归降了曹魏一方。孙权大怒“我活了六十岁，竟被这样的人所骗，若不杀掉这个鼠辈，我还有什么脸面在帝王位子上坐着！我一定亲自送这个流氓上西天，以解我心头之恨。”在大家的苦苦劝说下，孙权才没有发动这次结果难料的战争。

自古老年帝王的猜忌心理都比一般的人要重，孙权也没能逃脱这个规律。他为了监视文武大臣，专门设置了两个官职：校事和察战，还大加重用，这使很多的无辜大臣受到陷害，孙权晚年的这些错误大大地伤了大臣们的心。

称帝后的孙权日益骄奢武断，百姓征税赋役繁重，刑罚残酷，人民经常起义反抗。在立太子方面，孙权也犯了很大的错误。太子孙登英年早逝后，孙权先是废了第二任太子孙和，又赐死鲁王孙霸，最后立幼子孙亮为太子，这为日后的吴宫政变埋下了祸根。

孙权故里龙门古镇

赵夫人的“三绝”

孙权的后宫生活可以说是精彩纷呈，其中最有名的是赵夫人那段近乎神话般的传说。

孙权故里

据《太平广记》说：晋大兴年中，一个叫区纯的衡阳人做了一个鼠肆。鼠肆四周有一丈多长，开了四扇门，每个门口有个木头人，鼠肆里面放了四五只老鼠，老鼠一出门，木头人就会用椎子椎。北齐的兰陵王则做了一个木制的会跳舞的胡人男子。兰陵王心中想要劝谁喝酒，木制胡人男子就心领神会，捧着酒杯向那人作揖。这些都是古代的巧思绝技，但在这方面，无论谁也比不上东吴大帝孙权的赵夫人。

当初，孙权常常慨叹魏蜀二国没有平定，在行军打仗的空闲时间里，很想得到一位擅长绘画的人，能绘制出一幅有山川地势供行军布阵用的地图。于是赵达就把他的妹妹进献给孙权做了夫人。赵夫人善于绘画，笔触构思巧妙无双。她还能在手指间用彩丝织成云龙虬凤图案的锦，大的超过了一尺，小的只有一寸，宫中称她为“机绝”。

孙权想让这个有绝活的夫人用笔画出九州岛江湖方岳的形势图，赵夫人说：“丹青的颜色很容易褪去，不能长久保存，我会刺绣，要不我用刺绣绣出来吧。”赵夫人把所有国家都绣在一块方形的帛上，上面还绣着五岳、河海、城邑以及行军布阵的图案，然后进献给了孙权。当时人称她为“针绝”。虽然有公输班造云梯、有会飞的风筝，但是没有比这幅图更珍稀瑰丽的。

孙权住在昭阳宫，因为江东的夏天很湿热，孙权一向为此苦恼，就把紫绡帷帐卷起来。赵夫人看见后说：“这紫绡帷帐算不上珍奇的东西，我有更好的帷帐。”孙权问她是什么东西，赵夫人说：“我能使绢帷放下来而清风自入，但是从里向外看又跟没有障碍物挡着一样，周围的侍者也会觉得飘然自凉，好像驾着风行走一样。”孙权十分吃惊，他从没有听说过这样的帷帐。

只见赵夫人拔下自己头上的一些头发，从中间剖开，本来就不粗的发丝变得更细了，再用神胶把它们粘接起来。神胶出自郁夷国，一般用来接弓弩的断弦，而且百断百续，特别有神效。赵夫人最后将发丝织成罗縠，将罗縠裁剪成帷幔。无论是从里看还是从外面看，帷幔都飘飘如烟气轻动，而房内清幽凉爽。当时孙权还在军旅，他常将这件帷幔随身携带，作为行军的幕帐。帷幔展开后长宽好几丈，卷起后则可

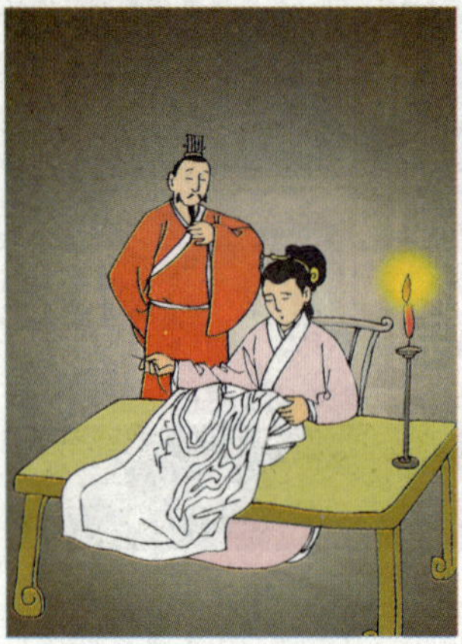
心灵手巧的赵夫人

以放在枕头里面。时人称之为“丝绝”。

这样一来，吴有“三绝”（“机绝”“针绝”“丝绝”），四海之大没有什么比这更绝妙的珍奇了。

就这样一位绝世奇女子却没能得到好的结局。宫里贪宠求媚的女人嫉妒赵夫人得宠，就找机会诬陷她，说她总爱在国君面前炫耀自己。舌头底下压死人啊，最后孙权动摇，把自己这位老婆给废掉了。尽管不再享受锦衣玉食，不再受到帝王宠爱，但是她超绝的技艺却被载录在史书上。后来吴国灭亡，不知这位鬼斧神工的女巧匠流落到了什么地方。

孙权身边的那些美女们

孙权一生可说是勇猛过人，算是三国中的枭雄，但就是这样一个英雄，也没能绕过美女这一关。孙权身边的女人很多，仅仅是皇后就像走马灯换了一茬又来一茬，而孙权最终也是抱憾而终！

吴国后宫里的那些女人们有的是为了争宠，有的是为了权利，她们折腾着，斗争着……

孙权像

孙权的第一位夫人是谢氏。她是会稽山阴人，长得国色天香，闻名于江东。当时说媒的人踏破了门槛，但都被谢家拒绝。孙权的母亲吴夫人听到这个消息，便将谢氏纳为孙权的妃子。孙权对这第一个夫人也很宠爱，谢夫人没有儿子，便抚养了孙权的一个小妾所生的儿子，名叫孙登。然而，好景不长，半路杀出个徐夫人。徐夫人祖籍吴郡富春，祖父徐真与孙权的父亲孙坚关系不错，孙坚还将自己的妹妹许配给了徐真。徐夫人先是嫁给了同郡的陆尚，陆尚去世后被讨虏将军孙权聘为妃子。徐氏比谢氏年轻而且美丽，谢氏渐渐地失去了孙权的宠幸，不久抑郁而死。

谢夫人去世以后，孙权命徐夫人以母亲的身份抚养孙登。孙登很快被立为太子，不想他命短，还没等养母登上正宫之位，孙登就因病去世，徐夫人也因过于嫉妒后宫的其他美女而被废。

争夺储位的明争暗斗，继续在后宫上演着。

步氏是临淮淮阴人，与丞相步骘同族。东汉末年，她与母亲迁徙到庐江，后庐江被孙策攻破，她也因为美丽而得到孙权的宠幸。步夫人没有儿子，只生下了两个女儿，长女孙鲁班嫁给了周瑜的儿子周循，周循死后又嫁给全琮；小女儿孙鲁育许配了朱据，朱据死后改嫁了刘纂。步夫人性情和婉而不妒忌，因此在很长的时间里都得到了孙权的宠爱。十多年以后孙权称帝，想让步夫人当皇后，而群臣认为孙登的养母徐夫人更合适皇后的位置，孙权倾向于步夫人而没有答应。这样十多年中，一直没有正式册封皇后，但是宫内皆称呼步夫人为皇后，亲戚上疏则尊称中宫。

袁氏是袁术的女儿，品性最好，不过也没有生养。步夫人得病去世后，孙权打算立袁氏为皇后，高风亮节的袁氏以自己没有儿子为理由推辞了，后来被貌似天仙、心如毒蝎的潘氏陷害。

王氏是琅玡人，选入宫中后在黄武年间得幸，生下了儿子孙和，受宠的程度仅次于步氏。步夫人去世后孙和立为太子。因为袁氏拒绝了继位中宫，孙权便打算立王夫人为皇后。群臣也认为母以子贵，既然孙和做了太子，他的母亲王氏照例应当做皇后。但是已故的步夫人的女儿全公主（即长女孙鲁班）一向憎恶王夫人，时常诋毁她。当时，孙权得了重病卧床不起，全公主趁机诋毁王夫人，说她面有喜色，孙权听后十分恼火。王夫人无从辩白，忧惧而死，成了地道的冤死鬼，儿子孙和也因此失宠。

后来孙权又宠幸了一个罪犯的女儿——潘氏。潘氏是会稽句章人，父亲因罪被处死刑。潘氏与她的姐姐也因此沦为官奴，在织造室从事繁重的劳役。但年轻貌美的潘氏堪称江东绝色，一同被幽禁的几百个女子都说潘氏是神仙，因为凡人不会长得这么美，因此对她敬而远之。就这样，潘氏的名声传到了孙权的耳朵里。他感到很好奇，便派人将潘氏的容貌画在画布上。

三国时期孙吴墓出土的瓷俑

当时潘氏因忧戚过度不吃饭而消瘦改形，画师考虑到这一点，描绘了潘氏应有的真实容貌进献给孙权。孙权见到画布所描绘的潘氏美艳的姿容十分惊异，用琥珀如意按在画布上，琥珀如意立刻折断，孙权感叹说：“这真是神女啊！愁起来的样子都这样让人心动，何况她欢乐的时候

晚年的孙权沉溺于享乐

大病的孙权得到皇后暴亡的噩耗

呢？”于是命人将潘氏从织室纳于后宫。潘氏到了后宫果然以姿色见宠，被称为潘夫人。由此可见，吴主孙权很民主，观念也很开放，找媳妇都不问出身的。

不久，潘夫人生下了儿子孙亮。赤乌十三年，孙亮被立为太子。第二年，潘夫人被册封为皇后。谁能想到，这位皇后，虽貌似天仙，却心如毒蝎，竟陷害了袁夫人等许多后宫侍妾。

这还不算，她把可怕的黑手也伸向了后宫女人们的下一代。她见孙和与孙霸都失去孙权的欢心，便趁机献媚为自己的儿子孙亮谋取太子储位，并且与全公主往来亲密，给孙亮娶了全公主的侄孙女为妻。于是全公主每天在孙权面前谗毁孙和与孙霸，劝孙权立幼子孙亮为皇储。

孙权内惑于宠妃潘夫人，外信爱女全公主，就下决心废去孙和而改立孙亮。他私下对侍中孙峻说：“子弟不和睦恐怕会重蹈袁绍的覆辙，假如现在不换太子可能会后患无穷。”孙峻的外甥女给孙亮做了老婆，他当然袒护孙亮母子，赞成孙权的计划。于是，之前的太子孙和被废，改立孙亮，潘夫人也母以子贵，自然晋升为皇后，实现了她多年的夙愿。

当上皇后的潘皇后渐渐恃宠生骄，以前的柔媚几乎消失得没了踪影。孙权后来越发体会到被废太子孙和的无辜，也为此忧郁不已。直到八月的一天，忽然刮起大风，江水汹涌淹没了几千里的土地，平地上积水足有八尺深。孙权先祖陵墓所种的松柏都被大风拔起，飞落到建业城的南门外。孙权惊悸之下得了风疾，大病在床，一个多月不能治理朝政。到了冬天更是起不来了。就在这时，皇后潘氏忽然暴亡，孙权见潘氏的脖子下有绳子的勒痕，舌头搭拉在外边，知道一定是被谋杀的，便令左右秘密调查事情的真相。原来是潘皇后对待下人过于暴虐，被宫人在她夜里熟睡的时候勒死的。孙权知道她是咎由自取，不过看到她死得这么悲惨，免不了心里悲愤交集，将行凶的宫人全部杀死。此事过后不久，七十一岁的孙权病死在病榻之上，可怜他戎马一生，死时竟是如此凄惨。

吴废帝孙亮

——早上台早被废的小帝王

姓　　名：	孙亮
职　　称：	没得到
生卒年份：	公元 243 ~ 260 年，享年十八岁
最高职务：	吴国第二任帝王
帝王工龄：	七年（公元 252 ~ 258 年）
最大政绩：	尚未发现
最大错误：	仍需考证
荣誉称号：	废帝
老　　爸：	孙权
老　　妈：	潘氏
家庭出身：	帝王之家
接 班 人：	孙休
最 得 意：	老幺做了王
最 痛 心：	被丞相孙綝废黜
最 擅 长：	捡便宜
最 失 意：	没什么作为
现在住址：	不详
个性签名：	废了也是帝王……

吴废帝孙亮像

捡了个大便宜的"渔翁"

吴废帝孙亮，字子明，吴大帝孙权的第七个儿子，也是最小的一个儿子。按理说，排行最小，帝王的宝座是怎么也轮不到他这个"老幺"的。但是，世界上的事往往就是这样，出牌不按常理。

孙亮最初不是太子。然而，他的长兄孙登早年已经去世，而另一位兄长孙和则因遭陷害而被废去了太子之位，于是乎，孙权便立小儿子孙亮为太子。这事儿说起来也跟中大奖差不多幸运了。

鹬蚌相争，渔翁得利：孙和与孙霸相争，得利的是孙亮

事情的详细经过是这样的：魏文帝黄初二年，也就是公元221年，孙权还是吴王，立长子孙登为王太子。黄龙元年（公元229年），孙权称帝，建都建业（今江苏省南京市），孙登也就自然而然地晋级为皇太子。太子身边的官属有诸葛恪、张休、顾谭、陈表等，宾客有谢景、范慎、刁玄等，东宫可谓人才济济。

按理说一切都没有变数了，可是孙登的生母身份低贱，连姓氏都未见于史册。孙权所宠爱的王夫人有两个儿子，一个叫孙和，一个叫孙霸。也不知道孙登怎么想的，时常萌生让位给孙和的想法。孙权赤乌四年（公元241年），"天遂人愿"，孙登死了。第二年，孙权便立孙和为太子，不久，封孙和的弟弟孙霸为鲁王。

其实，相比于孙和来说，孙权更喜欢儿子孙霸，对孙霸的待遇，同太子没有什么两样。因此，孙和与孙霸这两兄弟为了权势，十分不和睦，大臣们也因此分为两派，比较正派的大臣如陆逊、诸葛恪、顾谭、朱据、屈晃、滕胤、施绩、丁密等维护太子孙和，公主孙鲁班（孙权宠姬步夫人所生的长女，嫁给全综）、全综子寄、杨竺、吴安、孙奇等则想依靠鲁王孙霸捞取政治上的好处，所以拥戴孙霸而诋毁太子孙和。

一次，孙权病了，他派太子孙和到长沙恒王孙策庙去祈祷。太子妃叔父家由于离庙很近，于是就把太子请到了自己家中。公主鲁班消息灵通，获悉此事之后便立即向老爸孙权打小报告，说太子孙和不去庙里祷告，却往太子妃家商议大计。从这时候开始，本来就不占便宜的孙和在孙权面前更加不受宠爱，两派大臣的争斗也愈加激烈。

孙权认为“子弟不睦，臣下分部……一人立者，安得不乱”，于是就废了太子孙和，赐死了鲁王孙霸，改立他当时所宠爱的潘夫人的幼子孙亮为太子。当然其间也少不了潘美人的极力“推荐”，真可谓鹬蚌相争，渔翁得利，捡便宜的往往是第三者。

其实以上的事，不只是表面上立谁为太子的问题，而是孙权统治集团内部复杂矛盾的反映。

年纪轻轻被废

公元252年，孙权去世，八岁的孙亮继位成为吴国帝王。

高高在上的帝王，其实也不是那么好当的，收获越多，代价也就越大；位置越高，却是高处不胜寒。孙亮年纪轻轻上台，却又年纪轻轻被废，最后又年纪轻轻死去，这就是皇位带给他的一切。

孙亮即位时，由于岁数太小，就由诸葛恪、滕胤、吕岱等人辅政。

公元253年，吴国宗室孙峻发动政变，杀死诸葛恪，成功地当上了吴国的丞相，但是当时政权并不稳定。别以为只有你杀别人的份，别人也正想着怎么解决你，这就是政治的险恶。在诸葛恪死于非命后，有很多人都想暗杀孙峻，但孙峻比诸葛恪幸运，到最后想暗杀他的人都失败了，而且还被迫自杀或被处死。胜王败寇，这就是残酷的现实。孙峻的宰相之位并未因此受到动摇。

傀儡帝王与辅政大臣

孙峻的命也并没想象中那么好，宰相没当多长时间，就在与魏国的一场战争中

三国东吴古墓遗址

病死了。于是孙峻的从弟孙綝开始出场。他对宰相的位子已经觊觎了很久。当时，吕据、文钦等人要求封滕胤为丞相。孙綝没有理会他们的意见，反而杀死滕胤和吕据。将领王敦密谋杀死孙綝，谁知却引火烧身，失败被杀。就这样，孙綝大摇大摆地当上了吴国的宰相，成为摆布孙亮的人。

公元257年，十三岁的孙亮亲政，但朝中的很多事情都得听孙綝的，这让孙亮很不舒服。孙亮认为孙綝对自己、对朝廷都是一个祸害，于是推行多项措施（如训练少年军）准备推翻他，除掉这根眼中钉、肉中刺。

公元258年，孙綝发现孙亮想杀死自己，于是废年幼的孙亮为会稽王，改立孙休为帝。和孙亮一起策划政变的大臣也都被孙綝杀死。

公元260年，孙亮的封地会稽传出谣言，说孙亮将返回建业复辟；而孙亮的侍从亦声称孙亮在祭祀时口出恶言。经审判后，孙亮被贬为侯，并处以流放，可怜的孙亮死在了流放途中。

据《三国志》记载，孙亮可能是自杀，也可能是被孙休派人毒死的。可能，一切只是可能。唯一确定的是，孙亮死的时候只有十八岁。

《三国志》的作者陈寿这样评价孙亮："孙亮童孺而无贤辅，其替位不终，必然之势也。"

从一粒老鼠屎看废帝

孙亮是个废帝这没假，但他非常聪明。他观察和分析事物都非常深入细致，常常能从疑难事件中得出正确的结论。这可是一般人所不能及的。

一次，孙亮想要吃生梅子，就吩咐黄门官去库房把浸着蜂蜜的蜜汁梅取来。谁知，这个黄门官心术不正又心胸狭窄，是个喜欢记仇的小人。他和掌管库房的库吏素有嫌隙，平时两人见面经常口角，他怀恨在心，一直伺机报复，这次，可让他逮到机会了。他从库吏那里取了蜜汁梅后，悄悄找了几颗老鼠屎放了进去，然后才拿去给孙亮。

不出他所料，孙亮没吃几口就发现蜂蜜里面有老鼠屎，果然勃然大怒："是谁这么大胆，竟敢欺到我的头上，简直反了！"

心怀鬼胎的黄门官忙跪下奏道："库吏一向不忠于职责，常常游手好闲，四处闲逛，一定是他的渎职才使老鼠屎掉进了蜂蜜里，既败坏主公的雅兴又有损您的健康，实在是罪不容恕，请您治他的罪，好好教训教训他！"

孙亮马上将库吏召来审问："刚才黄门官是不是从你那里取的蜜汁梅呢？"

库吏早就吓得脸色惨白，磕头如捣蒜，结结巴巴地回答说："是……是的，但是我给他……的时候，里面……里面肯定没有鼠屎。"

黄门官抢着说："不对！库吏是在撒谎，鼠屎早就在蜜汁梅中了！"

两人争执不下，都说自己说的是真话。

这时，侍中官刁玄和张邠出了个主意，说："既然黄门官和库吏争不出个结果，分不清到底是谁的罪责，不如把他们俩都关押起来，一起治罪。"

孙亮略一沉思，微笑着说："其实，要弄清楚鼠屎是谁放的这件事很简单，只要把老鼠屎剖开就可以了。"他叫人当

江苏南京出土的三国东吴青瓷羊尊

三国东吴墓遗址

着大家的面把鼠屎切开，大家仔细一看，只见鼠屎外面沾着一层蜂蜜，是湿润的，里面却是干燥的。孙亮笑着解释说：“如果鼠屎早就掉在蜜中，浸的时间长了，一定早湿透了。现在它却是内干外湿，很明显是黄门官刚放进去的，这样栽赃，实在是太不像话了！”

这时的黄门官早已吓昏了头，跪在地上如实交待了陷害库吏、欺君罔上的罪行。

看看，这个废帝也不是一无是处吧，只是人在江湖，身不由己罢了。

晋朝

晋朝

Jin Chao<<

读完三国，还要看两晋。中国历史上，还没有哪个朝代像晋朝这样乱七八糟。

中国历史不乏长时间的割据时代。长期割据的原因无非两个：要么是英雄辈出，互相制衡，谁也不能独霸全国；要么是能力有限，皆无帝王之才，各称诸侯，盘踞一方。而晋朝则是一个英雄辈出、枭雄辈出、奸雄辈出、狗熊也辈出的时代。名义上，晋朝结束了三国近百年的割据，中华民族重归统一，但这所谓的“统一”只是一个空壳，其间分分合合数次，割据纷争无数，百余年没能达到真正的一统。无论西晋还是东晋，除了晋武帝司马炎灭吴后短暂的十年和平之外，就再没出现过四海升平的时期，只有铁血、兵戈、权力、欲望和仇恨。晋朝的历史其实就是一部战争史，一段群雄逐鹿、问鼎中原、营建霸业的历史，一段打来打去、人人争帝的历史。

是骡子是马，拉出来遛遛才能知道；是英雄还是狗熊，当放于乱世才会清楚。晋朝两百年的时间里，称王称帝者就有二十余国的一百余名君主。天下是每个人心中的终极目标。十六国的开国君主，每个人都喊出过“吾有天下之志”的口号，但在近两百年智谋、胆色与权诈的斗争中，竟无一人能遂此愿。

最终，北魏结束了北方的混乱，刘宋巩固了南方的统治。血色苍苍、壮怀激烈的一场大戏，终于拉下帷幕。

晋武帝司马炎

——厚颜无耻的风流帝王

姓　　名：	司马炎
职　　称：	世祖
生卒年份：	公元 236 ~ 290 年，享年五十五岁
最高职务：	西晋第一任帝王
帝王工龄：	二十六年（公元 265 ~ 290 年）
最大政绩：	灭吴统一全国
最大错误：	加快了“八王之乱”与“永嘉之乱”的爆发
荣誉称号：	武帝王
老　　爸：	司马昭
老　　妈：	王元姬
家庭出身：	帝王之家
接 班 人：	司马衷
最 得 意：	宫中佳丽无数
最 痛 心：	传位于傻太子
最 擅 长：	自己的快乐建立在别人的痛苦之上
最 失 意：	身体透支，早早玩完。
现在住址：	洛阳南蔡庄村北西晋墓地一号墓之峻阳陵
个性签名：	哪个帝王不风流？

晋武帝司马炎像

吹起宽松政治的春风

虚伪的司马炎得到了梦想已久的皇位

当初司马炎的爷爷司马懿，大伯司马师，爸爸司马昭，那都是曹魏时代重臣，个顶个的厉害，是连帝王老儿都惧怕三分，避让三舍的主儿。他们掌握着朝廷的话语权，朝廷上下唯司马家族是瞻。

公元 265 年，司马昭病死，司马炎继承父位，掌握全国军政大权。

早在司马炎接任相国后，就开始有一些人劝说魏元帝曹奂早点让位给司马炎。当然，这些前来游说的人不可能这么甘愿拥护司马炎，一切都是在他的威逼利诱下进行的。而窝囊的曹奂也知道自己的位子不稳了，在大臣们的“好心劝谏”下，他下诏书说：“晋王，你家世代辅佐帝王，功勋高过上天，四海蒙受司马家族的恩泽，上天要我把帝王之位让给你，请顺应天命，不要推辞！”

司马炎一方面假装多次推让，一方面让自己的心腹太尉何曾、卫将军贾充等人，带领满朝文武官员再三劝谏。若干回合之后，司马炎才接受魏帝曹奂的禅让，封曹奂为陈留王。公元 265 年，司马炎顺利登上帝位，改国号为晋，史称西晋，司马炎成了晋武帝，他的心愿总算达成。

当初司马懿诛杀曹爽掌握大权；司马昭就更是杀曹髦没商量，血管里流着司马家族血液、继承了司马家族凶狠的司马炎，青出于蓝而胜于蓝，最终废黜魏文帝，逼着曹奂禅位，夺取了老曹家辛苦打下来的江山。历史有惊人的相似之处——当初魏王朝的建立者曹丕以逼迫汉献帝禅位的方式称帝，东汉宣告结束；无独有偶，晋武帝司马炎也同样以逼迫魏元帝曹奂禅让的方式获取了帝位，曹魏就此灭亡。这可真是三十年河东三十年河西，风水轮流转啊！

刚刚荣登帝位的司马炎心里并不轻松，他很清楚，危机并未因新帝王的上岗而消失。

从内部看，他的祖父、父亲为了给司马氏家族夺取帝位铺平道路，曾经对曹操以后的曹氏家族以及附属势力进行了残酷的屠杀，这件事所造成的阴影至今仍然横亘在天下人的心里。从外部看，蜀汉虽被平定，但孙吴仍在。虽说此时的东吴已不足以与西晋抗衡，但毕竟也是一个不小的威胁。内忧外患告诉司马炎，要想巩固政权，进而完成吞并东吴、统一中国的大业，就首先要强化统治集团本身的凝聚力，而要达到这个目的，就必须采取怀柔政策。为此，司马炎在即位的第一年，就下诏让已成为陈留王的魏元帝一切照旧，按魏原有的规矩行事，上书不必称臣。同时，赐刘禅为驸马都尉，第二年又解除了对汉室的禁锢。这些讨巧的措施不仅缓和了朝廷的内患，更在很大程度上消除了已成为司马氏家族统治对象的曹氏家族心理上的恐惧，还稳定了蜀汉之地的人心，进而为赢得吴人的好感，麻痹吴人的防范，吞并东吴创造了条件。

位尊权重的司马家族

为了尽早地使国家从动乱不安的环境中摆脱出来，为统一奠定牢固的基础，无为与宽松政策成了西晋之初的立国精神。这种立国精神在国家各领域都充分地体现出来。公元 268 年，司马炎诏书中明确指出：为永葆我大晋的江山，现以“无为之法”作为统领万国的核心。同年，又向郡国颁下五条诏书：一是正身，二是勤百姓，三是抚孤寡，四是敦本息末，五是去人事。

当年，曹魏王朝的奠基者曹操继东汉的动乱政治之后，为了安定人心，恢复国力，也实行了比较宽松开放、节俭求实的治国方略。但到了曹丕时期，政治渐趋严厉，社会风气亦腐败，曹操当年的风范已不复存在。帝王为了满足自己的私欲，往往不断把强大的物质重负转移到百姓的身上，而长期的战乱更使百姓在惨淡的生计之外，还在心理上增添了一种恐惧与疲惫之感。在这种情况下，司马炎反其道而行之，提出无为而治的强国方略是最适合不过的。

史上少有的流氓帝王

灭吴是司马炎军事水平的正常发挥，本在情理之中，所以也没有给司马炎带来意外的兴奋和快感，但有一点却是让他睡觉都能笑醒，小小的吴国皇宫中竟然有五千多宫女，在司马炎眼中，江南户口钱粮、土地都不重要，吴国宫女才是一等重要，那可是像花一样的江南美女呀，可比北方的美女娇嫩多啦。

天子天子，就是上天的儿子，是独一无二的，是国家最高领导人，在婚姻上与普通百姓有所不同，而且自古以来的帝王不就有三宫六院七十二嫔妃吗？秦始皇不还专门建个阿房宫收藏美女吗？何况现在的天下全是人家司马家打下来的，只要我们黎民百姓有饭吃、有衣穿，能娶上媳妇，他的任何不过分的享受我们都可以睁一只眼闭一只眼的，他司马炎精力旺盛愿意折腾就让他折腾去吧！就在伐吴行动紧锣密鼓筹备的时候，司马炎把这些烂事统统交给秘书张华和元帅杜预处理，自己在宫中整天没事可干，张华走了，没人陪他下围棋，写书法吧，腰酸胳膊疼的，干什么呢？那就选美吧。

公元273年，司马炎下诏“采公卿以下家庭的女子以备宫用”，就是公卿以下所有的公务员，都有义务把自己的女儿送来参加选美，如有胆大包天企图蒙混过关的，那就是欺君之罪。他还总结了以前帝王选美的经验，在这以前一听说朝廷选美，不愿参加选美的适龄美女们就争先恐后的找男人假结婚。这一次明文规定在选美期间适龄美女一律不准嫁人，否则以擅自结婚罪入狱。

广告已经打出去了，那就得成立机构，司马炎亲任选美领导小组组长，老婆杨艳出任执行组长，负责具体事宜，还有若干评委。《晋书》中说：“后聪慧，善书，姿质美丽。”可见杨艳绝对不是笨鸟，岂会让别的女人把她比下去，威胁她的地位呢？所以她就只选那些长得高大皮肤白皙的，真正妩媚动人的一概不选。

司马炎知道了，气得肝颤，当即免去杨皇后的职务，选美之事一手抓，亲自为自己的后宫生活打理。民间有抛绣球选老公之俗，司马炎搞了个抛绣球选老婆，这老婆只是享受一夜恩泽。司马炎把江南江北美女全集中在后宫广场上，足有上万人，蔚为大观。司马帝王高高站在楼台，从太监手中接过绑好绣球的箭，只见他振臂弯弓射去，可以想象，下面一片抢夺之声，估计后来的成吉思汗知道了也会感叹自己稍逊风骚。经常玩抛绣球也没意思呀，还得要有人维持赛场秩序，否则就有可能踩死人，闹出人命。

司马炎皇后杨艳

司马炎一丝不苟地选了五千美女。但这些美女没有几个是自愿的，想想一进去就等于是活寡妇呀，于是“母子号泣于宫中，声闻于外”。

选美工作结束，司马炎又“诏选孙皓妓妾五千人入宫”，此时，洛阳皇宫中已经有一万多美女了，即使他每天不休息，轮上一遍也得要三十多年（事实是，从这时候算起，他只活了十年。史记

司马炎选美

司马炎坐着羊车选择宠幸的宫女

中说了他有“超世之才”）。

宫中美女太多了，司马炎就叫人拉辆马车来，改装一下，套在几头温顺漂亮的母羊上，给母羊穿上宫衣，车上装着佳肴美酒，每天驾着车在后宫信羊由缰，停在哪儿就在哪儿消魂。

宫女有一万多，能和司马炎一亲芳泽毕竟机会太少，概率太低，一个大概是牧羊人家出生的宫女不堪忍受无帝王宠幸，想出了一个主意：把羊爱吃的竹叶插在宫门上，地上再洒些盐水，羊管它是怎么回事，只要有的吃，就天天把司马炎拉到这个宫女门前。那时还没有专利法保护，没过两天宫里全知道了，宫女纷纷叫太监去买竹叶和食盐，一时洛阳的竹叶和食盐价格暴涨，出现了“洛阳竹贵”和“洛阳盐贵”的景象。有了这么多的佳丽，住宿也成了问题，盖宫殿没那么多的银子，怎么办？裁军！“罢州郡兵”，大城市留一百小城市留五十，成立联防队，维持治安就行了，刀枪入库，马放南山，天下一片太平景象，老百姓又一次拍手称快，可以和亲人团聚了，大得人心。省下的军饷就可以解决美女住集体宿舍问题了。

司马炎不但全心全力为自己的后宫生活负责，而且还体恤下属，“制女年十七，父母不嫁者，使长吏配之”。天上掉下个林妹妹，那些老光棍真是拍手称快，高呼万岁。

司马炎的纵欲生活，透支了健康，连《资治通鉴》也说他“极意声色，遂至成疾”，五十五岁就死掉了。这是司马炎强占天下妻女、离散天下骨肉、暴敛天下资财的报应。

臭棋篓子也爱才

除了好色，司马炎还是个棋迷，他不但自己嗜棋如命，而且提倡全国下棋，不过这帝王一迷上棋，麻烦就大了。

司马炎只顾下棋不顾军情

有一天，秘书张华正陪他杀得高兴，元帅杜预慌慌张张跑进御花园，递上一道表章，准备征伐吴国，请皇上定个日期。可司马炎呢，只看了一眼，脑袋又俯在棋盘上，原来两人棋局正难分难解，张华刚一个“妙手”，让他一时不知怎样解救。杜元帅等得不耐烦了，忍不住喊了一声“皇上”，司马炎摆摆手，心不在焉地说：“明年吧。”幸亏杜元帅没当真，否则统一全国的功德就记不到司马炎的头上了。

帝王一提倡下棋，民间就热闹了，无论士农工商、大人小孩都能来上一手。司马炎帝王为象棋的推广做出了不可磨灭的贡献。

司马炎虽好色、爱玩，但也爱人才。诗人左思的妹妹左芬也是个诗人。不知道是司马炎天天看后宫那上万美女看腻了，还是真爱才，他听说后，把左芬弄进宫封为贵妃，甚是宠爱。

什么叫厚颜无耻

即位之初，正值壮年的晋武帝很想有一番作为，因此执政比较清明。他大力发展经济，采取了一系列有力的经济措施，使农业生产逐年上升，国家赋税收入逐年充裕，人口逐年增加，平吴之后不到三年时间，全国人口就增加了一百三十多万户，出现了“太康繁荣”的景象。但后来司马炎慢慢变得昏庸荒淫、挥霍无度、不理政务。大臣们见了，便找机会劝谏。

新年祭祀仪式后，司马炎看看旁边的司隶校尉刘毅，问他：“朕相当于古代的哪个帝王？”司马炎以为刘毅肯定会说高祖刘邦、武帝刘彻以及光武帝刘秀之类有名的帝王，而这个愣头青刘毅却说：“陛下和汉朝的桓帝、灵帝差不多吧。”桓帝和灵帝都是历史上榜上有名的昏君：刘毅的回答让司马炎尴尬万分，反驳说：“我好歹也是个开国的帝王，怎么和他们差不多呢？”刘毅更直率：“桓帝、灵帝收的税还上缴国库，而你却放进自己的腰包泡美女，相比之下，我认为你还不如他们呢。”全场鸦雀无声，突然司马炎哈哈笑道：“爱卿所言极是，不过在桓帝时却没有你这样的直言之臣，但我身边却有，这说明我还是比他们好一些啊。来呀，赏刘部长黄金千两，让他买酒喝。”其厚颜无耻，真是首屈一指。

传位傻太子

根据史书记载，司马炎在战场上有勇有谋，屡建奇功，在处理政务方面也是非常的果敢，但在个人感情方面，他缺乏决断力，变得像个女人。司马炎的一生简直是“大爱”，有很多的妃子，这结果也导致了他的儿子多达二十六个。虽然不能说他的儿子们个个都是人中龙，但是也有优秀的才能。谁也没有想到是，司马炎最后会让自己的国家交给了一个傻瓜来继承。

自鸣得意的司马炎

在公元259年，司马炎的皇后杨艳生下次子司马衷。因为长子司马轨年纪轻轻的就死了，所以司马衷其实也可以算是他们的大儿子了。司马炎对此也是满怀欣喜，在私下也答应让杨艳的次子来继承国家大业。但是，随着时间的流逝，司马衷也渐渐长大，司马炎逐渐意识到司马衷和其他孩子在很多方面都存在着不同之处，他可能是一个低能儿，说的不好听点儿就是个傻子。

满朝文武几乎都知道司马衷是个傻瓜，司马炎也很担心让这样的一个傻瓜去继承王位，这样的儿子能保住先帝们打下的基础吗？其实司马炎的心也知道这样的儿子是很难保住基业的。所以，司马炎并没有一味地履行立司马衷为太子的诺言，他总是回避说他会再观察一段时间。那曾想经过观察，司马炎更伤心了。杨艳皇后不是不知道自己儿子的状态，也知道让傻子当太子意味着什么。但为了达到自己的目的，

皇后贾南风

她仍希望司马炎能让司马衷成太子。她一直都很坚定地认为盲目下结论为时过早，不管孩子是不是真的傻。谁知道会不会有变化呢，也许儿子是发育稍晚了几年呢？况且，自古以来，立太子都是立嫡立长的规矩，哪有因为一点天赋原因就如此随意地改变祖先的规矩呢？杨艳天天灌输这种思想，司马炎的耳根变软了。回过头来一思考，他觉得杨皇后的话有些道理，就暂时把这事搁在一边。无论如何，儿子是他自己的，就算他是个傻子又有什么关系？这说明他生性善良，将来不会伤害兄弟姐妹们。况且，找个好的老师好好教育他，也许会成才呢。

因此，司马衷九岁时被父王司马炎立为太子。杨艳之所以千方百计让司马炎的傻儿子做太子，不仅仅是为了自己的根本利益，还有一个更关键的点，就是自己因为作为母亲，她想补偿这个可怜的儿子。可怜天下父母心，母性生来就有怜悯之心，更何况自己的儿子还是一个弱智，更需要关怀和可怜，杨艳也不例外。然而，如果她是一个普通百姓的母亲，她也许可以这么做，但作为一个国家的母亲，她的母性却给短暂的西晋王朝埋下了一场灾难。

司马炎之所以决定让司马衷当太子，不仅是因为皇后的关系，还有他自己的原因。作为司马昭的长子，他一直不被父亲所重视，当初有好多次甚至差点儿失去太子的地位。所以，对他来说，他也是对司马衷有一颗同情的心，也就是说因为自己而从潜意识里去保护这个傻儿子。

公元290年，优柔寡断的司马炎病逝，司马衷即位，后世称其为晋惠帝。但司马衷除了占据一个帝王位置，朝政完全被皇后贾南风所控制。一年后，贾南风策划发动宫廷政变，杀死了辅政大臣杨骏，接着又发生了“八王之乱”。

建兴四年（公元316年），匈奴汗国帝王刘渊的侄子刘曜攻下了长安城，并俘虏了末代帝王司马邺，因此西晋失国，离司马炎去世只有二十五年。但是在这短时间内，世界与地球之间发生了翻天覆地的变化。在历史的长河中，西晋成为一个短暂的王朝。一片新的政治力量即将消失。西晋之所以如此短命，最直接的原因是司马炎选了他那最愚蠢的儿子去当帝王。虽然他的初衷是很好的，但是留给西晋以及西晋的平民百姓们的，却是灾难和痛苦。

晋惠帝司马衷

——愚蠢无能的白痴帝王

姓　　名：	司马衷
职　　称：	尚待查证
生卒年份：	公元 258 ~ 306 年，享年四十九岁
最高职务：	西晋第二任帝王
帝王工龄：	十七年（公元 290 ~ 306 年）
最大政绩：	没做出来
最大错误：	太过无能，国乱没辙。
荣誉称号：	惠帝
老　　爸：	司马炎
老　　妈：	杨艳
家庭出身：	帝王之家
接 班 人：	司马炽
最 得 意：	傻子还被立为太子
最 痛 心：	自己是个傻子
最 擅 长：	犯傻
最 失 意：	娶妻不慎
现在住址：	邙山某处
个性签名：	傻子才悲伤！

晋惠帝司马衷像

白痴帝王

司马炎的功绩是史上有记载的，而因他错选太子造成的后果也是众人皆知的。这个错选的太子司马衷是一个十足的昏庸加无能的帝王。

司马衷从小就不爱读书，整天只吃喝玩乐，不务正业。司马炎对此很发愁，担心司马衷会丢了祖宗开创的家业。

有一次，司马炎为了测试一下司马衷的思维能力，特意出了几道问题考他，并限他三天之内交卷。司马衷拿到题目以后，不懂作答。他的妻子贾南风是个很聪明的人，便立刻请来几位有学问的老先生为司马衷解答难题。

司马炎看了答卷后，以为儿子的思维还是很清楚的，也就放心了。可是公元290年，晋武帝司马炎死后，儿子司马衷即位，是为晋惠帝。晋惠帝是中国历史上典型的昏庸无能的帝王。傻乎乎的人，又怎么能管理国家呢，自然是闹出了不少笑话。

有一年夏天，惠帝与随从到华林园东游西逛。他们走到一个池塘边，听见里面传出“呱呱呱”的青蛙叫声。惠帝觉得很奇怪，于是便问随从这些咕呱乱叫的东西，是为官还是为私的？随从感到帝王的问题很可笑，但又不好不回答，就说：“如果在官家里叫的，就是官家的；如果在私家里叫的，就是私人的。”这种荒唐的答案，可能正好和晋惠帝那低下的智力水平合拍，所以他听了以后十分高兴，觉得困扰自己的一个大问题算是被解决了。

低能的司马衷问了一个弱智的问题

这件事流传出去，人人都笑话这位帝王脑袋少根筋。不过接下来的另一件事，却使得这位傻帝王大大地出了一回风头，还留下了一句千古名言。

有一年闹灾荒，粮食颗粒无收，老百姓没饭吃，到处都有饿死的人。公文报到京城，众官员聚在一起议论对策。晋惠帝呆头呆脑地在旁边听着，感到十分奇怪，就问道："好端端的人怎么会饿死呢？"大臣们一看傻帝王难得关心一下国家大事，就赶忙给他解释："当地在闹灾荒，百姓们没粮食吃。"晋惠帝也感到十分为难，突然，他灵机一动，很得意地想出了一个解决办法："没粮食吃也不要紧嘛，为何不吃肉粥呢？"大臣们听了帝王如此"绝妙"的主意，都目瞪口呆，哭笑不得。晋惠帝也就凭借着这件事情留名史册。晋惠帝如此愚蠢糊涂，无怪乎在"八王之乱"中，被赵王司马伦很轻松地篡夺了帝位。

史上鼎鼎有名的丑女人

贾南风，晋惠帝司马衷的皇后，史称惠贾皇后，是历史上鼎鼎有名的丑女人。据史书上记载，惠贾皇后身材矮小，约一米四左右，面目黑青，鼻孔朝天，嘴唇天包地，眉后还有一大块胎记。贾南风是西晋开国元勋贾充的三女儿、继室郭槐的大女儿，生于三国魏高贵乡公甘露元年（公元256年），卒于晋惠帝永康元年（公元300年），平阳襄陵（今山西襄汾）人。

司马衷抱怨贾南风太丑

因为贾南风其貌不扬，晋武帝称她"丑而短黑"，不宜做太子妃。然而，她却成了太子司马衷的妃子，继而成为皇后。贾南风之父是西晋的开国元勋贾充，这是她能够与皇太子联姻的主要原因。作为太子妃，贾南风过于残酷，曾亲手杀过人。对此，晋武帝十分愤慨，一度曾想将她废掉，但外戚杨珧提醒他："陛下难道忘了她的父亲贾充了？"于是废妃之事不了了之。

贾南风本人虽丑，但她善于钻营，

西晋青釉盘口壶

精于权术，史称“妒忌多权诈”，使得司马衷既害怕她，又受她的诱惑，喜欢她。晋武帝和朝臣们对太子司马衷的才识和能力，是很了解的，认为他“纯质”“不能亲政事”。司马衷之所以能顺利当上帝王，不仅仅跟他的母亲杨皇后有关，他的老婆贾南风更是起了重要作用。当初司马炎出题考司马衷，正是贾南风怕暴露出丈夫的无能，才想出一条让外人替太子作答的诡计，使司马衷蒙混过关，得以保存太子位，并顺利取得皇位。

司马衷即位后，贾南风被册立为皇后。惠帝黯弱无能，国家政事，皆由贾南风干预。所以西晋政权，从贾南风立为皇后之日起，政局便处于动荡不安中。

为了掌握朝政大权，贾南风采取滥杀无辜、诛灭异己的办法，巩固惠帝的统治地位。比如晋惠帝的辅政大臣、太傅杨骏就惨死在贾南风之手。杨骏是晋武帝的皇后杨氏之父。晋武帝自太康灭吴之后，天下无事，便不再留心朝政，整日沉浸在酒色之中，朝中事务依赖后党杨氏。此时杨骏、杨珧、杨济位居三公，号称“三杨”，可谓权倾一时。对杨骏其人，尚书褚契、郭奕曾上书晋武帝，说：“杨骏成不了大器，承担不起社稷之重。”武帝不以为然。

晋武帝临终的时候，只有杨皇后和杨骏在一旁，杨骏想独揽大权，就和女儿杨皇后串通伪造遗诏，指定自己单独辅政。司马衷即帝位后，任杨骏为太傅，做辅政大臣。就这样朝廷大权，落在了杨骏手上。一般的重大诏命，都由晋惠帝走形式地画个押，入呈杨太后和杨骏之后，才能下诏施行。

贾南风是个很有野心的女人。因朝中大权都被杨家把持，使得她十分不满，便开始寻找机会，私下培植亲信。她联合楚王司马玮，召他带兵进洛阳，又操纵晋惠帝宣布杨骏谋反，诛杀杨家三族。接着又借助楚王司马玮的力量，矫诏将汝南王司马亮、老臣卫瓘处死。至此，晋武帝留下的两位顾命大臣都被她除掉了。接着，她又以擅杀的罪名处死了楚王司马玮。经过这令人眼花缭乱的一番动作，贾南风终于把大权握在了自己手里，惠帝完全成为贾南风任意摆布的一个傀儡。

对于傻帝王晋惠帝来说，啥都不用操心，倒也是一件好事。反正他什么也不懂，就是大事决定下来之后画个押而已，倒乐得把朝廷政事交给皇后掌管。掌握了大权的贾南风还是不满足，她一直有个眼中钉，那就是晋惠帝的太子司马遹。

贾南风自己没有儿子，所以就对太子司马遹十分忌恨，总想着把他除掉。这个

后人作贾南风像

司马遹小时候聪明伶俐，祖父晋武帝对他抱有很大希望。可谁知长大之后却不爱读书了，整天玩闹。他在太子的东宫里开了个集市，做买卖取乐，自己亲自操刀卖猪肉，据说用手就能掂出斤两来，准得丝毫不差。他的师傅杜锡经常劝谏他要检点言行、修德进善。司马遹听得不耐烦了，就让人把大针藏在杜锡的坐垫中，把老先生的屁股刺得鲜血淋漓。看来他的聪明都用到这种恶作剧上了。不过他虽然荒唐，也没有什么太出格的行为，又是晋惠帝唯一的儿子，贾南风想把他除掉，就不得不费一番心思。

元康九年（公元300年）十二月，贾南风以惠帝生病为由，派人请太子入朝。太子到了宫中，就有内侍出来引他在别室里暂时休息一会儿。刚坐定，一个宫婢端着三升酒与一大盘枣子让太子当面吃喝，说这是圣上所赐。太子酒量浅，喝了一半，已是醉意醺醺，便说不能再喝了。那宫婢却呵斥他："天子赐殿下酒，殿下不肯喝完，难道是怕酒中有毒？"

太子无奈，只好把剩下的酒喝光，喝完之后大醉。接着，又有个宫女拿着笔墨纸砚，催促太子抄写一张文书。太子醉眼模糊，也不看是什么字，就依次照抄，字迹歪歪斜斜。写完之后，他的酒还没有醒。

第二天，傻帝王司马衷气鼓鼓地在朝堂上拿出一张纸给群臣们。群臣们一看，那纸上歪歪扭扭地写着："陛下宜自了；不自了，吾当入了之。中宫（皇后）又宜速自了；不自了，吾当手了之。并谢妃（太子母）共约克期而两发，勿疑犹豫，致后患。茹毛饮血于三辰之下（指盟誓），皇天许当扫除患害，立道文（太子之子）为王，蒋（蒋氏，太子侧妃）为内主。愿成，当三牲祠北君，大赦天下。要疏如律令。"

原来，这就是那天太子所抄录的东西。这是贾南风设下的圈套，想要趁太子酒醉昏迷之际，骗他抄下这份有谋反之意的文书，以此诬陷太子谋反。这份反书的原件，就出自黄门侍郎潘岳之手。

司马衷（天津泥人彩塑）

这位潘岳十分有名，后世形容美男子的“颜如宋玉，貌比潘安”里的“潘安”就是他（潘岳字安仁）。他不但是个大帅哥，还是个大才子，与当时的文学家陆机齐名。不过受命写这种弄不好就会株连九族的东西，潘岳想必十分不情愿，于是就炮制出了这么一个东西出来：内容颠倒，语意混乱，绝对低于潘岳的正常水平。也许潘岳觉得这么一来，一般人都能看出这个不太对劲，但以晋惠帝可怜的智商，却对这种胡言乱语的东西深信不疑。于是，贾南风的计谋得逞，太子被废为庶人，迁往晋皇室关押犯人的金墉城。

贾南风既然得偿所愿，也就该适可而止。但她阴险毒辣，对太子还是不放过，又派人把太子害死才罢休。这种行径引起了朝臣的侧目，更引起了诸王的不满，最终酿成了倾覆晋室的大乱。

八王之乱

由于西晋的天下是从曹魏那儿篡夺来的，所以晋武帝总觉得有点心虚，生怕哪一天又重蹈了曹魏的覆辙。他总结曹魏灭亡的经验，认为是由于对待宗室太过苛刻了，才弄得皇室孤立无援。所以，他一上台，就把他的儿子们和堂亲宗室都分封为诸侯，来巩固司马家的统治基础。只是水能载舟亦能覆舟，这些诸侯王固然能加强司马家的力量，却也会形成尾大不掉的局势。如果帝王精明强干，还不会出什么问题，可要是像晋惠帝这样的白痴，那些诸侯王就不免心怀异心了。再加上皇后贾南风的胡作非为，无疑更给这些诸侯王提供了口实。等到贾南风害死太子司马遹这条导火索一引燃，大乱一触即发。

永康元年（公元 300 年）五月，赵王司马伦召集禁卫军三部司马长官，以惠帝的名义宣诏，废掉贾皇后。大队禁军夜入皇宫，控制宫内各个进出要害后，派遣梁王司马彤去保护帝王，翊军校尉齐王司马冏带一百名士兵前去捉拿贾南风。

贾南风一见齐王冏带兵进宫，大吃一惊，说：“你们想干什么？”

齐王冏说：“奉皇上的诏书，特来逮捕你。”

贾南风说：“皇上的诏书都是我发的，哪里还有什么别的诏书。”

贾氏说的不错，可齐王没有理会，本来就是造反，哪儿有道理可讲。齐王让手下将贾氏拿下。贾南风远远地看见晋惠帝坐在那里，傻乎乎地看着这一切，好像还没明白过来是怎么回事，就大叫大闹：“陛下，自己的老婆让别人来废，接下来被废的可就是你了啊。”她指望惠帝来救她，只可怜傻帝王若是能明白她说的是什么，又怎么会让她大权在握那么多年呢。

最后，曾经高高在上的国母贾南风被废为庶人，关到冷宫金墉城。后来，司马伦又赐给她一杯金屑酒，逼她自杀而死。当年贾南风就是在这里逼死了太后杨芷，想不到多年之后，自己也死在这个地方，也算是报应了。

贾南风一死，赵王司马伦就掌握了政权，但这人本是个庸愚无识之徒，发动政变，诛杀贾后都是听了身边小吏孙秀的主意。现在后位空虚，帝王虽傻，到底还是大晋的天子，赵王司马伦还要拿他做幌子号令天下呢，所以又张罗着再给他找个皇后。而小吏孙秀一朝飞黄腾达，也就攀附高门，认了平南将军孙旂为同宗。因此，他推荐孙旂的外孙女羊献容做皇后。

羊献容出身名门，是西晋功臣羊祜的侄孙女。那时羊献容还是个十几岁的花季少女，却要嫁给这个四十多岁的白痴帝王，也够倒霉的。更倒霉的是由于晋惠帝作为幌子在诸侯王之间转来转去，她这个皇后居然被废被立达五次之多。后来晋惠帝死了，她又做了后赵帝王刘曜的皇后。这般惊险的经历，也算是乱世中的一段传奇了。

赵王司马伦的野心很大。永宁元年（公元 301 年）春正月，他派惠帝的堂叔义阳王司马威去惠帝那里逼迫傻帝王“禅位”。只是帝王虽傻，倒也知道玺绶的重要，

当初关押贾南风的冷宫金墉城遗址，位于今河南省孟津县

倒霉皇后羊献容

紧紧地抱在身上，死也不放。司马威欺负帝王傻，也懒得和他多说，伸手就夺，几乎把惠帝手指掰断，弄得帝王嗷嗷大哭。接着，司马伦把大哭的傻帝王尊为“太上皇”，送到金墉城关起来。只是司马伦还是惠帝的叔祖，现在竟让侄孙做自己的太上皇，辈分大大错乱。司马伦一当上帝王，就把他的同党不论文官武将甚至是侍从、兵士都封了大大小小的官职。那时候，当官的戴的官帽上面都用貂的尾巴做装饰。他封的官实在太多、太滥了，官库里收藏的貂尾不够用，只好找些狗尾巴暂时来凑数。民间就编了歌谣来讽刺他们，叫做“貂不足，狗尾续”。这就是成语“狗尾续貂”的来历。

各地的诸侯王听说赵王司马伦做了帝王，心中不服，便打起解救皇上的大旗，纷纷出兵。两个月后，手握重兵的齐王司马冏、成都王司马颖、河间王司马颙以及长沙王司马乂等共同起兵讨伐司马伦。

司马伦慌了，就和亲信孙秀一起，天天弄几大帮人在宫里跳大神，想以此退兵。可惜大神也救不了他们。不久，四王攻入洛阳，杀了赵王司马伦和孙秀，又把傻帝王请了回来。但他们都有拥立之功，谁也不服谁，都想发号施令当老大，又都握有重兵，于是刚安定没几天，这几个就开始混战起来，惠帝这个幌子又成了争夺的对象。混战中的诸侯都想把他抢到手，可以名正言顺地发诏书、下诏令收拾政敌，成为事实上的老大。于是可怜的傻帝王常常是半夜睡得正香，突然被士兵闯入寝宫，掀开龙被，套上龙袍，或强行架到殿上签字，或强行塞上龙车赶路。

混战中，齐王司马冏、长沙王司马乂先后丧命，成都王司马颖暂时领先，抢到了帝王，就让惠帝签个字，封自己为“皇太弟”，打算抢班夺权。但此时又冒出了个东海王司马越，他对此不满，找个机会将惠帝抢入自己军中，打出奉帝北征的大旗，讨伐成都王司马颖、河间王司马颙。双方军队几番拉锯大战，杀得是血流成河，尸横遍野。惠帝在乱军中多次遭遇险境，最险的一次，惠帝脸上中刀，身上中箭，差点奔赴黄泉。

最终，光熙元年（公元306年），东海王司马越消灭了起兵诸王，独揽大权，惠帝才结束了动荡流亡的生活，回到了洛阳。

参加这场混战的有赵王司马伦、齐王司马冏、成都王司马颖、河间王司马颙、长沙王司马乂、东海王司马越，加上已经被杀的汝南王司马亮、楚王司马玮，一共有八个诸侯王，史称“八王之乱”。这场祸乱长达十六年之久，令晋室元气大伤，更使百姓生灵涂炭。都城洛阳及关中是主战场，受害尤为严重。由于大伙忙于内战，边备废弛，诸王混战中又引入了胡人参战，杂居北方的胡人乘时而起，最终种下了西晋覆亡的种子。

惠帝之死

傻乎乎的晋惠帝屡经战乱，虽然没能变得聪明，一直都搞不清自己被这么转来转去到底因为什么，但也慢慢地有了点阅历。赵王司马伦作乱篡位把惠帝关到了金墉城，他经过一番折腾，就对那个掰他手指的义阳王司马威念念不忘。等到司马伦倒台，义阳王司马威也被抓了起来。诸王商议想饶他不死，一直呆呆坐在上座的惠帝忽然发话：“阿皮（司马威小名）掰我手指，夺我玉玺，不可不杀！”于是这个阿皮只得万分不情愿地上了刑场，恐怕这也是惠帝一生中所下的唯一一次体现自己意志的诏令。

晋惠帝要杀阿皮

后来，在成都王司马颖与东海王司马越两方军队的混战中，惠帝处境极其危险，脸上被砍了一刀，身中了三箭，周围的侍从都跑光了，只有侍中嵇绍用自己的身躯挡住帝王。乱兵到了，惠帝大喊：“这是忠臣，你们不要害他！”

司马衷像

那些乱兵却说："我们奉皇太弟（成都王司马颖）的命令，只不伤害陛下一人。"结果嵇绍死在乱刀之下，他的血溅到了帝王衣服上。后来晋惠帝被挪到了安全的地方，侍从们要把他身上的血迹洗掉。惠帝却说："这是嵇侍中的血啊，为何要洗呢？"这话说得实在是入情入理，便成了这个傻帝王的又一句名言。

后来文天祥在《正气歌》里还特地提出"为嵇侍中血"。史家记录至此，也不由得惊叹一句：是谁说惠帝傻来着？！这个嵇绍也很有名，他就是竹林七贤之一嵇康的儿子。嵇康死于司马昭之手，他的儿子却成了晋朝的忠臣，世事变幻如此，也真可使人扼腕三叹了。

晋惠帝回到洛阳，又成了东海王司马越的傀儡。可这位王爷慢慢觉得这个傻帝王越来越不顺眼，就在光熙元年（公元306年）十二月，用毒饼毒死了他。因司马越是晋室疏宗，没敢自己当帝王，便拥立武帝二十皇子司马炽为帝，是为晋怀帝。永嘉五年（公元311年），晋怀帝为匈奴汉国俘虏，西晋名存实亡。建兴四年（公元316年），匈奴兵又攻入长安，俘获了晋愍帝，西晋正式灭亡，立国仅仅五十一年。

晋元帝司马睿

——身世不明的帝王

姓　　名：	司马睿
职　　称：	中宗
生卒年份：	公元 276 ~ 322 年，享年四十七岁
最高职务：	东晋第一任帝王
帝王工龄：	六年（公元 317 ~ 322 年）
最大政绩：	建立东晋
最大错误：	偏安一隅
荣誉称号：	元帝王
老　　爸：	司马觐（疑牛金为生父）
老　　妈：	夏侯氏
家庭出身：	高干家庭
接 班 人：	司马绍
最 得 意：	称帝
最 痛 心：	忧愤而死
最 擅 长：	与王导团结协作
最 失 意：	被人称为“牛睿”
现在住址：	江苏省江宁县鸡笼山建平陵
个性签名：	爷爷的担心发生在了我的身上……

晋元帝司马睿像

司马睿的身世谜团

关于司马睿的身世来历，有个著名的故事，就是“牛继马后”，说的是司马睿实际上为琅琊王府小吏牛金的儿子。

和晋朝历史有关的有大小两个牛金。大牛金是个冤大头，因为有将帅之才，非常受司马懿信任，立过不少功劳。但自从司马懿听说了“马后有牛”的传言之后，便对大牛金深加猜忌，寻了一副药，打算绝了后患。司马懿老奸巨猾，把大牛金叫到府中，倒了两杯酒，一杯无毒，他自己喝，一杯放了毒药，递给大牛金痛饮，大牛金也没想那么多，一口干掉，不大工夫，死了。倒是司马师看着痛心，问老爹司马懿：“牛金是朝中大将，父亲怎么舍得杀他？”司马懿教训儿子司马师：“你不要滥施善心，难道你不知道马后有牛的事情？”

司马懿以为牛金已死，子孙无忧，哪知事情还是发生了——没坏在大牛金身上，却坏在了小牛金身上（晋人所称小牛金为“牛钦”）。

司马懿的孙子司马觐受封琅琊王。其实，在实行一夫多妻制的中国古代，夏侯氏并不受司马觐的宠爱，由于长期失宠并受到冷落，夏侯氏心灰意冷，最终与府中当差的一名名为牛金的小吏发生了不正当的关系，后来生下了司马睿，后世有人戏谑地称司马睿为“牛睿”，比如明朝狂怪李贽就直称东晋为“南朝晋牛氏”。

身世不明的司马睿

这个故事记载在《宋书》之中，《晋书》同样有这件事件的记载，但没《宋书》详尽。不过《晋书》说小牛金是小吏，而《宋书》却说小牛金是琅琊国小史。因琅琊王司马觐所在的琅琊郡是王国编制，不同于一般的郡。《晋书·职官志》有小史这个职务，但同时也有职吏、散吏若干人，不知道两书哪个记载更准确。不过考虑到《晋书》成书于唐贞观年间，而《宋书》成于齐永明年间，早了一百五十多年，可能宋书更接近一些。所以称牛金为小史似乎更好一些。

王与马，共天下

司马睿能够成为晋代一位中兴的君王，与他个人的品质与能力分不开。他性格谦和，沉稳有度量，而且极其爱才，能容纳直言，虚己待人。他还崇尚节俭，精打细算，不追求奢侈。正是这些优秀品质，使他身边聚集了一大批忠诚的知识分子。一个人再有能力，要想干大事也不能单打独斗，司马睿的成功离不开王导的帮助。

王导，字茂弘，琅琊临沂（今山东临沂县北）人。临沂王家是山东声势最显赫的世家大族，王导就出生在这样一个世代做官的官宦家庭。叔祖父王祥，就是那个著名的卧冰求鲤的孝子，晋武帝时官至太保，晋爵为公。祖父王览，担任过光禄大夫，父亲王裁，担任过镇军司马。

司马睿袭封琅琊王，治所就在临沂。因此王导从小就和司马睿交往。王导身处降中，却关心天下大事。他看到当时天下大乱，激发了治国平天下的宏愿，因而更加主动接近司马睿，对他寄以厚望。司马睿也很赞赏王导的人品见识，经常和他往来，简直把他当成了朋友。司马睿镇守下邳（今江苏邳县），聘请王导任安东司马，有关军国大事，都要与王导商量。随后迁镇建业，司马睿又把王导带到建业。刚到江南的时候，司马睿没有什么威信，王导为他出了一条计策。按江南风俗，三月三日，人们都要到水边洗濯，除灾祛病，叫做修禊。到了这天，王导要司马睿乘坐两人抬的肩舆，而自己却和堂兄王敦以及同事们骑马同行，表面

王导像　　司马睿像

关系密切的王导与司马睿

上是去看修禊，实际上是招摇过市，故意做给人看。当时的建业城外，人山人海，江南的著名士子顾荣、纪瞻等都来了。他们看到司马睿隆准龙颜，目光炯炯有神，可是又显得很谦和，旁边簇拥着王导等一批北方来的大名士，一个个骑着高头大马，气宇轩昂，无比敬意油然而生，纷纷在路边拜倒。司马睿连忙叫停下肩舆，下轿扶起他们，毫无骄盈之态。顾荣等非常感动。司马睿回城之后，王导向他进谏，说："顾荣和贺循是江南士人的领袖，如果能吸引他们入朝，其他的人不怕不来了。"司马睿派王导去礼请二人。二人欣然而来。司马睿立即任命贺循为吴国内史，顾荣为军司，兼散骑常侍。在他们的带动下，一大批江南江北名士，如纪瞻、周圯、卞壶、刘超、张贻等，都慕名而来，成了司马睿的得力干将，司马睿的力量立即壮大起来。

中原大乱的时候，北方士人大批南下，王导曾劝司马睿收罗人才，当时得一百零六人，都辟为掾属，号称"百六掾"，现在又得到江南士人的拥戴，这就为司马睿成就帝业奠定了基础。难怪，当司马睿登帝王位的时候，司马睿要王导上御床与他同坐，王导坚决辞谢，并说："如果太阳跟万物降到同一个水平，老百姓何从仰观太阳，并沐浴太阳的光辉呢！"因此，时人有"王与马，共天下"之说。"王"指的是王导，"马"说的自然是司马睿。"王"不能离开"马"，离开"马"，"王"将失去权势；同样"马"也不能离开"王"，离开"王"，"马"将无法立足。两人配合默契，稳定了西晋末混乱的局面。

晋元帝死，王导受遗诏辅佐晋明帝司马绍，这时免去扬州刺史职务，升为司徒。晋明帝只做了两年多帝王，短命而死，晋成帝司马衍即位，司马衍还是一个五六岁的小孩子，王导与庾亮受遗诏辅佐幼主。成帝把王导当作老师和长辈加以崇敬。成帝见了王导，每次都要下拜；下手令给他，都要加上"惶恐言"的字样，诏书中也要添上"敬问"的词语。对王导来说，可算是达到人臣的极致了。

司马睿称帝，任命王导为丞相军谘祭酒，不久，拜为右将军、扬州刺史、监督江南诸军事，后来又升至侍中、司空、假节、录尚书事、主管中书监。假节，是最高尚的荣誉。作为一位帝王，司马睿在生活上崇俭，与西晋讲求奢侈的风尚相左，是值得肯定的。他的宫殿中，用青布作帷帐；宠幸的郑夫人穿着朴素，不穿彩绣；有的宫人想买雀钗，他不批准。但司马睿毕竟缺乏乱世时力挽狂澜的雄才大略，他当了六年帝王，始终偏处一隅，而且内忧外患不断。在外部，中原失地没有恢复，在内部，又有大将军王敦的反叛。永昌元年（公元 322 年），他忧愤成疾，随后去世，终年四十七岁。

“糊涂”宰相

王导死于成帝咸康五年（公元 339 年），活了六十四岁。他担任三朝宰相期间，朝廷粉碎了王敦和苏峻的两次大叛乱，东晋王朝也得以颤颤巍巍地存活下去。要给王导论功，厥功伟矣。

既然如此，怎么又说王导是“糊涂”宰相呢？

糊涂，是东晋朝士们给他起的一个雅号。王导晚年常说：“人家总爱说我糊涂，只怕将来有人还要想念我这糊涂哩！”

所说糊涂，是指王导处理政事时是非不分、善恶不明、处罚不公、模棱两可、含含糊糊、就事推诿之类。从对许多政事的处理来看，王导似乎也真是糊涂。

比如王导任宰相兼扬州刺史时，曾派属官到各郡去考察官吏们的政绩。属官们回来后纷纷向王导报告郡守的得失，只有一个叫顾和的从事低着头不说话。王导问他听到些什么事，顾和挖苦他说：“你是朝廷的宰相，平日让吞舟大鱼也能漏过网去，有何必要对地方官吹毛求疵呢？”王导听了后，连忙说“对，

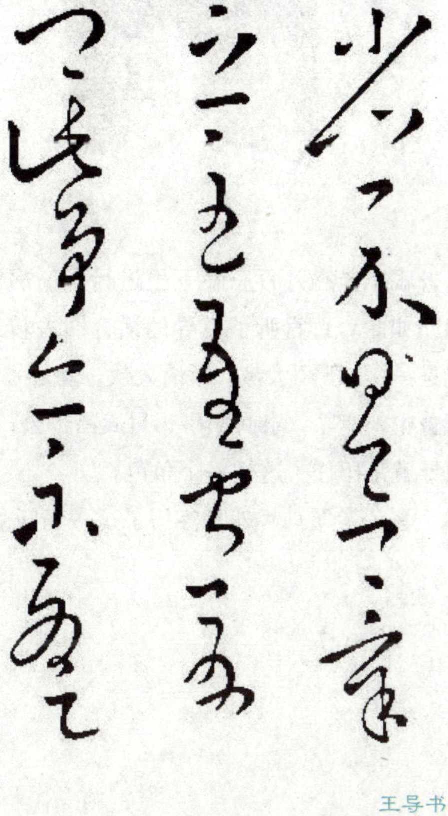

王导书法

王导谢安纪念馆

对，说得好。”于是这次考察等于白费。

又比如，在对待王敦叛乱的问题上，王导更加态度暧昧，是非不分。大将军王敦是王导的堂兄弟，本是一家人。可是王敦却以清君侧为由发动了叛乱。王敦所谓君侧不是王导，而是刘隗和刁协。王导对王敦的预谋早有所闻，可是既不加阻止，也不加防备，而是采用所谓“镇之以静”的方法，以致王敦从武昌发兵，呼啦啦一下攻进了石头城。刁协和刘隗一死一逃，晋元帝坐在建康城宫中一筹莫展，最后只有命百官去石头城跟王敦讲和，要他退兵。王导也去了，王敦跟王导撇开百官私下里进行了一次谈话。王导出来后，对百官说，大将军希望如此如此。百官听了王导的话，回去转告晋元帝。晋元帝没有办法，只好听命，这就是：一、下诏大赦。所谓大赦，就是一笔勾销王敦的叛乱罪名；二、晋王敦为丞相，都督中外诸军，隶尚书事，封武昌郡公，领江州牧。原来如此，王敦的第一次叛乱，王导就是担任了这样一个角色。

晋元帝司马睿就是经历了这一场叛乱之后，忧郁气愤，酿病而死的。

晋明帝司马绍

——不明而亡的短命明君

姓　　名：	司马绍
职　　称：	肃宗
生卒年份：	公元 301 ～ 325 年，享年二十五岁
最高职务：	东晋第二任帝王
帝王工龄：	四年（公元 322 ～ 325 年）
最大政绩：	平定王敦叛乱
最大错误：	后宫情事有点乱
荣誉称号：	明帝
老　　爸：	司马睿
老　　妈：	荀氏
家庭出身：	帝王之家
接 班 人：	司马衍
最 得 意：	为父报了仇
最 痛 心：	英年早逝
最 擅 长：	文才武略兼备
最 失 意：	娶了个母老虎
现在住址：	江苏省江宁县鸡笼山武平陵
个性签名：	谁说上帝是公平的？！

晋明帝司马绍像

太阳近，长安远

司马绍，司马睿长子，母亲是鲜卑族的荀氏。晋元帝为晋王时，为了加强同北方鲜卑族的关系，立有鲜卑血统的大儿子司马绍为太子。但他从内心里还是比较喜欢虞妃养育的小儿子司马裒，因此向王导询问意见，想废长立幼。在王导的劝说下，元帝才放弃了这个想法。

司马绍巧妙作答

身为皇太子的司马绍，与王导、庾亮、温峤、桓彝、阮放等名士关系密切，为人有才智，少年时就表现出一股聪明劲儿。有记载说，司马绍几岁时，有使者从长安来，元帝问小司马绍："太阳与长安，哪个离这儿远？"

司马绍回答说："长安近，太阳远。只听说人们从长安来，没听说谁从太阳那儿来的。"

元帝觉得他非常聪明，便在第二天宴请群臣时，又拿这件事来问司马绍，但这时他却改口回答说："太阳近，长安远。"

元帝板起脸来责备他昨天那样说，今天却这样说。他却从容应对道："抬头能看见太阳，却看不到长安，所以'日近长安远'"。

这样一来，人们更佩服他的才思敏捷，聪明机灵。此后与王导等人谈论圣人真假之意，王导等人也不能难倒他。

司马绍长大后，更是对上孝顺，对下友善，尊敬贤者，礼待士人，关心爱护士兵，他还喜好文学、辞章，书法也很不错，乃至"诸臣敬佩，远近归心"。正因为如此，素有野心的朝中大将军王敦把他看作自己篡权夺位的最大障碍，逼宫之时曾想以不孝的罪名将他废去，但群众的眼睛是雪亮的，这一企图遭到群臣的反对，最终未能如愿。有遗诏在，又有庾亮、王导辅助，加上众大臣支持，司马绍到底登上了帝王宝座，也就是晋明帝。

平定叛乱报父仇

自从王敦兵变把持政权后，晋元帝司马睿的几个心腹忠臣死的死、逃的逃，司马睿的心情非常压抑，于公元 322 年病死。司马绍上台后平定了王敦叛乱，既为老爸报了仇，也为东晋维持偏安局面创造了条件。

明帝很勇敢，比他父亲更有胆略。他不满王敦的专横，起用心腹郗鉴为尚书令，并常常和郗鉴秘密策划怎样灭掉王敦。

王敦也早就对司马绍不满意，当年司马睿立司马绍为太子时，他就坚决反对，还想找个借口杀掉太子司马绍，只是大家一致反对，才没有实现。现在，司马绍当了帝王，王敦便和自己的死党沈充、钱凤等人商量怎样起兵。王敦从武昌移兵姑熟（今安徽当涂）镇守，实际上也是为将来再次发动兵变打下基础，因为姑熟离建康很近。第二年正月，王敦杀害忠于王室的周嵩等一批人，随即进袭江左，形成了鲸吞东晋之大势——王敦的弑君篡位之心明显暴露。

出人意料的是，司马绍虽然初登帝位、经验不足，却能够临危不乱，十分从容地收缩阵地，集结兵力，静待反击时机。然后抓住王敦病重、心力不支的机会，突然发起进攻，一举击败王敦。

王敦自拥兵自重以来，战则必胜，晋兵畏之如虎，每每不战自败。想不到小小的司马绍却能够出手不凡，给王敦以沉重的打击，朝野因而无不为

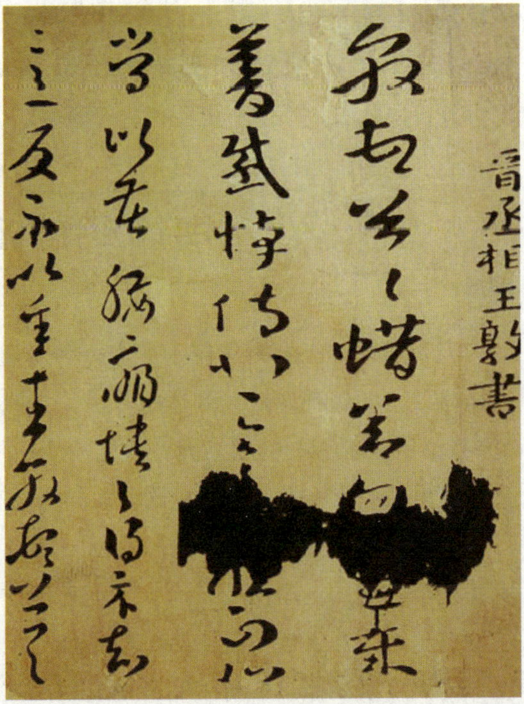

王敦蜡节帖

湖南长沙西晋墓出土陶骑士俑

之欢欣。王敦本来病魔缠身，又经此打击，忧惧交加，很快一命呜呼，真是“作恶者不得善终”啊！

司马绍乘机抓紧平叛，迅速清剿王敦的同党王含、钱凤、沈充等人。至此反叛势力宣告灭亡，偏安东晋又得以继续生存下去。说到晋明帝司马绍的“明”，有“明察”的意思。司马绍妥善处理平叛的善后事宜，便是有力的证明。

平叛胜利之后，司马绍并没有得意忘形，没去大施淫威、恣意杀戮、疯狂报复。相反，司马绍细察事理，表现出极大宽容、大度、仁慈和友善。他不循旧例，未对叛首王敦实行“鞭尸”，而是明示其家人予以收葬；他没有采纳某些人的建议，未将王敦亲近尽皆除名，而是“不论宗亲”、不搞株连，只以事实为依据，区别对待。例如王导是王敦的从弟，如果搞株连，他是首当其冲的，但他未被杀头，也没被罢官，而且还因功受到奖赏。这实在是司马绍的明智之举。这一举措赢得了许多人的钦佩与感激，对巩固司马绍地位和东晋政权，产生了很好的作用。可惜司马绍在位时间太短暂，二十五岁便死去，不能有更多作为。真是“天不作美，人其奈何”！

司马绍的后宫私情

元帝袭封琅王邪时年仅十五岁，为了避免祸端，一直保持低调，韬光养晦。因为他是宣帝的曾孙，所以到这时只能说是宗室中的疏亲了，不过因缘际会还是承袭了一个不怎么显赫的王爵。元帝成婚也晚，讨的老婆也不是什么名门世家大族千金，只是颍川鄢陵荀氏中一个年纪比较大却还没有嫁出去的女子庾文君。

太子妃与太子的婚事大概在公元318年才办妥。这时太子司马绍已经年满二十岁，是个不小的老小伙了，而太子妃比太子年纪差不多大了三岁——这样大的年纪还没有出嫁，在古代可是少有的事情。一般而言，那时的女孩都在十五六岁左右便出嫁为人妻了。但是，对于明帝的这位庾文君皇后来说，也许她不做皇后还真会快乐很多。

庾文君嫁给太子后，太子并不怎么喜欢这位名门闺秀。两个人同床共寝的日子很少，直到成亲将近四年才给明帝生下一个儿子，也就是后来的成帝司马衍。

明帝即位后，迟迟不愿册封庾文君为皇后。这事拖了大半年，还是很多大臣联名进谏才不得已为之的。

明帝册封庾文君为皇后时下了一道诏书，这道诏书里有几句话的用词特别值得注意，如“思媚轨则”“履信思顺”等等。奇怪的是，在这样典雅堂皇的册封诏书中明帝干吗要说“思顺”“思媚”呢？原因之一就是这位皇后有些母老虎气势，一点儿也不温柔妩媚，这让明帝很不好受。所以，在这样重要的传世文告中，还偏要把皇后的丑事给揭露一番。

明帝在诏书中还说：我为什么最终还是决定册立你为皇后呢？原因是朝中大臣老是唠唠叨叨翻古给我听，说要看在子嗣的份上给你一个名分，好让我的帝业能够千秋万代地传承下去。我实在厌烦得很，所以就叫人来册封你了，免得他们整天都来跟我啰嗦废话。

明帝接着说，我今天虽然册封你为皇后了，但你不要再给我犯事，不要再像母老虎那样吓人了。好好给我遵守妇道，带好儿子，为天下女人做表率。如若不然，那可是祸福无门的呀，别看你家兄弟在朝为官，那可是跟我办事的，我哪天生气不让他们干了，他们还不得滚蛋么？我叫你们家兴盛也可，让你们家破败也可，别说我歹话没有事先跟你讲清楚呀！你们一家子都给我小心在意着点！

不过明帝的这道诏书也太过张扬了一点，这让庾氏家族乃至整个后党都很没有面子。结果明帝两年之后，也正是其年轻力壮之际便一病不起了，整个大权一下便落到皇后的庾氏家族手中。

明帝不喜欢皇后的理由除了老婆太强势之外，还有一个理由，就是他在宫中藏了一位绝色女子，名

庾皇后看着明帝与宋祎卿卿我我却无计可施

叫宋祎。

关于晋明帝宫中美女宋祎，《世说新语》和《俗说》都记载了她的美貌。书中说，宋祎能歌善舞，特别是吹笛，一时冠绝群士，找不出比她吹得还好的人。再加上，宋祎曾经侍奉过大将军王敦，因此年轻的宋祎懂得做女人要温柔体贴，而且床笫之间也要颇为用心经营。那高门望族出身的庾文君在侍奉男人方面哪里是宋祎对手？两人虽然年纪相差不多，但宋祎是国色天香，体贴又温柔，还能歌善舞，善解人意，两人一较量，便高下立判。此外，宋祎还有自己的杀手锏，那就是懂得用卑贱来抵御太子妃的盛气凌人，说白了也就是装可怜，男人嘛，最见不得的就是女人抹眼泪。因此太子妃庾文君越是大闹，太子便越是向着宋祎这位绝色而柔弱的女子。男人保护弱者的勇气和激情总是在这个时候油然而生的。母老虎庾文君虽然是个强势女子，却在老公面前彻彻底底地输给了柔弱的小女子宋祎。宋祎的结局也很凄惨，年纪轻轻就被叛乱的苏峻祖给逼死了，死时仅有三十二岁。

死亡疑案

晋明帝司马绍不仅能征善战，在政治上也非常出众，他所任命、重用的大臣都是杰出人才。他下诏书让地方官把三国时期吴国的名臣后代上报朝廷，表彰他们。他弘扬兴灭继绝，让大臣议定应立后者上报，后来新立的陈留王、周卫公等都是由

司马绍时期曾经重修过的玄妙观

他开始制定的政策。明帝也会很好地维护朝廷和睦、团结，避免在他去世后爆发内乱。总之晋明帝司马绍是一位才华出众，年轻有为的君主。

只不过，天公不作美，明帝英年早逝，在位仅四年，便离开了人世，不禁令人扼腕叹息。

据史书记载，明帝闰8月19日得急病，病势凶猛，立即召集太宰王羡、司徒王导、尚书令卞壶、车骑将军郗鉴、护军将军庾亮、领军将军陆晔和丹阳尹温峤一并听候遗诏，接受顾命，命立太子司马衍为帝，要他们尽心辅佐，并将自己珍爱的大美人宋祎赐予当时的吏部尚书阮孚。8月24日，立遗诏安排丧事。第二天即在建康宫中的东殿驾崩。

明帝的死成为一件疑案。

明帝死因成谜

明帝司马绍有鲜卑人的血统，属于有杂交优势的那种，身体素质应该不错。公元324年6月，大将军王敦想要造反但还没反的时候，明帝居然一个人骑着自己的宝马去王敦营盘勘探军情，这种胆识和体魄不应该是一年之后就会一病不起的。从史书的记载中，当时并没有瘟疫，明帝此前也没有什么别的疾病，更没什么家族遗传病史。怎么会短短的时间内便因病驾崩呢？当时明帝才二十五岁，正是年富力强、身强体壮的时候，所以，明帝因病而死的可能性不大。

既然不是身体因素，那是死于色欲？可是人家晋武帝招了一万多个宫女伺候，夜夜春宵不也快快活活地玩了十几年吗？所以这个理由也不成立。

就在明帝得病期间，朝廷出现了一桩阴谋，具体的事情史书没有详细记载，只在《晋书·外戚传》里约略提及，原因是什么也没有说，只是明帝不让大臣详细追究。

当时，庾皇后的弟弟庾胤与宗室中的一位亲王南顿王司马宗，都是明帝所亲昵的宠臣，庾胤为右卫将军典禁兵。这件不被后人得知的阴谋发生后，明帝不忍心诛杀这两人，结果在明帝死后才杀了南顿王司马宗，将庾胤降职，并外放到桂阳那个边远的地方做太守去了，降职为中二千石，而且还被反复徙官。之所以要处罚这两个人，就是因为他们是阴谋的主犯。

明帝得病的时间虽然很短，但是一得病他自己便知道将不久于人世，这明显是一种中毒的问题。明帝在得病后第五天的遗诏中说："自古有死，贤圣所同，寿夭穷达，归于一概，亦何足恃痛哉！"明帝不仅不让人们追究宫廷中阴谋的主事者，而且连已经现形的主犯之一都放过了。试想，如果没有人主使的话，明帝这两个最宠信的人怎么会背叛他呢？

那么主事者究竟是谁？这就是问题的关键。

南顿王司马宗事后被杀，所犯的罪行只有一个，那自然是谋反。做这等大逆不道的事情，实在是轮不到由他来继位做帝王的。那么，真正的凶手就只有可能是皇后庾文君女士了。一个简单的推测就是：皇后庾文君因为嫉妒和怨恨暗中让人下毒杀了老公晋明帝司马绍。

不过这仍旧是推测，具体原因只能等待史学家们去考证。

安徽芜湖赭山，相传晋明帝曾在这里窥察属将王敦的营垒

晋成帝司马衍

——被叛军俘虏的帝王

姓　　名：	司马衍
职　　称：	显宗
生卒年份：	公元 321 ~ 342 年，享年二十二岁
最高职务：	东晋第三任帝王
帝王工龄：	十八年（公元 325 ~ 342 年）
最大政绩：	诏举贤良，劝课农桑，政权趋于稳定
最大错误：	尚未发现
荣誉称号：	成帝王
老　　爸：	司马绍
老　　妈：	庾文君
家庭出身：	帝王之家
接 班 人：	司马岳
最 得 意：	年纪虽轻，忍耐力极强
最 痛 心：	自小丧父
最 擅 长：	忍辱负重
最 失 意：	英年早逝
现在住址：	江苏省江宁县鸡笼山，兴平陵
个性签名：	郁闷，竟然比俺爹还短命！

晋成帝司马衍像

忍辱负重的小帝王

“有其父必有其子”，晋成帝司马衍从小就跟他老爸司马绍一样聪明伶俐，明于事理。他四岁时被立为皇太子，五岁时登临帝位。

明帝在位时，王敦作乱。到了晋成帝在位时，也发生了一件重大的事件，这就是“苏峻叛乱”。

苏峻是广掖（今属山东）人，少为书生，颇有才学，曾当长郡中主薄。由于他在平定叛乱、维护东晋的偏安统治上功劳很大，所以在朝野中具有较高威望。他还掌握着一支数万人的队伍，武器精良，有很强的战斗力。苏峻本来就有野心，又自恃有功且实力强大，便日益骄横，甚至连朝廷也不放在眼里。他意欲过问中枢，却屡遭庾亮排斥，因此对庾亮怀恨在心，便与西阳王司马羕、南顿王司马宗进一步结成联盟，作倒庾准备。

庾亮对苏峻也极为不满，却未能从长计议，而是简单行事，下令调任苏峻为大

曾经的覆舟山更名为九华山，并成为旅游景点

司农，意在解除苏峻兵权，打击苏峻的嚣张气焰。苏峻当然不好惹，他拒不受命，公开勒兵自守，形成公开对峙僵局，导致矛盾进一步激化。

为打击苏峻的势力，庾亮借故杀了苏峻的好朋友，引起苏峻盛怒，以讨伐庾亮为名，兴兵反晋。苏峻一方连连获利，攻至覆舟山，逼近建康，京师大乱。负责守卫朱雀航以东的尚书令卞壶统率诸军同苏峻军苦战，战败而死。防卫建康其他诸门的晋军也不敌苏峻军，纷纷溃败。庾亮逃奔浔阳。苏峻攻入建康后，奸淫烧杀，哀号之声震动内外。叛军闯入禁内，为所欲为，庾太后因不堪其辱，忧虑而死，时年三十二岁，结束了六年的临朝生涯。京师府库，一概荡然无存。

司马衍忍字当头

苏峻攻占建康后，一方面自封骠骑将军、录尚书事，控制朝政；另一方面，把成帝司马衍当作俘虏，威逼司马衍迁居石头城。当时天降大雨，司马衍泪水和着雨水，哭泣着被赶上马车，在泥泞的道路上颠簸着前往石头城。南京石头城，全长约3000米。中段几块突起的红色水成岩，酷似丑脸，故称“鬼脸城”。

在石头城里，苏峻把司马衍软禁于一间很小的库房里，每日只有粗茶淡饭，时时听得污言秽语。但他忍受着，对苏峻不卑不亢，并能平心静气地读书学习。

不久，镇守浔阳的江州刺史温峤与庾亮共推镇守江陵（今属湖北）的荆州刺史征西大将军陶侃为盟主，移檄四方，共讨苏峻。最终苏峻因马失前蹄，被陶侃部将彭世等所杀。苏峻死后，其部属推苏峻的弟弟苏逸为主，闭城自守。此时，叛军兵势已衰。咸和三年（公元329年），陶侃联军终于打败叛军，斩杀苏逸，收复建康，救出成帝司马衍。《晋书·庾亮传》说，见司马衍时，群臣都“顿首号泣”，悲不成声。老臣王导再次出山执政，东晋王朝又一次转危为安。

这个帝王太短命

短命的司马绍和司马衍父子

司马衍登基时年龄太小，只好由老妈庾文君临朝执政，司徒王导任尚书，与中书令庾亮参辅朝政。

据说司马衍在六岁时，南顿王司马宗被杀，他一点都不知道。等到苏峻之乱平息后，他问舅舅庾亮："往常那位白头公去了哪儿？"因为司马宗一头白发，所以司马衍称他"白头公"。

庾亮奏道："司马宗因谋反被诛。"

司马衍听了十分伤心，哭着说道："舅舅说谁做贼，便杀谁，如果有人说舅舅做贼，我又该怎么办？"

庾亮一听，吓得脸色大变，无言以对。

一次，庾亮的弟弟庾怿送酒给江州刺史王允之。王允之试着让狗先喝了一点，那狗便立即倒在地上，死了。王允之吓得不轻，赶紧上表告诉小帝王。司马衍听说后怒不可遏，说："大舅已乱天下，小舅也要学着来吗？"庾怿听后，惊惧不已，不久自己便抹脖自杀了。

司马衍成年后，将大权握到自己手里，处理朝政虽然看不到什么有成效的、创造性的举措，但也没有大的过失。可惜，他跟他老爸一样，虽然都比较贤明，但又都是短命鬼，担心老爸一人在阴间太寂寞，他早早地就去陪伴了！只有二十二岁啊，人生最美好的时光刚刚到来，他却再也无福享受了！

晋孝武帝司马曜

——死于一句玩笑话的帝王

晋孝武帝司马曜像

姓　　名：	司马曜
职　　称：	烈宗
生卒年份：	公元 362 ~ 396 年，享年三十五岁
最高职务：	东晋第九任帝王
帝王工龄：	二十五年（公元 372 ~ 396 年）
最大政绩：	重用贤臣，获得淝水之战的胜利
最大错误：	荒废朝政
荣誉称号：	孝武帝
老　　爸：	司马昱
老　　妈：	李陵容
家庭出身：	帝王之家
接 班 人：	司马德宗
最 得 意：	淝水之战获胜
最 痛 心：	被自己的妃子害死
最 擅 长：	玩乐
最 失 意：	儿子是个傻子
现在住址：	江苏省江宁县蒋山西南，隆平陵
个性签名：	下辈子再也不乱说话了……

不祥孩子称了王

两晋的帝王生育后代多多少少都有点问题，孝武帝的老爸简文帝就遇上了麻烦：本来好好的几个儿子都相继夭折，接着后宫嫔妃又都变得不能生育。

司马曜生得离奇，死得窝囊

有官员算了一卦，说应该有一个地位卑微的宫女能为皇室生下三子一女，并且都能茁壮成长。于是帝王将宫中所有洗衣做饭扫地的宫女都弄出来，一个一个找。最后一个皮肤黝黑的名叫李陵容的纺织宫女脱颖而出。这个宫女的长相实在不敢恭维，但简文帝为了“大计”，不得不纳她为妃，而正是这个黑女人后来生下了司马曜。虽然母亲相貌丑陋，儿子司马曜却是一表人才，深得父亲的欢喜。

据说，司马昱很早以前曾经看到一句迷信的话“晋祚止昌明”，百思不得其解，后来就丢到了一边。若干年后，怀上身孕的李陵容梦见神人相告：“你怀的是个男孩，你要以‘昌明’给他为字。”巧合的是，当李陵容生下司马曜的时候，正是天色欲晓的时候，于是她便将神梦告知丈夫，果然给儿子以“昌明”为字。

当司马昱称帝之后，他忽然醒悟过来，明白了儿子的神赐之名背后的玄机，这不就是说东晋要灭亡在儿子昌明也就是司马曜手上吗？想到这个不祥的预兆，司马昱不禁痛哭流涕，但后悔已经来不及了。

东晋越窑鸡首壶

不管怎么说，作为司马昱苦盼多年的儿子，司马曜还是得到了父亲格外的关爱，年仅三岁的他便被封为会稽王。

简文帝司马昱性格清心寡欲，继位后，一切听命于手握兵权的东晋大将大司马桓温，形同傀儡。公元 372 年 7 月，司马昱病危，宣布立司马曜为太子，并在一天一夜之内，连发四道诏书，请大司马桓温入京辅政。桓温不理睬，司马昱只好写下遗诏，授权桓温可以依据周公辅助成王的先例摄政；如果太子不值得辅助，可以取而代之，自行称帝。

郎中王坦之接到诏书一看，那还了得，极力劝谏，并当着司马昱的面将诏书撕成碎片。司马昱自慰地说：“天下本是取来之物，何必如此在意呢？”

王坦之反驳说：“天下是宣帝、元帝的天下，陛下怎能私自授予他人！”

司马昱听后沉吟良久，无话可答，命令王坦之重新起草遗诏，改成：“家国大事都要一一禀告大司马，太子要像刘禅对待诸葛亮一样，敬重桓温。”

第二天，司马昱死于建康宫中。司马昱死后庙号太宗，谥号为简文帝，在位不足一年。

就在简文帝丧事刚办完之时，一个叫卢悚的率领着好几百人，忽然杀入云龙门，声称海西公司马奕要回宫复位，直冲入朝堂、内宫，抢取武器，大砍大杀。后被禁卫军镇压，卢悚被捕杀。不久，大司马桓温也率军入都，满朝震惊，怕他前来抢夺帝位，但没过多久，桓温就病死了。东晋王朝可以说是有惊无险，又度过了一个危机，而这个“昌明”预示着“不祥”的孩子司马曜，最终成功继任为东晋王朝的新帝王，这一年他十岁。

死于一床棉被

司马曜称帝的头三年，是由堂嫂褚蒜子代执朝政的。宁康三年（公元375年），在亲政的同年八月，十三岁的司马曜册立了他的皇后王法慧。王法慧是太守王蕴的女儿，比司马曜大三岁。人都说，女大三，抱金砖。可是，司马曜却没那好命，这个大三岁的老婆竟然是个十足的家庭暴力者，而司马曜只是一个“妻管严”。

可怜的帝王向老岳父控诉皇后的恶行

当初议立皇后的时候，丞相谢安与中军将军桓冲都认为王家名声好，养出来的女儿也一定性情柔顺、四德俱全、可以母仪天下。然而这位王皇后却让所有的人都大跌眼镜：她不但

酒醉的司马曜说出了不该说的话

骄奢悍妒，而且还酗酒，尤其擅长借酒装疯，闹得司马曜的后宫鸡犬不宁。司马曜叫苦不迭，却又制不住这位姐姐级的皇后，只好转而向岳父王蕴求助，将自己被皇后收拾伏制的场面都一幕幕地加以血泪控诉。王蕴惶恐，也过意不去，摘下帽子向女婿帝王赔礼道歉，承诺一定要好好教育女儿。此后王法慧略有收敛，总算能让司马曜勉强维持场面。

在做了五年皇后之后，二十一岁的王法慧病逝，十八岁的孝武帝总算出了头，恢复了自由。

三年后，在谢安的运筹下，东晋在淝水之战中以少胜多、大败前秦，两年后前秦符坚大帝被杀，东晋王朝似乎迎来了新的希望。

然而孝武帝却没有趁此大胜继续重用谢安等名臣名将，他像历史上的绝大多数帝王那样，对这些立下汗马功劳的功臣开始猜忌起来。为了加强皇权，他任命自己的弟弟琅琊王司马道子录尚书六条事。而他自己则觉得没有了后顾之忧，开始专心享乐。

孝武帝长大成人后，变得嗜酒如命。他的宠妃淑媛陈归女为他生下了两个儿子：未来的安帝和恭帝。小儿子恭帝司马德文还算正常，可是大儿子安帝司马德宗却是个饱暖都不知道的白痴。从优生优育的角度来看，这可能和孝武帝长期大量饮酒有关。

太元十五年，以美色歌舞艳冠后宫的陈归女红颜薄命，英年早逝，司马曜追赠她为“夫人”。

随着陈归女的去世，后宫中别的美女渐渐冒出头来。在这些美女中，有一名姓张的贵人。她虽然不曾为司马曜生儿育女，却颇为得宠，在后宫中很有地位。

孝武帝在酒色之中渐渐失去了人生目标，不复当初的雄心壮志，变得醉生梦死。当时的士人感叹“人生苦短”“浮生如梦”，常“秉烛夜游”来及时行乐。孝武帝对此很有同感，经常抱着美女喝得日夜不分，少有完全清醒的时候。

可惜，老天爷偏偏不让司马曜逃避现实。太元末年，金星常在西方出现——金星出现东方称“启明”，出现在西方则称“太白”或“长庚”，代表杀伐的凶兆。更糟的是这颗“太白金星”“李长庚”不但整年都高挂西方天际，甚至在白天也常常显露身影。

司马曜对这个极凶之兆非常嫌恶，忍不住在华林园中举酒向天祝祷道："长星，敬你一杯酒，自古以来哪有万岁天子啊？"然而太白金星无动于衷。司马曜眼看祝祷无效，越发地破罐子破摔，沉湎于酒色之中尽做长夜饮。

公元396年9月的一天，司马曜在宫内清暑殿中与宠爱的张贵人一起饮酒作乐。只见他狂饮不止，并硬要张贵人再陪他对饮。张贵人已经酒足，难以再饮，极力辞谢。司马曜不允，面露愠色，开玩笑地说："你今天如敢违抗君命，拒不陪饮，我可要定你的罪！"

张贵人也不是好惹的女人，她一时火起，恃宠起身顶撞说："妾偏偏不饮，看陛下定我什么罪！"

司马曜醉眼朦胧，起身冷笑着对张贵人说："你都成黄脸婆了，也该废了。"说到这里，又大口呕吐，喷得张贵人满头满身都是。左右慌忙将他扶入卧室，让他上床，昏睡过去。

张贵人自从得宠以来，恃宠生骄，从来没有受过如此训斥、羞辱，她又嫉妒成性，平日最担心司马曜再宠爱别人，废弃自己。这时，想到自己容貌将衰，司马曜已经厌弃，一时又气又恨，顿时起了杀心。她洗脸换衣后，召来心腹宫女，命令她谋害司马曜。宫女当然不敢答应，她便厉声威吓说要处死这个宫女。宫女无奈，只好偷偷溜进卧室，见司马曜熟睡，就用被子蒙住他脸，再搬来重物压在他身上。司马曜挣扎一番，终于被活活闷死。

那个时侯，录尚书六条事的皇弟司马道子已不问政事，向老哥司马曜学习沉湎酒色，所有的政事都交给自己年仅十六岁的儿子司马元显处置。

张贵人自知犯下滔天大罪，就拿出重金贿赂司马元显及其左右。这一招果然有效，司马元显竟对伯父之死不做任何追究。新帝王司马德宗是白痴一名，连自己吃饱没有都弄不明白，当然更不可能提出任何疑问。于是，张贵人随便扯了个谎，说帝王在睡梦中梦魇而崩，昭告天下。大家也都没提出质疑，张贵人成功地瞒天过海。不久，张贵人趁着皇宫一片混乱的机会，带着金银细软潜逃，从此在史书上不再复见对她的记载。

中国古代宫廷权力倾轧，常衍生许多不可思议之事。帝王之死，尤为花样繁多。除了被毒死、闷死、饿死之外，还有许多自杀身亡的。中国古代400多个帝王中，有几十人死于非命。司马曜就是其中一个，他作为天下至尊，只因酒后一句戏言而遭杀身之祸，真可谓滑天下之大稽，想不成为千古丑闻都不行。说他是"中国历史上死得最窝囊的帝王"，实在是当之无愧。

重用贤臣"淝水之战"留青史

司马曜那么小就当了帝王，不用说又是一个傀儡。这个帝王，从一开始就名不副实。他生活的全部内容只有吃喝玩乐、沉迷佛学。中国历史上，帝王们都养美女，再出格一点无非就是养男宠，而他呢，在皇宫里养和尚，中国历史上这样的帝王还真是不多见的。不过司马曜也并非一无是处，他还是有那么一点功绩的，那就是重用谢安，创造了军事史上的奇迹——"淝水之战"。

太元八年（公元 383 年），前秦苻坚下诏，军队大举南下，试图消灭东晋，于是淝水（今安徽寿县南瓦埠湖一带）大战爆发了。苻坚亲率九十万大军从长安出发，绵延数千里，水陆齐进，仅运粮船只就有万余艘。同时，苻坚又命梓潼太守裴元略率水师七万从巴蜀顺流东下，向建康进军。苻坚骄狂地宣称："以我这么多兵力，投鞭于江，足以断其流。"这就是著名典故"投鞭断流"的来历。

司马曜派出的淝水之战总指挥谢安

淝水之战场景图

东晋北上抗击秦军的总兵力才八万，司马曜派宰相谢安主持，谢安便以谢石为大都督，谢玄为前锋，主力军队就是闻名天下的北府兵。东晋建都建康，军府设在建康之北的广陵（今江苏扬州市），故称军府为“北府”。当时秦军前锋苻坚的弟弟苻融率领三十万兵力首先到达颍口（今安徽颍上县），秦军初战告捷，苻融攻占了寿阳（今安徽寿县），与此同时，秦军慕容垂部攻占了郧城（今湖北郧县），截断了东晋派来援军胡彬的退路，将其团团包围在硖石（今安徽凤台西南）。苻融赶快送信给苻坚说：“敌人少而且易捕获，就是担心逃跑了，请赶快派大军过来。”

淝水之战古战场遗迹

苻坚见信大喜，灭东晋心切，留大军于项城，带轻骑八千赶到寿阳。这时候无论是苻坚还是苻融都认为东晋已是砧板上的肉，于是派出原东晋太守朱序去劝降。

甘肃水口镇九田村的苻坚墓

朱序原是东晋襄阳守将。公元378年，苻坚派出大军围攻襄阳城，朱序顽强抵抗坚守了一年，多次出城作战，屡破秦军。后来朱序部将李伯护秘密派其子送信秦军，愿做内应。苻坚派兵加紧攻城。城破后，苻坚没有杀朱序，反留他在身边重用。朱序到了谢玄营中，将秦军部署和盘托出，并建议趁秦军未完全集结，迅速出击。谢石本来是打算坚守不战的，听了朱序的话后，便改变了作战方针，决定主动出击。

11月，谢玄派刘牢之率精兵五千到洛涧（在今安徽淮南东），秦将梁成率部五万隔洛涧布阵以待。刘牢之以兵五千就敢强渡洛水，去攻击对手的五万人马，而秦军也居然被杀得大败，被斩杀15000人，秦大将梁成也被刘牢之突入阵内一槊刺死。这场战役下来，秦军有十多个将领被杀。

洛涧大捷后，晋军信心倍增。谢石继续挥军水陆并进，直抵淝水东岸，在八公山边扎下大营，与寿阳的秦军隔岸对峙。由于秦军紧逼淝水西岸布阵，扼守着淝

八公山，淝水之战中风声鹤唳的地方

水，晋军无法渡河。双方力量对比悬殊，又不容许晋军旷日持久地打消耗战，等到秦军九十万大军都云集过来，这仗就不好打了。

此时，谢玄派使者去见苻融，要求秦军把阵地稍向后退，空出一块地方，好让双方一决胜负。苻坚认为让军队稍向后退，待晋军半渡过河时，再以骑兵冲杀，这样就可以取得胜利。苻融对苻坚的计划也表示赞同，于是就答应了谢玄的要求，指挥秦军后撤。这本来是一次正常的战术退却，但秦兵士气低落，结果一后撤就立马失去控制，阵势大乱。谢玄率领八千多骑兵，趁势抢渡淝水，向秦军猛攻。朱序这时在阵后乘势喊叫："秦军败了！秦军败了！"秦军有很多是强征入伍的，而且由多个民族组成，各怀鬼胎，人心本来就不稳，加之刚遭受洛涧惨败，朱序这一喊，以为真的败了，越发惶乱，争相逃命，导致几十万军队像山崩一样丢盔弃甲地大溃逃。谢玄等乘胜追击，直至青冈（今寿阳西 30 里）。秦军闻风声鹤唳，皆以为晋军追至，因而仓皇逃窜，不敢停歇。

此时，苻坚又中了流矢，单骑北逃，朱序乘乱投奔晋营。这场战争是我国历史上以少胜多、以弱胜强的著名战例，并给后人留下了著名的历史典故和成语。如"投鞭断流"、"风声鹤唳"、"八公山上，草木皆兵"等，一直脍炙人口。这场战争最重要的意义在于，它确定了南北朝长期分裂的格局。以后南朝的刘裕（刘宋的开国帝王）北伐，于公元 417 年攻入长安，但未能久驻。北朝的大将侯景，也曾南征攻梁（梁朝梁武帝），于公元 548 年攻陷建康，不久即为部下所杀，南北都未能统一全国。直到公元 589 年，隋文帝杨坚才统一了全国，至此淝水之战已经过去了 206 年。

南北朝

南北朝

Nan Bei Chao <<

南北朝（公元 420 — 589 年）是两晋以后中国历史上的又一个分裂时期，其间的纷争鏖战与帝王频繁更换，足够令人眼花缭乱。

公元420年，东晋大将刘裕废掉东晋帝王，自立为帝，国号宋。刘裕吸取前代教训，保持了国家的相对统一，之后的宋少帝、文帝将宋朝推入繁荣时期，待宋孝武帝、宋明帝两个暴君时代，内争不断，政治混乱，最终被萧道成灭掉；在齐高帝萧道成、齐武帝的努力下，南朝又出现了一段相对稳定的发展阶段，雍州刺史萧衍起兵攻入建康，南齐的统治宣告结束；南梁仅仅历经梁武帝、简文帝两代，就被陈霸先送入坟墓；陈武帝与其继承者文帝、宣帝先后消灭反对势力，巩固了梁的统治。公元 583 年，陈宣帝卒，其子陈叔宝即位，南陈命运之火瞬间即灭。

十六国后期，中国北方一个极为落后的少数民族鲜卑族拓跋部落逐渐强盛起来，打败后燕入主中原，建立北魏，消灭各割据政权，中国北方进入北朝时期。北魏孝文帝迁都洛阳，成为明智之举；西魏文帝元宝炬是个情痴，更是个模范傀儡；北齐文宣帝高洋嗜血成性，俨然血腥大魔头；北周明君宇文邕灭了北齐，使整个北方成为一体，那时的南陈政权已经岌岌可危，他却英年早逝，没能统一全国，空留遗憾。

南陈国运如后庭花般短暂，已经废除北周统一北方的杨坚看准时机，果断灭陈，统一全国，混乱纷争了近三百年的中国再次回到和平年代。恢弘的隋唐历史画卷即将展开！

南朝宋武帝刘裕

——出身不好的军事领袖

姓　　名：	刘裕
职　　称：	高祖
生卒年份：	公元 363 ~ 422 年，享年六岁
最高职务：	南朝宋第一任帝王
帝王工龄：	三年（公元 420 ~ 422 年）
最大政绩：	建立南朝宋王朝
最大错误：	尚待考证
荣誉称号：	武帝
老　　爸：	刘翘
老　　妈：	不详
家庭出身：	过时的皇亲国戚
接 班 人：	刘义符
最 得 意：	称帝
最 痛 心：	七个儿子都不得善终
最 擅 长：	军事作战
最 失 意：	父母早逝
现在住址：	江苏省南京紫金山初宁陵
个性签名：	不想当将军的士兵不是好士兵，不想当帝王的将军不是好将军

南朝宋武帝刘裕像

从卖草鞋起家

刘裕以汉高祖刘邦的弟弟楚王刘交的子孙自居。据《资治通鉴》记载，刘裕出生不久，他的老妈就死了，老爸刘翘因家境贫寒，便想将他抛弃。与刘裕同郡的刘怀敬之母，是刘裕的养母，当时生刘怀敬尚未满月，听说此事，赶紧前去阻止刘翘。此后，宁可断了自己儿子刘怀敬的奶也不断刘裕的奶，简直比亲娘还亲。

不幸的是，刘裕的老爸也迫不及待地找老婆去了，本来就贫穷的家境更是雪上加霜，刘裕幼年便沦落到靠卖草鞋为生的地步，跟当年的刘备一个样。

刘裕长大后，“雄杰有大度，身长七尺六寸，风骨奇伟，不事廉隅小节”，仍旧以卖鞋为业，还干一些被人瞧不起的力气活，赚钱养家糊口。

由于家境贫寒，刘裕时常受人欺负。当时，京口有一家姓刁的大族，因为有钱有势，鱼肉乡里，被称为“京口之蠹”。有一次，刘裕与刁家的人赌博，结果输了，刘裕还不起赌债，竟被刁家绑在马桩上，受尽了耻辱。因为喜欢赌博，刘裕常被邻居们看不起。但就是这样一个人，后来竟当了个官儿，不过只是一个贫穷的东晋下级官吏而已。然而，刘裕并不是个甘于平庸的人，他从小就有大志，一心想做一番惊天动地的大业。带着如此雄心壮志，刘裕年轻时便从军，成为东晋北府军的下级军官。

有缘的刘裕和刘备

当然也是时代为刘裕创造了机遇。他生活的东晋时代，政治十分腐败和昏暗，以致引发了东晋历史上著名的孙恩、卢循等二十七人起兵反抗晋朝的事件。这是隆安三年（公元399年），刘裕正在刘牢之军中供职。东晋朝廷派将军刘牢之镇压，刘牢之请刘裕为参府军事。刘裕为人机智有谋，勇敢善战，多次克敌制胜，屡立战功。因功绩卓著，晋升为建武将军、下邳太守、彭城内史。刘裕从此起家，成为东晋一员虎将。

元兴三年（公元404年）二月初一，刘裕在家乡京口起兵讨伐篡晋的楚帝桓玄。公元405年，刘裕击败桓玄。晋安帝司马德宗复位，先后任刘裕为侍中、车骑将军、中外诸军事、徐青二州刺史、兖州刺史、录尚书事。从此，刘裕控制了东晋朝政，权倾天下。

刘裕执政晋室后，先后率军灭掉南燕政权，回师击败卢循，西攻盘踞四川的谯纵，收服巴蜀，攻克长安，灭后秦，受封为宋王。

大摆却月阵

晋安帝复位后，刘裕掌握了东晋大权。他考虑到自己出身不好，在士族中没有什么地位，为了提高自己的威望，刘裕决定发动北伐，建立点功绩，也算是给别人

刘裕出行图

刘裕灭后秦之战要图

开眼了，免得让人家看不起。

公元409年，刘裕从建康出发，先出兵包围了南燕（十六国之一）的国都广固（今山东益都西北）。南燕的国主慕容超着急了，向后秦讨救兵。

当时，后秦在北方是个比较大的国家。后秦国主姚兴派使者到晋军大营去见刘裕，说："燕国和我们秦国是友好邻国。我们已派出十万大军驻扎在洛阳。你们一定要逼燕国，我们不会坐视不救。"

刘裕听了使者这番威胁的话，冷笑一声说："你回去告诉姚兴。我本来打算灭掉燕国之后，休整三年再来消灭你们。现在既然你们愿意送上门来，那就来吧！"

使者走了以后，有人对刘裕说："您这样回答他，只怕激怒了姚兴。如果秦兵真地来攻，我们怎么对付啊？"

刘裕泰然说："你就不懂得这个理儿。俗话说：'兵贵神速'，他们如果真要出兵，就会偷偷出兵，何必先派人来通知呢？这完全是姚兴虚张声势，吓唬我们。他们泥菩萨过江自身都难保了，哪有什么能力救人呢？"不出刘裕所料，那时候后秦正跟另一个小国夏国互相攻打，还打了败仗，更谈不上出兵救南燕。没有多久，刘裕就把南燕消灭了。

过了几年，刘裕平定了南方的割据力量，再一次北伐，这次的目标是力量更加强大的后秦。他派大将王镇恶、檀道济带领步兵，从淮河一带出兵向洛阳方向进攻，自己亲自率领水军沿着黄河进军。

那时候，北方鲜卑族建立的北魏开始强大起来，它的势力已经发展到黄河北岸。北魏在北岸集结了十万大军，威胁晋军。刘裕的水军沿着黄河前进，有时风猛水急，晋军的船只被水冲到北岸，就受到魏兵的攻击。

刘裕派水军上北岸去打魏军，魏兵就逃，等晋军回到船上，他们又在北岸骚扰，弄得晋军来回奔跑，没法顺利进兵。

刘裕派了一个将军带了七百兵士、一百辆兵车登上北岸，沿岸摆开一个半圆形的阵势，两翼紧紧靠着河岸，中间鼓出，当中的一辆兵车上竖了一根白羽毛。因为这种布阵形状像个月钩，所以名叫“却月阵”。

魏兵远远观察着晋军的布阵，不懂是什么意思，也没有敢动。

一会儿，只见晋军中间车上有人举起白羽毛，两侧就涌出了二千名兵士，带着一百张大弓，奔向兵车。

魏兵看看这个阵势，觉得也没有什么大不了，就集中三万骑兵向河岸猛攻晋阵。晋阵一百辆兵车上弓箭齐发，但挡不住魏兵。没料到晋军在却月阵后面，另外布置好一千多支长矛，装在大弓上。这种长矛约有三四尺长，矛头特别锋利。魏兵正向晋军猛攻的时候，晋军兵士们就用大铁锤敲动大弓，那长矛往魏军飞去，每支长矛能射杀魏兵三四个，三万名魏兵一下子就被射死了好几千。其他魏兵不知道晋军阵后还有多少这种武器，吓得抱头乱窜，全线崩溃。晋军乘胜追击，杀死了大批魏兵。

刘裕打退魏军，打通了沿黄河西进的道路，顺利西进。那时候，王镇恶和檀道济带领的步兵，已经攻下洛阳，在潼关和刘裕水军会师。接着刘裕派王镇恶攻下长安，灭了后秦。

刘裕灭了后秦，把他一个十二岁的儿子和王镇恶留在长安，自己则带兵回了南方。

过了几年，晋安帝死去，刘裕认为时机成熟，就派人劝说刚刚即位的晋恭帝让位。公元420年，刘裕即位做了帝王，改国号为宋，被后人称为宋武帝。东晋王朝在南方统治了104年，到这时候灭亡了。

晋恭帝司马德文

七个儿子都不得好死

南朝宋武帝刘裕只有七个儿子，相比南朝各代帝王动辄二三十个儿子来说算是相当少的了，而刘裕这仅有的七个儿子，却个个不得善终。

老大义符，由于刘裕年逾不惑才得到这第一个儿子，因此非常钟爱。建宋后便封为太子。义符体力过人，善骑射，解音律。武帝死后，义符即位，是为少帝。做了一年帝王便被权臣徐羡之等废掉了。不久徐羡之派人杀义符，义符有勇力，开始制不住，最后寡不敌众，死时才十九岁。史书上记载义符被废的原因是“所为多乖失”，即行为乖戾。

刘裕第二子便是庐陵王义真。当时主流社会对他的评价是有才而无德，他经常和谢灵运之类混在一起，而且“昵狎过甚”，就是亲热得太过分啦。谢灵运是什么角色？是当时鼎鼎有名的才华横溢却又放浪形骸的文学“二流子”，跟我们现在的“文痞”有点类似。一个皇子，跟这些非主流整日厮混，当然是很不像样子的。而且他还扬言：如果我做了帝王，要让谢灵运、颜延之做宰相，慧琳道人做西豫州刺史。此言一出，还有谁敢让他做帝王？刘裕也不是没想过让义真做太子，当初义符还是太子时，行为不端，大臣谢晦劝刘裕另立太子，刘裕说庐陵王怎么样？谢晦说我去看看。于是谢晦就去拜访义真。义真的性格是很热情很活泼的，一门心思想跟谢晦聊天，这谢晦却爱理不理。就这么一次拜访，谢晦就对义真下了结论：“德轻于才，非人主也。”因此义真也就没能当上太子。为什么谢晦去看了义真一次就能评判他的为人呢，因为古代判断一个人有德的首要条件是谨言慎行，喜怒不形于色，像义真这样表现欲过强的孩子肯定不合格。其实现在也一样，你看有多少领导是活泼好动的，越大的官话就越少，当然作报告时除外。正如孔老夫子教诲的：“言寡尤，行寡悔，

刘裕初宁陵石兽

禄在其中矣。”义真后来被徐羡之等人所杀，时年十八岁。

第三子是最终修成正果的宋文帝义隆。在换帝王比换衣服还快的南北朝，刘义隆算得上一个很不错的帝王，在位时间也比较长，但他的结果也没好到哪里去，被自己的太子所杀。文帝的这个太子名叫劭，“劭”字是“召”加“力”，这是后来改的名字，他刚开始的名字是“召”加“刀”，似乎预示了他将带来血光之灾。刘劭是个阴险毒辣的家伙，尽搞些歪的邪的巫蛊诅咒之类的玩意，而且当太子当得很不耐烦。因此文帝打算废了太子并杀掉太子的死党始兴王刘濬，但是他不该把这个打算告诉宠妃潘淑妃。潘淑妃是刘濬的养母，而且非常宠爱刘濬。结果刘劭先发制人，在文帝与心腹大臣屏退左右密谋废太子时把文帝杀了。当时文帝奋力反抗，用手举案挡刀，五个手指头都被生生地砍了下来，死状极惨。

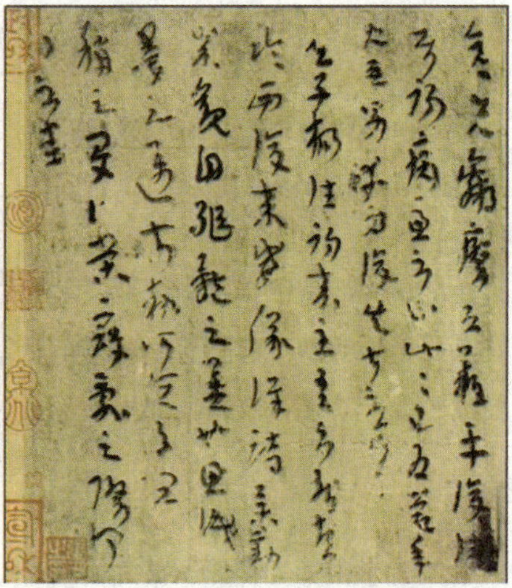

陆机的墨迹《平复帖》

第四子为彭城王义康，是一个相当有才干的人。文帝一向体弱多病，政事都交由义康处理，以致义康权倾天下。当时各地献上的供品，一等的都送到义康府上，其次的才给文帝。难得的是即使如此，义康也没有表现出一点骄横之态，依然保持着自己直爽的性格。有一次文帝吃柑橘，感叹橘子形状与味道都差，这时义康说怎么会呢？今年的柑橘有很多好的啊，于是派人回自己府上拿了一些来，比文帝吃的大多了。义康唯一的缺点就是不怎么爱读书，当时著名的文人袁淑来拜访他，义康问袁淑几岁了，袁淑回答“邓仲华拜衮之岁”、“陆机入洛之年”（东汉的邓仲华二十四岁拜司徒，陆机二十四岁入洛，当时是作为典故来用的），结果义康说：“我不读书，你不要给我搞这些文绉绉的东西。”可悲的是义康虽然并无篡位的野心，但他的权势和影响太大，他的手下瞒着他结党营私，最后文帝不得不把义康幽禁起来。虽然义隆与义康哥俩感情一直很好，但遇到这种事也是身不由己。最后，文帝的儿子孝武帝怕别有用心者借义康的名头来造反，便把义康杀了。这就是树大招风的道理吧！

第五子江夏文献王义恭，是继义康之后最被帝王重用的。他的一生都以义康为前车之鉴，除了因从小被宋武帝刘裕溺爱而养成的奢侈无度的坏习惯外，行事一向处处小心

刘裕初宁陵，现已成旅游景区

谨慎，深怕犯了王子的大讳。在文帝时，他只是奉行旨意办事；在孝武时，他又每每为帝王歌功颂德。即使这样，却也逃不脱凄惨的命运。他先前的十二个儿子都被刘劭所杀，自己和另外的四个儿子又被前废帝所杀。更惨的是，自己的遗体还被前废帝分尸，眼球被挑出来用蜜腌渍，包在粽子里做成“鬼目粽”，其下场已到了惨绝人寰的地步。

第六子南郡王义宣，是刘裕诸子中资质最差的一个，“生而舌短，涩于言论”。当初刘裕按照自己儿子的长幼顺序，轮流派他们镇守军事要地荆州，结果轮到义宣的时候，却认为他“人才素短，不堪居上流”而改派了小儿子衡阳王义季。义宣私生活很是骄奢淫逸，居然有“后房千余，尼媪数百，男女三十人”，且“崇饰绮丽，费用殷广”。就是这样一个无才无德的南郡王，却是刘裕诸子中唯一真正造反的一个。

义宣能够有造反的资本是因为他在政治斗争中站对了方向，刘劭篡位时本来想拉拢他，结果他即时起兵讨伐刘劭，为孝武登位立了大功，从而威震天下。后来权势日大，以致朝廷所下制度，只要自己不满意的就一概不遵从，最后被早有异志的臧质利用而起兵造反。在大势已去的情况下他还发表演讲鼓舞士气，结果把“汉高百败，终成大业”说成了“项羽千败，终成大业”，引得手下掩口而笑，足见其是个名副其实的大草包，自然逃脱不了兵败被杀的下场。

第七子衡阳文王义季，虽然没有出色的才华，但为人蓄才节用，是个不错的人。他因为怕像兄长们一样无端惹祸上身而不愿意建功立业。义季本来就爱喝酒，在义康被废事件后深受打击，更是通宵达旦地喝酒，没有多少时候是清醒的，最后就这么喝酒喝死了。不过处在那样的时代和那样的地位，喝酒喝死恐怕是最好的也是唯一能自己选择的结局了吧！

从宋武帝刘裕七个儿子的身上，看到了魏晋南北朝时人们的无奈与绝望，也无怪乎这个时代能创造出惊世的文化与个性卓绝的人物了。而作为乱世中的皇室成员，生来就背负了无从选择的绝望的命运，在这种情况下你只能选择两种人生：一种是被别人杀死，另一种是自己醉生梦死。

斯人已逝，空留悲伤……

南朝宋孝武帝刘骏

——贪财好色又专情的帝王

姓　　名：	刘骏
职　　称：	世祖
生卒年份：	公元 430 ~ 464 年，享年三十五岁
最高职务：	南朝宋第四任帝王
帝王工龄：	十二年（公元 453 ~ 464 年）
最大政绩：	击溃刘劭的势力
最大错误：	对诸王不信任，致竟陵王刘诞叛乱
荣誉称号：	孝武帝王
老　　爸：	刘义隆
老　　妈：	路惠男
家庭出身：	帝王之家
接 班 人：	刘子业
最 得 意：	夺得皇位
最 痛 心：	殷淑仪病逝
最 擅 长：	昏庸残暴
最 失 意：	绯闻太多
现在住址：	江苏丹阳景宁陵
个性签名：	是女人我就喜欢！

南朝宋孝武帝刘骏像

闲人得势

刘骏的老妈路惠男，是丹阳建康人。古代“女子无才便是德”。路惠男很符合“无才”的标准。而这样一个女人，居然要将她的遗传基因和教养水准传给刘宋王朝的几任帝王，使得刘宋王朝自初期的内部权力之争之后进一步混乱，实在是让世人不得不呜呼哀哉。

路惠男年轻的时候，生得非常美貌，以“色貌”入选后宫。然而她实在是一个除了姿色，再没有其他任何特长的堪称低俗无德的市井村妇。美貌再加上会生儿子，照理说是很有“德”了（其实，某种程度上，女人的才华美德，可能比男人的才华美德更重要：因为她是孩子真正的启蒙者，未来的好男人将要从她这里接受最初的教养）。然而，路惠男没有才，更没有德。可是，她却是后妃群中的幸运者。

作为宋文帝刘义隆年轻时的妃嫔之一，推算起来，路惠南为宋文帝生下刘骏的时候，文帝也不过二十三岁，虽然宫中袁皇后擅妒，潘淑妃专宠，路淑媛总还是比那些到帝王晚年才入宫的“嫩草”妃嫔要走运得多。这还要得益于她的好儿子刘骏。

宋文帝宠爱的潘淑妃

路惠男出身平民，没有什么家世背景，也缺乏教养才华，因此当她年纪渐长之后，便失去了宋文帝的宠爱。当然这只是借口，主要原因还是由于宋文帝的爱心并不在她身上，因为当时路惠男只有二十四五岁，远未到“色衰”的年纪。总之，元嘉十二年（公元435年），宋文帝在封五岁的三儿子刘骏为武陵王之后，便顺水推舟地将这位过气妃子也送去“出藩”，也就是离开皇宫到她儿子的封地去生活。

虽然不是宋文帝偏爱的儿子，文武双全、精于骑射的武陵王刘骏也还算是“王运亨通”，绝非一般闲置藩王可比，他食邑二千户，并且一路执掌兵马政事刺史、将军、都督……在自己的一亩三分地上，刘骏是想当然的威风八面。对于做母亲的路惠男来说，虽然和丈夫断绝了夫妻情分，但是能在儿子的封地上随心所欲，对皇宫争宠眼不见心不烦，却也不失为一种解脱。

元嘉三十年二月，袁皇后所生大儿子皇太子刘劭及潘淑妃所生二儿子始兴王刘浚合谋弑父夺位，六十岁的宋武帝刘裕死在了这对宝贝儿子手上。袁皇后与潘淑妃是争宠到死的一对情敌，她们所生的两个漂亮儿子却居然如此合作愉快，倒也不失为一桩奇闻。由于随子出镇外藩，路惠男逃过了这一场宫闱流血政变。

刘骏手握兵权在外，老大刘劭将他升封为征南将军，加散骑常侍。然而刘骏并不甘于被臣子之位收买，他抓住这个机会起兵征讨，假如借“弑父”之名将他们翦除，那么刘宋王朝的皇冠，没有任何悬念地就该戴在刘骏的头上了。出征之前，刘骏将生母留在了自己的封地上。路惠男只在浔阳等待了两个月，好消息就传来了：刘骏于四月己巳即帝王位，其后刘劭、刘浚兄弟败死，刘骏入主建康城，是为宋孝武帝。本来几乎属于刘劭、刘浚兄弟俩的天下，一下子落在了闲人刘骏手中，除了能力，运气也许更重要！

嗜财如命的奇葩帝王

刘骏从小便十分有文采，聪明过人，而且又精通弓箭、御马之术，在他十五岁的时候便被封为武陵王。后来，刘骏开始在全国范围内迎战外地，先是征服北魏，后又平定蛮族的叛乱，取得了举世瞩目的成就。

刘骏登基后，在各个领域推行了一系列的大刀阔斧的改革，取得了非常优秀的政绩，国家实力得到了非常显著的提升。然而在他执政的后期，个人生活开始趋于奢侈和腐败，他为自己之前的成就感到傲娇，于是穷奢极欲，恣意妄为，因此也做下了许多非常荒谬的事情。

由于前期刘骏的政绩显著，有一段时间，广州沿海地区的对外贸易非常发达，中原地区的很多船只通过港口将丝绸、瓷器等大量运往国外，获得了可观的利润。而当地的官员也在各个环节中捞取了不少的油水，这使得贪婪地的刘骏极为嫉妒，于是下发了一道荒唐的诏书。诏书里大概是这样写的：只要是在广州任职的并有两千石以上的官员，在任满回京之后，必须向帝王申报个人财产，并将其中的一半分给帝王。

这种规定简直是荒唐可笑。诏书一出，不就是等于帝王公开宣布地方大大小小的官员可以贪污受贿，只要把贪腐的一半作为保护费上缴就行了。从古代到现在，历朝历代都从未见过如此荒诞的事情。心里要清楚这一点，历朝历代的帝王都是要查处贪腐现象的。刘骏到了晚年竟然如此愚昧，贪财到了如此地步。而这，只是其中的非常小的一部分，后面还有更加荒唐的事情。

一些贪官污吏为了取悦他，想得到进一步升迁，会主动向帝王上报自己的财产并缴纳一半的“保护费”。然而，总有一些人不活跃，或者他们即将退休，或者他们确实非常吝啬。为了与这些人“打交道”，刘骏还专门想出了一个办法，把他们叫到宫里，和他们开一个赌博游戏。刘骏帝王每次都下很大的赌注，这些大臣怎么敢当面赢帝王的钱，所以他们被迫输了很多钱给刘骏。

就这样，没过多少时间，因为刘骏的穷奢极欲和奇葩政策，他的国家就这样被拖垮了，国家很快陷入经济衰退、政治腐败的境地，此外，刘骏后面的几位帝王也和他一样碌碌无为，以至于十几年后，刘萧道成举兵攻打了刘宋，刘宋就此灭亡了。

刘骏与殷贵妃的另类爱情

刘骏，这位南朝刘宋的第五位帝王，他一生中最出名的事情不是他在王位上取得的政治成就，因为他并没有什么丰功伟绩，不过他的爱情故事，倒是令后人印象深刻。

刘骏有个堂妹叫殷淑仪。这殷淑仪原本是刘骏的叔父、南谯王刘义宣的女儿，有一天她跟其他几位姐妹一同去宫中觐见，很有可能是因为她美色出众（作为孝武帝的宠妃，刘义宣的母亲也是出了名的大美女，刘义宣自己作为亲王也肯定将他管辖内的顶级美女全部收归已有，如此代代提纯，他的郡主们肯定非比寻常），刘骏十分欣赏几位堂姐妹的美貌，于是把堂姐妹们都扣了下来，几位郡主一进皇宫就再不见出来，刘义宣父子觉得自己成了世人的笑柄，无地自容，恼羞成怒，之后干脆起兵造反。

然而，尽管刘骏是个昏君，却仍是“圣贤的天子”，刘义宣谋逆的行为并没有得到响应，没多久便以失败告终，刘义宣和他儿子都被杀了。随后，刘骏又把自己的叔叔和堂兄弟们杀害了，觉得再无后顾之忧，干脆把堂姐妹都正式纳入后宫，而且对她十分宠爱，尤其是对殷淑仪宠爱有加，甚至为了淑仪都荒废了朝政。后来殷淑仪生下一个儿子，名叫刘子鸾，刘骏对殷淑仪的爱也随之传递到了这个儿子的身上，以至于他对刘子鸾的爱胜过其他所有的孩子，甚至超过了当时的太子刘子业，作为太子，竟然比不过帝王，刘子业也心生嫉妒了。因为刘骏对殷淑仪的宠爱，刘子鸾六岁便当上南徐州刺史，后来又做了太守，甚至于几次都差点取代了他的长兄刘子业的太子地位。如果不是被人力阻，刘子鸾就要变成刘宋王朝的皇太子了。

可遗憾的是，没有多长时间，刘骏的美好时光就没了，殷淑仪染上了病去世了，刘骏也十分痛心，曾经一度不想管理朝政，对殷淑仪是日夜思念、朝思暮想，所以他追封殷淑仪为贵妃，殷淑仪也算得上是中国历史第一个贵妃了，这个头衔也是刘骏开创的。还有书籍中记载，殷贵妃去世后，刘骏因为十分思念她，便让人把殷贵妃的棺材做成抽屉的样子，每次她思念得忍不住了，就拉开抽屉看一眼曾经的爱人，看完后又推回去，如此反反复复，古书上说殷贵妃的遗体一直到很久没有发生变化。

刘骏的最爱殷淑仪

更夸张的是，有记载说刘骏因长时间怀念殷贵妃，当时有个巫师就告诉他，可以把殷贵妃的魂魄给招来，让他跟殷贵妃的鬼魂聊几句，其实早在汉代就发生过类似的现象，李夫人去世后后，汉武帝就让巫师把她的魂招来相见，后来，汉武帝为了表达自己的思念之情，写下了人尽皆知的《李夫人赋》，以此作为寄托。据说

南北朝佩玉

刘骏在巫师的帮助下，也招到殷淑仪的鬼魂，刘骏在帷帐里看到殷淑仪，她的身材以及仪态都跟生前一模一样，只是殷贵妃的鬼魂从一开始就不说话，刘骏张开双臂想去拥抱，不了殷淑仪的鬼魂随之就消失了。

刘骏作为帝王，在治理国家方面的政绩并不多，但在对待女人的用心程度方面，刘骏可以说是历代帝王的第一人了，“屉棺存尸”这个典故就是出自与他，甚至民间还有一种说法，说“抽屉”的“屉”字，就是源于此典故，也就是从刘骏把殷淑仪装到抽屉里开始的。

南朝宋前废帝刘子业

——不靠谱的荒淫帝王

姓　　名：	刘子业
职　　称：	还没获得
生卒年份：	公元 449 ~ 465 年，享年十七岁
最高职务：	南朝宋第五任帝王
帝王工龄：	两年（公元 464 ~ 465 年）
最大政绩：	只顾荒淫，没有政绩
最大错误：	荒淫无度
荣誉称号：	前废帝
老　　爸：	刘骏
老　　妈：	王氏
家庭出身：	帝王之家
接 班 人：	刘彧
最 得 意：	丑化老爸
最 痛 心：	被篡位谋杀
最 擅 长：	淫乱
最 失 意：	帝王还没当够就死于刀下
现住地址：	江苏丹阳某地
个性签名：	下辈子继续做帝王！

南朝宋前废帝刘子业像

给老爸画了个酒糟鼻

大明八年（公元464年）五月，南朝宋孝武帝刘骏因病去世，时任太子的刘子业登基。

刘子业一脸得意地看着死去的老爸

按说，老子死了，当儿子的应该悲哀伤心才是。就算是那些杀了老子登基的帝王，在先皇的葬礼上也不得不干嚎几声，以示他大孝动天，好掩人耳目。但这个新帝王刘子业却与众不同。他不但没有号啕大哭，反而面目欣然，似有悦色。吏部尚书蔡兴宗亲自奉上帝王的玺绶，刘子业就懒洋洋地接在手中，毫无庄重之态。于是蔡兴宗忧心忡忡，私下对人说："看今日的情景，国家之祸不远了。"

国家的确是有祸，但祸也并非此时才起，顽劣的刘子业正如他的名字一样，是"子"承父"业"，虽然他对老爸十分不感冒，但他的种种劣行，却是他老爸的放大加强版。

刘子业的父亲宋孝武帝刘骏，生前奢侈无度。他大修宫室，极尽奢华之能事，任意赏赐，把国库掏光了也在所不惜。他拆毁了爷爷刘裕简朴的宫殿，在原址上修建了豪华的"玉烛"新宫。新宫未盖之前，刘骏和群臣一起去观看刘裕生前住的房屋，只见床头土砌屏障，墙上挂着纸糊的灯笼和麻绳搓的拂尘。于是大臣在他面前盛赞刘裕的俭素和美德，他却认为祖父本来就是个"田舍公"，能混到这步，就算不错了，住那样的房屋已是过分。至于他自己，这个"田舍公"的孙子，可不打算再那么寒碜下去了。十足一个忘本的主儿！

刘骏对自己的老爸无礼，儿子刘子业也效仿，对老爸刘骏也是十分不敬。即位之后，刘子业有一次前往太庙，发现庙里只单单供着祖宗牌位，没有画像，便传诏画工进来，自宋武帝刘裕以下的遗容，挨个画来。等到画完，刘子业到太庙观看，一边看一边还品头论足。先用手指武帝刘裕的像说："他算是个大英雄，能活擒天子。"接着指着文帝刘义隆的像说："他容貌也不差，可惜到了晚年，被儿子砍了脑袋。"后来看到他老爸的画像，就指着说："这家伙是个酒糟鼻子，你们怎么没有画出来。"立即诏来画工，给刘骏增画了酒糟鼻子，他这才满意回宫。

超级忤逆子

当初，刘骏宠幸殷淑仪，并有了个儿子刘子鸾。刘骏爱屋及乌，对这个儿子十分看重，而对王皇后所生的刘子业却越看越不顺眼。

有一次，刘骏出去西巡，刘子业写信问安，刘骏见信后非但没高兴，反而责备他字迹潦草。刘子业听了诚惶诚恐，上表谢罪。刘骏又大骂了他一顿，还说字写得不好也就罢了，平时学业也不用心，总是这么顽劣，这怎么能行呢？刘骏几次三番想把刘子鸾立为太子，经过大臣们的多次劝阻才作罢。对此刘子业心知肚明，但他

不孝子刘子业指出父王画像上少酒糟鼻

也无可奈何，只能心中暗暗怀恨。

现在，老帝王死了，他报复的机会终于来了。他刚一登基，就立刻派人去赐死年仅七岁的新安王刘子鸾。可怜的孩子临死前对左右说："愿后身不再生帝王家！"除去了刘子鸾，刘子业又迁怒于他的母亲殷淑仪，下令把她的坟挖了。他还觉得不解恨，又想把自己老爸的景宁陵也一起挖了，只是太史说掘景宁陵对他不利，他才罢休。但这口恶气还是要出，于是指使手下到景宁陵倾倒粪便，自己也亲临现场，肆意辱骂。

殷淑仪死后，谢庄为其写悼文，其中有“赞轨尧门”的字句。

王太后骂子业

据传说，当年尧的母亲怀尧怀了14个月，后来汉武帝的妃子勾弋夫人也怀孕了14个月，生下了刘弗陵。汉武帝十分高兴，觉得这正和尧的故事相合，于是宣布将刘弗陵所出生宫殿的宫门改名为“尧母门”，立刘弗陵为太子，即是汉昭帝。刘子业就认为这是谢庄故意将殷淑仪比为勾弋夫人，那她的儿子岂不就相当于汉昭帝刘弗陵？这么一来，这个谢庄就是在暗示刘子鸾应当即位为帝，真是其心可诛，于是就下令将谢庄斩首。有大臣劝他，说人人都要死，即使痛苦，也不过就是一会儿的事。像谢庄这样享尽天下荣华富贵的人，就这么死了岂不是便宜了他？！应该把他关到监狱里去，让他受尽天下之苦，然后再杀了他也不迟。刘子业深以为然，就把谢庄关进了监狱。就这样，这个大才子留得一条性命，直到刘子业被杀才放了出来。

刘子业对他的老爸深恶痛绝，还算情有可原，毕竟他老爸有过废掉他的心思，但他对于老妈王太后却也十分冷淡。太后患了重病，他从来不去看望。后来，太后病得快死了，让宫女去找刘子业，大概是准备留下遗言。可刘子业却摇着头说：“病人房间多鬼，吓死人了，怎么可以去呢？”

王太后闻言大怒，气愤地对宫女说：“快点取刀来，待我剖开肚子，看看我怎么会生下这样的好儿子！”宫女慌忙劝慰她，可一个病重的人怎禁得起气愤，不久太后就去世了。刘子业气死了老妈，心中也有点不安。他做了梦，梦见王太后对他说："你不仁不孝，根本没有做帝王的样子；你父亲暴虐无道，惹得天怨人怒，他的那些儿子们也没有一个能当帝王的。以后帝王还是应该让文帝的儿子们来做。"刘子业醒来，觉得十分害怕，就对他那些叔叔产生了猜忌之心。

于是，他趁着这些叔父们入朝的时候，把他们统统扣留在宫中，并极尽侮辱之能事，花招百出，变态至极。刘子业还给他们都起了绰号：把湘东王刘彧叫做猪王，建安王刘休仁叫做杀王，山阳王刘休佑叫做贼王。他对体形肥壮的"猪王"刘彧最感兴趣，经常捉弄他。在地上挖个坑，倒入水和泥，做出一个猪圈的样子。接着脱了刘彧的衣服，扔到那个坑里。再拿木槽盛上剩饭，搅入杂菜，让刘彧四肢着地，爬到那个木槽像猪一样吃食，他自己则在旁边哈哈大笑。

有一次，他兴致来了，就脱了刘彧的衣服，让左右缚住他的手足，用木杖抬着进御厨，说是今天杀猪。刘休仁一看刘彧命在旦夕，就在一边傻笑着说："猪不该死。"刘子业问他为什么，他就说："这猪现在杀了太可惜，等陛下过生日再杀了他取出肝肺，岂不是更好？"

好色的刘骏

刘子业就大笑道："好，那就改日杀猪。"后来刘子业多次打算杀死刘彧，都亏了刘休仁装疯卖傻，插科打诨，才混了过去。

刘子业对这几个关在宫中的王爷十分猜忌，总想找个借口把他们杀掉，他想出了一个令人瞠目结舌的法子来。

建安王刘休仁的母亲陈太妃，年近不惑，而容颜却显得十分年轻。刘子业就命令右卫将军刘道隆逼淫陈太妃，还让她的儿子刘休仁在一边看，并告诉左右侍卫，如果刘休仁有什么惊恐愤怒的表情，就立刻把他杀掉。陈太妃为了儿子的性命，只得含恨受辱。刘道隆为了迎合帝王，也十分尽力，气喘吁吁地“操劳”了半天。刘子业十分高兴，下令赏他酒喝。而那个刘休仁竟是定力非常，整个过程一直目不斜视，脸上的表情也一平如水。刘子业见他这个样子，也只好放了他。

除了荒唐还是荒唐

刘子业对待大臣们也十分残暴。他听信宦官华愿儿的谗言，一即位就杀了父亲的重臣戴法兴，后来又毒死了功劳卓著、在朝中很有名望的沈庆之，弄得大臣们人人自危。据史载，他从小喜欢读书，对历史颇有了解，还有点文采，不过他这点小才华也没用在正经地方。他去读史书，对那些兴衰成败的大事并没有什么感觉，也不打算从中得到什么借鉴教训，而是对魏武帝曹操设置的“发丘中郎将”、“摸金校尉”这样的盗墓贼官儿，十分感兴趣，于是自己也设立了这么两个官玩玩。

刘子业的“业绩”已经使人觉得十分荒唐了，但是，还有更加令人瞠目结舌的表演。不过，“子承父业”，他的创意也是从老爸那里学来的。

荒唐的刘子业虐待下人取乐

南朝维卫尊佛像

一天，他下令召集诸王的妃嫔公主入宫，等她们都来了，就下令左右侍卫幸臣一起脱去衣服，当下和她们共赴巫山。这些女子都吓得花容失色，四散奔逃，却哪里能跑得过那些如狼似虎的侍卫，顿时响起一片惨叫声。南平王刘铄的王妃江氏，说什么也不肯做这样淫乱的事情，指斥刘子业，说这些女眷都是陛下的亲戚，怎么能如此凌辱。刘子业大怒，就威胁她要是再不从，就把她的三个儿子杀掉。江氏仍然不依，于是刘子业就打了她一百鞭子，当即派人到江氏家中，把她的三个儿子抓来，当着她的面全部杀死了。

这么一来，那些女子谁还敢违抗刘子业的命令，只好含恨受辱，让那些侍卫为所欲为。刘子业看着这一派荒淫惨烈的场面，却洋洋得意，细细地欣赏起来，还不时地在一旁拍手大笑。

刘子业如此荒唐，都因为他残暴好杀，所以一时也没人敢管他。但是，“虽无人祸，必有鬼诛”，不久，这个帝王就要“见鬼”了。

宁负天下不负阿姊

刘子业的老爸刘骏做事十分可笑，可刘子业登基掌权之后，处理事务更加荒唐，他非常残忍，而且经常滥杀无辜，就连他的叔叔也死于他的魔爪之下。他曾命令宫女光着身子在宫中打闹嬉戏，有的宫女为了保持自己的贞洁反抗而被残忍地杀害了。他还常让身边的朝臣去羞辱叔叔建安王刘休仁的生母杨太妃。可就是这样一个杀人不眨眼的大魔头，辜负了天下人，却唯独没有辜负自己的姐姐。

风流成性的山阴公主

他的姐姐就是号称南朝宋皇室第一美人的刘楚玉公主，也就是宋孝武帝刘骏之女，刘楚玉被封为山阴公主，自己的弟弟刘子业在十六岁时又登上皇位，继承了刘骏的千秋大业，可以说，她这些年基本上是平平稳稳，没有遇到过什么大风大浪，毕竟她有骄傲的资本。在她貌美如花的年龄时，她嫁给了司空何浩的儿子何戢，何家的家风、家境必然是没的说，更何况，公主挑选的驸马爷，肯定会是万里挑一，人中龙凤。

其实刘子业小时候并不是这样凶残的，恰恰相反，刘子业在小的时候受尽了非人的虐待，兄长的欺辱，加上父亲对刘子鸾的宠爱，使得他长大之后才成为这样的。而刘楚玉从小就经常跟刘子业一起玩，并且处处偏袒保护着这个弟弟，因此两人便有了十分深厚的感情。凶残的刘子业在登基后变成了一个杀人不眨眼的恶魔，但是对他的阿姊山阴公主，他却付出了真心。

山阴公主对单纯的物质方面并不能感到满足。有一天，她进宫去见刘子业，对自己的弟弟说了这样的话：你和我都是同袍姐弟，除男女性别的差别，你凭什么可以后宫佳丽三千，而我却只能每天面对同一张脸，这也太不公平啦！平日里就和姐姐关系相处很好的弟弟，怎么可能会拒绝姐姐这么简单地要求，更何况，他也觉得刘楚玉说的没毛病，他自己在皇宫里有众多的佳丽妃子，更没有让姐姐每天面对同一个张脸的道理。这时刘子业下了一道圣旨，给刘楚玉也找三十个面容美丽的面首。而后来山阴公主刘楚玉被诛杀后，这三十个面首做为公主的床伴，也作为山阴公主的殉葬品被灭口了。

值得一提的是，自视清高的刘楚玉之所以这样，与她的弟弟刘子业的有着千丝万缕的关系。虽然刘楚玉最初的想法只是想和弟弟一样享受，拥有三十个面首，然而这位自命不凡的公主，却是在中国历史上最早提出了男女平等的概念的人，刘子业对其他人确实是非常残忍，但是他对自己的姐姐——山阴公主刘楚玉，可以说是献出了自己的所有。

精神病皇族的倾覆

跟随来抓鬼的“杀王”刘休仁、“贼王”刘休佑一看帝王已死，立刻奔向秘书省关押“猪王”刘彧的“猪圈”。刘彧被关在这里，没法知道外面的情况，正如蚂蚁在热锅上一般，心急如焚。听到门被砰地一声撞开，还以为帝王要拿自己去做烤猪，吓得魂不附体。却见刘休仁一步跨进来，喜气洋洋地向他磕头叩拜，刘彧还没反应

刘彧变脸——当了帝王我就不是我了

过来是怎么回事，就被刘休仁拉出门来，忙乱中也来不及穿鞋，便光着脚，衣衫不整地来到西堂，登上御座，召见群臣。刘休仁见他头上仍戴着乌帽，赶忙给他换上帝王戴的白帽，然后让寿寂之宣布："湘东王受太皇太后令，除狂主，今已平定。"群臣这才知道小帝王已经死了，都如释重负，欣喜非常，再加上刘彧的人缘一向不错，就纷纷向他叩拜，表示承认。刘彧虽没有正式登基，此时也就算是帝王了。之后，刘彧又以太皇太后路氏的名义颁布诏书，宣布自己入继大统。

接着，刘彧又给所有暗杀帝王的人都封了爵位。对于刘子业的姐姐山阴公主，则以"淫乱"的罪名赐死，让那30个"面首"给她殉葬。这时，刘子业的尸体还横在竹林堂，没人去管。还是那个当年在他登基时交给他帝王玺绶、感叹国家将要有祸的蔡兴宗看不过去了，悄悄地找来新帝王刘彧的妻兄王彧，对他说刘子业虽然暴虐，但也曾是天下之主，应该按礼厚葬，如果像现在这样子，天下必然会大乱。王彧告诉了新帝王，刘彧也觉得有理，就令人为小帝王收尸，把他草草埋葬在秣陵的乱葬岗子中，称为"废帝"。

当年十二月，刘彧正式登基为帝，改元泰始，称为宋明帝。换了一个新帝王，群臣们都松了一口气。但他们高兴得太早了，这个新帝王刘彧虽然在登基前表现不错，很得人心，可没想到做了帝王竟是换了另一副面孔，居然也变得残忍无比，比起刘子业来有过之而无不及。刘休仁和刘休佑两位王爷，曾经多次从刘子业手下救出他的性命，后来又帮助他做了帝王，可他竟在即位后不久找了个借口把两人杀掉了。他还特迷信，谁要是说话不小心犯了他的忌，当下就乱刀砍死，甚至于做梦梦见有人谋反，醒后居然就杀了那个人。

刘子业的荒淫他也学了个够。一次，他在宫中大摆宴席，所有的后妃公主以及命妇都列座欢宴，酒至半酣，刘彧命令无论宫内的嫔妃还是宫外的妇女，都必须脱衣示人，皇后看不下去，拿扇子遮住了脸，竟引得他大怒，当即被轰了出去。史称："宋氏之业，自此衰矣。"

后来，刘彧死了，他的儿子，十岁的刘昱即位为帝。这个小帝王更是个混世小魔王，在位期间的种种荒唐暴虐，真是罄竹难书。后来，小帝王被手下人杀死，也被称为"废帝"。后人为了区别，就把刘子业叫做"前废帝"，刘昱叫做"后废帝"。后废帝被杀不久，大将萧道成做了帝王，建立了南齐，是为齐高帝，刘宋灭亡。

从刘宋王朝的帝王们的总总行为来看，历史学家怀疑他们有家族精神病史，这种集体性的荒淫残暴历代少有。但人性是复杂的，这种现象的产生也可能是由于宫廷之内的亲情关系淡薄，权力欲望的无休止膨胀，那些帝王们过早地看惯了世态炎凉，并且时刻感到如履薄冰。在当时那个险恶的政治环境里，几乎所有最高权力的拥有者，结局往往悲惨，已经达到一个朝不保夕的地步，在巨大的压力下心理难免发生扭曲，他们用残暴来掩饰恐惧，用放纵来宣泄压力，类似于一群末世魔鬼的狂欢。

南朝洪州窑点彩莲蓬纹盘

南朝齐高帝萧道成

——博学能文的大肚脐帝王

姓　　名：	萧道成
职　　称：	太祖
生卒年份：	公元 427 ~ 482 年，享年五十六岁
最高职务：	南朝齐第一任帝王
帝王工龄：	四年（公元 479 ~ 482 年）
最大政绩：	建立齐
最大错误：	尚需考证
荣誉称号：	高帝
老　　爸：	萧承之
老　　妈：	陈道正
家庭出身：	高干家庭
接 班 人：	萧赜
最 得 意：	篡位当了帝王
最 痛 心：	自己的大肚脐被当成了箭靶子
最 擅 长：	军事
最 失 意：	社会弊端百出，无力挽回
现在住址：	江苏丹阳武进泰安陵
个性签名：	肚脐再大也不能当箭靶子呀！

南朝齐高帝萧道成像

大肚脐是福不是祸

自宋文帝“元嘉治世”以来，社会经济得到发展，国力也有了提高。但宋孝武帝刘骏以后，国家出现了衰退迹象。

刘子业的下一任帝王刘彧，过着荒淫的生活，这使他的身体由强变弱，刘彧没有生育能力。为了能有人继位，刘彧让侍女李妙登与近臣李道儿秘密同居，生下男孩，作为自己的儿子，取名刘昱，立为太子。公元472年夏天某夜，他卧在一名宠妃身上突然驾崩，刚刚十岁的太子刘昱继承皇位。

然而，刘昱不是刘彧亲生儿子的事实，成为宫内外公开的秘密，刘昱继位，等于皇权已不在刘氏家族之手。

刘昱对萧道成的肚脐起了坏心

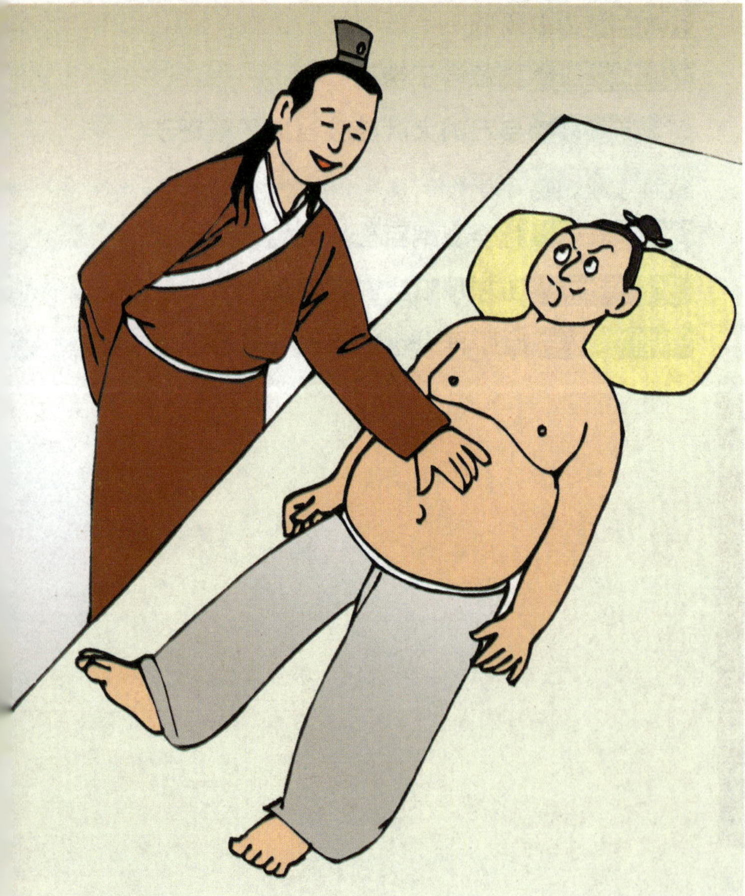

于是江州刺史、桂阳王刘休范带头起兵，想逼刘昱下台。叛军打到宫外，小帝王刘昱吓得直哭，在这千钧一发之际，右卫将军萧道成率军平息了叛乱，刘昱的皇位得以保全。萧道成因功被封为中领军。

刘昱十二岁时，已当了两年多帝王，加冕礼之后，他逐渐暴露出为所欲为、残暴好杀的本性。这个小帝王在后宫准备了各种刑具，对侍臣和姬妾宫女稍不顺心便亲自用刑。有一回，侍者斟酒溢出杯外，刘昱当场命令将这位侍者用锯锯成两截！

刘昱十五岁时，有一天中午，他闲来没事外出散步，来到萧道成领军府，径自来到帐前，只见萧道成袒胸露腹地躺在床上睡觉，肚脐特别大。刘昱就在萧通成的肚脐上拍了一掌，大笑起来："哈！好一个箭靶子呀！"

萧道成被惊醒，见帝王来了，忙穿衣服。刘昱却说："不用穿了，朕要用卿的肚子试试箭法。"

刘昱让两个随从架着萧道成站到帐外，他用毛笔在萧道成的肚脐上画了一个圆圈，然后取来弓箭，后退十步，拉弓搭箭就要射。萧道成的卫队长王天恩急中生智，忙说："启奏陛下，中领军腹大，确实是好箭靶，但一箭便死，以后便不能再射，不如用骲箭（一种包着皮的圆头箭），日后还可再射。"

齐高帝萧道成像

刘昱一听，觉得这个主意不错，便让人取来骲箭，搭箭张弓，瞄准萧道成的大肚脐，喊一声"着"，随着话音，骲箭真得射中了萧道成的大肚脐。刘昱大笑，问道："朕的箭法如何？"王天恩忙说："陛下真乃神箭，一箭便中，勿须再射。"刘昱听罢，一边笑着一边离去。

刘昱射萧道成肚皮

萧道成双手捂着肚子，又痛又恨，暗暗打定主意：这样荒唐的昏君，应该除掉！

萧道成找来校尉王敬则，让他收买帝王身边的卫士杨玉夫、

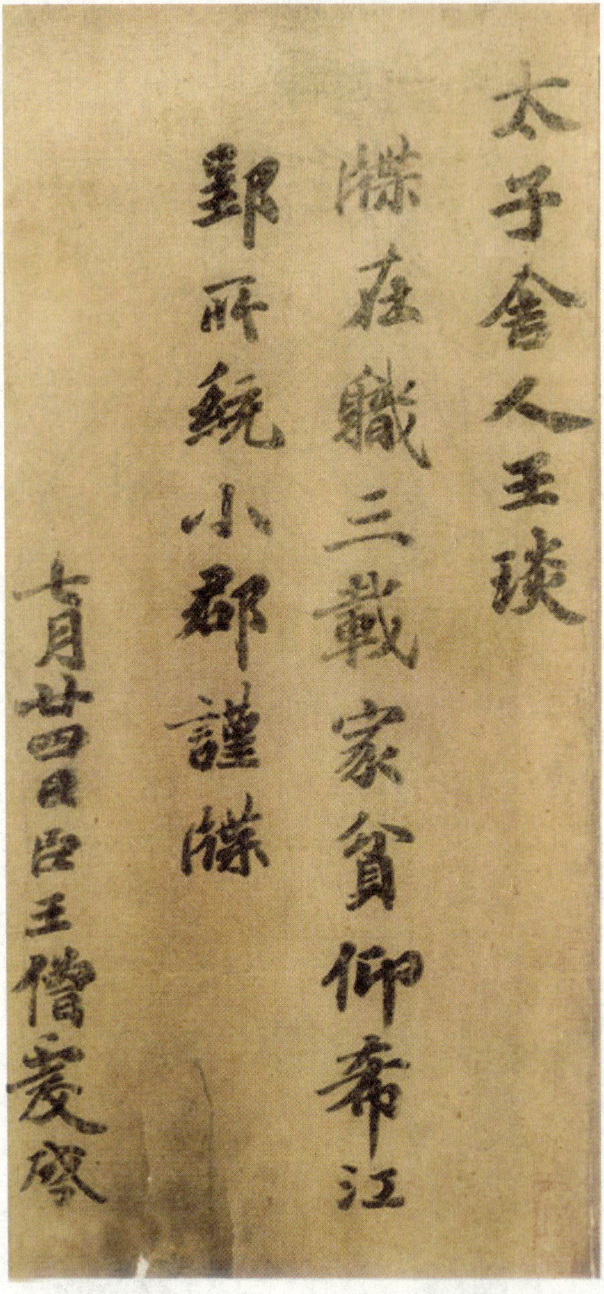

王僧虔《王琰帖》（唐代摹本）

杨万年，让他俩连夜诛杀刘昱。刘昱在宫中残忍无道，人人憎恨，所以两人没有推辞。半夜后，刘昱睡熟了，杨玉夫、杨万年潜入后宫，杨万年抓起刘昱枕边的一把短刀，仅一刀，便切断刘昱的喉咙，结束了其十五岁的生命。

第二天，萧道成拥立十一岁的安成王刘准嗣为新帝。傀儡帝王刘准在位二年，刚刚十三岁，即被萧道成逼迫退位。公元479年，萧道成登基称帝，改宋为齐。

史书上记载，萧道成“姿表英异，龙颡钟声，鳞文遍体”，绝非凡人相貌。传说萧道成小时候旧宅的门前，有一棵很大的桑树，树的形状像帝王出巡时的华盖。萧道成喜欢在树底下与小伙伴们玩耍，他的堂兄萧敬宗跟他开玩笑说：“这棵树就是为你长的。”意为你以后是要当帝王的，这话虽然有些牵强，但后来却成了事实。

大肚脐给萧道成制造了危机，但更带来了福分。

生活俭朴，博学能文

齐高帝萧道成在位期间，“性清淡，勤朝政，生活俭朴”。他限制诸王营立私邸，提倡节俭自奉，禁止民间使用各种华丽饰物，不得将金银制成金箔银箔，马鞍等不能使用金银装饰，不能用金、铜铸像，甚至不准织绣花裙，不准穿着锦鞋等。这种要求和做法是历朝历代所没有的。

萧道成泥人塑像

史书上说萧道成“博涉经史，善属文，工草隶书，弈棋第二品”。据说，齐高帝萧道成十分擅长书法，尤其草书和隶书，自视水平不一般。建元中期（公元479 ~ 482 年），萧道成召丹阳尹（丹阳郡守）、书法家王僧虔来朝，提出要与他比试书法。两人各自写了一幅字，齐高帝问王僧虔：“我跟你的书法相比，谁是第一？”王僧虔怎能不明白齐高帝的意思，不就是想听奉承话吗？于是他给了萧道成一个绝佳的答案：“臣书第一，陛下您的书法也是第一；臣书为群臣中第一，陛下书为帝王中第一。”回答十分巧妙，既不贬低自己，又保了高帝的面子，君臣双赢，惹得齐高帝美了好一阵子。

除了书法以外，萧道成还是一个围棋爱好者。据记载，齐高帝性宽，常与直阁将军周覆、给事中褚思庄共棋，累局不倦。将军周覆甚至在对弈时抓住帝王的手，不许他悔棋，齐高帝萧道成也能从容默许，所以得到了“弘厚如此”的评价。萧道成还亲自撰写围棋著作，曾有《齐高棋图》二卷问世，是史载首位亲自著作围棋书的帝王。

建元四年（公元 482 年）二月，齐高帝萧道成病重。三月初八，萧道成崩于临光殿，终年五十六岁。萧道成在位期间，曾以“使我治天下十年，当使黄金与土同价”勉之。意思是：如果让我治理天下十年，我要让黄金如泥土一样便宜。可惜，他在位只有四年，黄金始终没能和泥土同价。

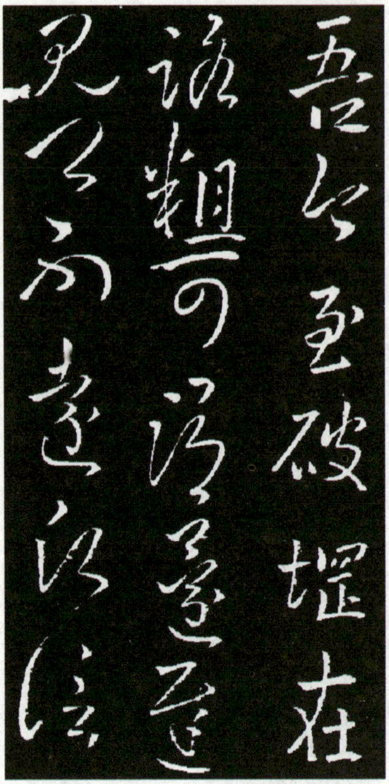

萧道成手迹

☆知识链接

→砖砌城墙开先河

自从晋朝以来，建康宫室的外城只是用竹篱环绕，有六个大门。适逢有人揭开白虎樽的盖子，饮酒进言说：“建康白门三层关，竹篱穿破不完全。”萧道成即位后，为了加强建康城的防务，于建元二年（公元480年）着手改建建康城墙，由原来的土墙改为用砖砌筑。这样，建康城才成为真正坚固的堡垒，城郭大为改观。形成了中国都城特有的以中轴线为基准、主要建筑物左右对称的极其规整的风格。建康城这种布局，又成为以后北魏重建洛阳城的范本。建康都城砖砌城墙成为齐文帝萧道成在军事、经济、文化之外做出的又一贡献。

南京狮子山公园的一段使用南齐砖砌成的城墙遗址

南朝齐郁林王萧昭业

——阳奉阴违的荒淫帝王

姓　　名：	萧昭业
职　　称：	郁林王
生卒年份：	公元 473 ~ 494 年，享年二十二岁
最高职务：	南朝齐第三任帝王
帝王工龄：	两年（公元 493 ~ 494 年）
最大政绩：	没做出来
最大错误：	荒淫无度
荣誉称号：	“废帝”
老　　爸：	萧长懋
老　　妈：	不详
家庭出身：	帝王之家
接 班 人：	萧昭文
最 得 意：	曾受齐武帝钟爱
最 痛 心：	活得时间太短
最 擅 长：	阳奉阴违
最 失 意：	被萧鸾杀害
现在住址：	湖北宜昌水晶山东南处
个性签名：	只要不让我上朝就行！

南朝齐郁林王萧昭业像

荒唐的帝王

萧昭业哭得死去活来

萧道成死后，他的大儿子萧昭文继位，是为齐武帝。齐武帝一上台就封萧昭业为南郡王。萧昭业善于写隶书，武帝欣赏之余诏令他不得随意写字，以此来使他的字显得珍贵。当时诸王侯每五天去向帝王问安一次，武帝经常单独留下萧昭业抚问，对他十分钟爱。永明十一年，三十六岁的文惠太子因病去世，萧昭业便被立为皇太孙，作为王储居住在东宫。齐武帝去世后，萧昭业继承了帝位。他即位以后追尊老爸萧长懋为文帝，立老婆何氏为皇后。

萧昭业很会演戏。当初，他父亲死后，他多次嚎啕大哭，哭得死去活来，竟然昏了过去，让人看了十分揪心。其实大家不知道，萧昭业是一个个性轻佻、阳奉阴违的人。在老爸得病期间，萧昭业天天守候在病床前，哭哭啼啼，显得凄切万分。但一回到自己房间，就立刻欢笑酣饮、判若两人。他被立为太孙后，齐武帝也已经得病，萧昭业又叫女巫祈祷，但愿帝王爷爷早死。一听到帝王病危的消息，他欣喜若狂，赶忙给人写信，信中只有一个大大的“喜”字，旁边还围绕着三十六个小喜字，以表达自己的心情。在他还是南郡王时，父亲为了改变他的性格，曾经严控他的起居用度。萧昭业对豫章王妃庾氏抱怨说，自己天天受人控制，还不如街上的老百姓自由。

萧昭业即位后，原型毕露。他开始挥霍无度，动辄赏赐百数十万。每次看见钱就对着钱说：“钱啊钱，我以前想你的时候一文也得不到，现在你有什么感想？”武帝活着的时候敛聚的钱存在上库有五亿万、齐库有三亿万，其余金银财帛不可胜计。可是不到一年的功夫，库存的数亿金钱被萧昭业花费得干干净净。萧昭业打开库门让皇后、阉人、宠姬观看，让他们随其所欲，恣意取用；并且将国库里的宝器拿来剖击破碎，以为笑乐。

萧昭业观斗鸡

萧昭业平时喜欢裸露着身子，只穿一条红内裤在后宫里晃来晃去。他嗜好斗鸡，所买的斗鸡一只就价值数千。萧昭业有自己的宠臣，他们是：綦毋珍之、朱隆之、直阁将军曹道刚、周奉叔、阉宦徐龙驹。綦毋珍之所说的话萧昭业没有一句不答应，他还负责买官卖官。出任朝廷内外的要职都要先与珍之谈好价钱，一个月的时间他已经家累巨万。阉人徐龙驹是后阁舍人，日夜都在六宫房内代帝王写圣旨，戴着黄纶帽披着黑貂裘，背北朝南坐在御案前，与帝王没有什么两样。徐龙驹以邪谄自许，经常对人夸口说：“古时也有太监做了三公。”三公是朝廷最高的官职，这明摆着是在显摆自己呢。

有了这些宠臣分担，萧昭业只顾一门心思，专心致志地在后宫玩乐。

“奇葩”的孝道

历代帝王都强调以孝治天下，“孝”在传统儒家伦理道德中占有非常重要的地位。古语中也有一句话：百善孝为先。前朝不缺乏孝顺的君王，而我们的齐郁林王萧昭业，则是以荒唐而又奇葩的“孝道”流传百世。

萧昭业登基之后不多久，便立其母王宝明为皇太后。王宝明的遭遇非常不幸，数十年之前，萧昭业的父亲萧长懋还在世，作为正妻的王宝明就一直得不到宠爱，

不可理解的"三角关系"

所以，每次宫里面的其他妃嫔们得到萧长懋的赏赐或者有了华丽的珠宝首饰、新衣服的时候，王宝明却很不得意，一直穿着旧衣服，用着破旧的发钗。就这样，一直使用了几十年。虽然王宝明被立为皇太后，但是昏庸无道的萧昭业每天只顾后宫佳丽，很少去照顾自己的母亲。因此王宝明皇太后并没有从根本上感到幸福快乐。

但是旁观者清，朝中大臣们都已经看清了这一切。至少为了从表面上让萧昭业看起来很孝顺母亲，但只有萧鸾敢于直言："太后长时间在后宫独自深居，孤独感是不可避免的，希望陛下能多抽点时间去照看太后。"萧昭业一听，觉得非常有理，因此他当即做了一个令人瞠目结舌的决定："立即给我母后找三十个男宠，这就不用担心她没人陪了。"

这种奇葩且另类的孝道，也真是没谁了，也不知萧昭业的老妈如果当时在场听到这些话，会作何感想。

奸夫淫妇没落好

萧昭业只顾着日夜玩乐，朝廷之事也不能没人管呀。于是他将朝政委托给西昌侯萧鸾处理。萧鸾对何皇后的丑闻深以为耻，他劝萧昭业说："外面的事自有臣效力，宫禁之内还希望陛下肃清，不要取笑天下。"萧昭业一向听惯了阿谀的话，听不得逆耳忠言，为此十分痛恨萧鸾。一天他问鄱阳王萧锵："你认为萧鸾为人怎么样？"萧锵性格一向和谨，他说："萧鸾在亲戚中间年纪最长，而且受先帝嘱托，朝廷所倚赖的只有萧鸾一人，愿陛下不要担心。”萧昭业默然无语。他私下对徐龙驹说：“我本来想与萧锵定计杀了萧鸾，萧锵既然那样说，我一个人也办不到。”话传到了萧鸾的耳朵里，他十分恐惧，便想废掉萧昭业，只是顾虑萧昭业的心腹萧谌、萧坦之手握兵权而不敢动手。萧鸾与尚书王晏谋划这件事，王晏说：“这两个人可以利害关系劝说，请让我去说服他们。”于是王晏秘密劝二人行废立的大事，二人起初犹豫没有答应，后来看见萧昭业狂纵不堪，也怕祸生不测，才一心依附了萧鸾。

后来萧鸾与王晏、徐孝嗣、王广之等一同面见萧昭业请求除掉杨珉之，萧昭业不听。他们又让萧谌、萧坦之极力谏请。当时何婧英正对镜梳妆，听到这个消息残妆来不及收拾，急忙跑到萧昭业面前，以发覆面流泪说：“杨郎是个青春年少的好人，没有任何过错，怎么可以枉杀他！”萧坦之上前附在萧昭业耳边轻声说：“这事还另有一层原因，不可让他人知道。”萧昭业平时称何婧英为“阿奴”，这时便转身对何婧英说：“阿奴暂时出去片刻。”何婧英不得已走了出去。萧坦之这才说：“外面到处都在传说杨珉之与皇后有私情，已是远近都传播开了！”萧昭业听了大怒，签署处死杨珉之的敕令。萧坦之丝毫也不敢怠慢，立即飞马驰报萧鸾，即命建康令行刑，随后萧昭业在何婧英的哭诉下又很后悔，下诏赦免杨珉之死刑。但这时已经迟了，杨珉之早已被处死。

此事之后，萧昭业的宠臣周奉叔、綦母珍之、徐龙驹也先后被萧鸾杀死。何婧英因为杨珉之的死日夜切齿涕泣，劝萧昭业杀了萧鸾。当时萧谌、萧坦之手握兵权，大臣徐孝嗣、王晏、陈显达、王广之、沈文季等都一心依附萧鸾，帝王左右没有可以谋划的人。萧鸾下了决心要逆谋，日夜结纳诸臣。萧昭业对萧坦之说：“传言萧鸾与萧谌打算废我，好像不是虚传，你所听到的是什么？”萧坦之说：“天下怎么会有这样的事情？谁喜欢无事废天子啊？一定是民间妇女小人的谣言，怎

何婧英到处鬼混

南朝雕塑

么可以相信呢？”

二十二日，政变真的发生了，萧鸾派萧谌、萧坦之带兵杀了曹道刚、朱隆之，自己率兵入云龙门，萧昭业在寿昌殿光着身子与霍氏相对而坐，听到外面有变，赶紧关闭内殿的房门。不一会儿，萧谌领兵攻入宫里，萧昭业跑到爱姬徐氏房里，拔剑自刺没有死，用帛缠住颈上的伤口出了延德殿。萧谌见萧昭业出来便一刀杀死。时年萧昭业只有二十二岁。霍氏及其他宠妾都被斩杀。萧鸾废萧昭业为郁林王，用王礼安葬；废皇后何婧英为王妃，不久也将她杀死。

这对荒唐的奸夫淫妇总算得到了应有的下场。

南朝齐明帝萧鸾

——刀光血影杀出来的帝王

姓　　名：	萧鸾
职　　称：	高宗
生卒年份：	公元 452 ~ 498 年，享年四十七岁
最高职务：	南朝齐第五任帝王
帝王工龄：	五年（公元 494 ~ 498 年）
最大政绩：	倡导节俭
最大错误：	政治残暴
荣誉称号：	明帝王
老　　爸：	萧道望
老　　妈：	江氏
家庭出身：	高干家庭
接 班 人：	萧宝卷
最 得 意：	篡位成功
最 痛 心：	自小父母双亡
最 擅 长：	赶尽杀绝
最 失 意：	被公认为“杀人魔头”
现在住址：	江苏丹阳荆林乡三城巷兴安陵
个性签名：	要么不做，要么做绝！

南朝齐明帝萧鸾像

曾经的忠臣成了王

萧鸾拉帝王下马

萧鸾是南朝齐高帝萧道成的侄儿，一向生活俭朴，行为谨慎，又博学多才，甚有才能，因此一直得到信任和器重。齐武帝萧赜临死时，因为太子已经先他而死，于是立孙子萧昭业为太孙，并遗诏让萧鸾处理一切政务。然而当时有一个叫王融的却封锁帝王遗诏，并下令不许萧昭业进宫，企图扶立另一人当帝王。萧鸾闻讯后，急忙赶往皇宫，驱开阻拦的卫兵，扶拥着萧昭业登上金銮宝殿。谁知这个萧昭业竟是一个十分虚伪又荒淫昏庸的人。正式当上帝王后，他更是肆无忌惮、为所欲为。齐武帝十几年积储在国库里的几万亿钱，他不到一年便挥霍殆尽；齐武帝的漂亮妃子他也弄来侍候自己；左右聚集着一批阿谀奉承的小人，任他们干预朝政，卖官鬻爵，欺上压下。

扶立并辅助着这样一个帝王，萧鸾当然是心有不甘的。起初，他多次谏诤，然而帝王却很少听他的，并开始讨厌和疑忌起他来。于是，萧鸾抓住帝王身边一些人胡作非为的事情，连续除掉了几个人，既灭了帝王及其身边人的威风，又赢得了许多大臣的赞许和支持。当萧鸾向他们透露出要废昏君另立新君的意图时，绝大多数都赞成。其时，帝王及其身边剩下的一些人获悉了萧鸾的意图，也准备动手除掉萧鸾。可是萧鸾先下手为强，派人带兵冲进皇宫，杀死萧昭业，另立十五岁的萧昭文为帝王。又于当年十一月，废萧昭文为海陵王（十几天后也将其杀死），宣布自己为萧道成的第三个儿子，并登上了皇位。

今日的杀人魔头

萧鸾的帝王宝座是从两个侄子帝王手里夺来的，名不正言不顺，总是害怕齐高帝萧道成和齐武帝萧赜的子孙起来推翻他，为了根绝后患，他对皇室子孙大开杀戒。

高帝萧道成有十九个儿子，其中七个儿子于萧鸾称帝前病死，四个早殇，其余八个儿子，鄱阳王萧锵、桂阳王萧铄等都被萧鸾下令杀掉；齐武帝萧赜二十三个儿子，只有文惠太子和萧子良是因病而终，鱼复侯萧子响在武帝时因造反被杀，四人早殇，其余十六个儿子，庐陵王萧子卿、安陆王萧子敬等，也全都死在明帝的手里。文惠太子的两个独生子，即废帝萧昭业和海陵王萧昭文被杀后，明帝又杀了文惠太子另外两个儿子巴陵王昭秀和桂阳王昭粲。

齐武帝第十三子巴陵王萧子伦果断刚毅，被杀前正值守卫琅琊，兵精城坚。明帝派茹法亮送毒酒给他，萧子伦正肃衣冠受诏，对茹法亮说:“积不善之家，必有余殃。从前高帝王（萧道成）杀光了宋宗室子弟，今天的事，也理所应当。”又端起毒酒对茹法亮说，“您是我们萧家的老臣，今天受此差遣，肯定不是本意。这杯酒我就不让您了。”说完，饮鸩而死，时年十六岁。

萧鸾焚香，有人遭殃

萧鸾是个小动作特别多的邪恶人物，每逢他晚上焚香祷告、呜咽流涕时，左右的人就知道明天一定有大规模的流血事件了。最令人关注的是他临死前的一次疯狂杀戮：一口气杀了萧铉等十个亲王，杀了之后，才命有关部门告发那十个亲王谋反。奇妙就在这里，萧

萧鸾陵墓前的石麒麟

鸾接到报告后，不但没有批准，反而义正词严大加斥责，批驳不准。有关单位于是站在神圣不可侵犯的法律立场，冒着帝王震怒的危险，再度请求，坚持前议，萧鸾这才迫不得已，向法律“屈服”。

这位邪恶的帝王临死前还告诫儿子萧宝卷：“动作要快，不要落到人后。”萧宝卷深记这个教训，所以杀人时疾如闪电。猜忌一动，杀机即起；杀机一起，即刻行动，不作任何考虑，也无任何预兆和迹象。这段历史让我们感觉到，古代善良的人们只知道对帝王顶礼膜拜，把宫廷看得无比神圣，而事实上宫廷决不是圣洁的殿堂，帝王也不是天之骄子，宫廷里到处充满着血腥、污秽和阴谋。

在萧鸾统治的五年时间里，那些皇亲贵族们每天都战战兢兢，不知大祸何时降临到自己头上，他们中的大部分最终还是逃脱不了被屠戮的命运，只有极少数人侥幸活了下来。

杀人如麻的帝王竟然是个佛教徒？

萧鸾从表面上看上去是一个心地善良的人，在生活中也是一个好人的形象。但是就这样一个帝王，他可是一个精神分裂症的患者啊。为什么这么说呢？他几乎不停地向佛祖祈祷，还经常背诵佛经、吃素食，他对佛教的虔诚可真是不比任何一个寺庙里的僧侣差啊，可他这么做的原因是什么呢？原因讲出来就很可怕了——他是根据佛祖的意愿杀死了自己的宗亲。

乱伦癖萧鸾

由于猜忌心严重，一开始的时候，萧鸾便在一次谈话的时候，向他的得力心腹陈显达不经意的抱怨了几句："我的皇子和公主们都太小了，不过齐高帝和齐武帝的几个孩子都已经长大，我真是担心啊！"职场老油条陈显达一下子就听出了萧鸾的言外之意，但他也不能多说些什么，只能以从侧面回复"皇上大可不必担心，虽然齐高帝和齐武帝的几个孩子已经长大，但是他们可没有什么野心，更没有权利，就算他们想折腾，也折腾不起来啊。"萧鸾没有得到自己想要的答案，很是失望，于是他对自己的弟弟发出了同样的感慨，弟弟建议"最好抓住一个机会，在合适的时间把那几个不幸的孩子一一消灭掉。"经过了几个夜晚的"研讨"，兄弟俩想出了一个荒谬的杀人计划，并列出来一份恐怖的死亡名单。从那以后，萧鸾便走上了一条自己创造的杀人表演之路，同时他还把杀人计划的祸根直接栽到佛祖头上。为了呈现出一个好人的形象，摆脱自己的嫌疑，萧鸾命令下面的人每天晚上都要拿着香火去拜佛，然后他亲自祈祷，他在佛像前若有其事的诵经祷告，并演出一副万分沮丧的表情，别人从外面看起来，他似乎在为亲人祈福，然而，第二天一早，就会有消息称，齐高帝和齐武帝某位后人在宫里去世了。就这样，萧鸾天天晚上都去烧香拜佛，每次会假惺惺的掉上几滴眼泪，然后第二天一大早就会接着传来有人死亡的消息。

分明就是自己滥杀无辜，除掉异己，萧鸾竟然还假惺惺的去佛殿拜佛祈祷，要请佛宽恕他也是没有办法。后世专门有人对萧鸾屠杀高帝、武帝后人的情况做过统计“高帝之子、孙及曾孙三世为鸾所杀者凡二十九人”，就连呱呱坠地的婴儿也注定难逃一死，以至于“太祖、世祖及世宗的宗亲孩子都完蛋了”。滥杀无辜肯定会遭到报应的，四十六岁那年，萧鸾病死在宫中，而他的十一个儿子和后代也因为宫廷之间的残杀和其他的政治斗争事件被杀害了。

江苏丹阳萧鸾墓石刻

南朝齐东昏侯萧宝卷

——荒暴少主

姓　　名：	萧宝卷
职　　称：	东昏侯
生卒年份：	公元 483 ~ 501 年，享年十九岁
最高职务：	南朝齐第六任帝王
帝王工龄：	四年（公元 498 ~ 501 年）
最大政绩：	尚未发现
最大错误：	荒唐误国
荣誉称号：	炀帝
老　　爸：	萧鸾
老　　妈：	刘氏
家庭出身：	帝王之家
接 班 人：	萧宝融
最 得 意：	美人儿有双玉足
最 痛 心：	被萧衍杀害
最 擅 长：	荒淫
最 失 意：	太短命了
现在住址：	不详
个性签名：	坚决继承发扬前辈荒淫的传统，嘿嘿……

南朝齐东昏侯萧宝卷像

变着花样地荒唐

萧宝卷是中国历史上相当有名的昏君，他在位时间并不长，只有短短的四年，可他荒淫的程度比起昏君代名词的桀、纣来却毫不逊色。由于他的荒淫无道，诛杀良将，引起内乱，最后自己不但兵败被杀，南齐王朝也在不久后灭亡，仅仅存在了二十三年。虽然南齐的最后一个帝王是萧宝融，可实际上南齐灭亡的第一责任人却是萧宝卷。

萧宝卷是南齐明帝萧鸾的次子，萧鸾在称帝伊始就立萧宝卷为皇太子，确定他的储君身份。萧鸾死后，萧宝卷便名正言顺地当上了南齐帝王。在刚刚当上帝王的时候，他还比较注意自己的形象，按照惯例，又是大赦天下，又是开仓赈民，还像个守成之主的样子。可没过多久，他的顽劣生性便暴露无遗，早把前辈创业时那种刻励求谨的精神甩到了九霄云外，开始大肆享乐起来。在他登基初年，他的叔父始兴王萧遥光想取他而代之，他也知道萧遥光有谋反之意，后来萧遥光反情暴露被杀。

萧宝卷宫中捕鼠

萧宝卷见没有了内忧，荒唐起来更是变本加厉，想尽了诸多怪招来满足自己的奢欲。

他喜欢在宫中捕鼠，命令宦官和他一起，在宫中大挖洞穴，一玩就是一夜，以这种奇特的娱乐方式来充实他枯燥的宫中生活。

他觉得在宫中戏马也是

个不错的游戏，于是他选了些名马，没日没夜地在宫中跑马，乐此不疲。过了一段时间，他对跑马失去了兴趣，便又命太监们和一些戏子在宫中击鼓大叫，尽情发泄，把庄严肃穆的皇宫搞得乌烟瘴气，鸡飞狗跳。玩累了就蒙头大睡，一直睡到次日天昏时分，醒后再闹，而且越玩越上瘾。后来觉得只是在宫内胡闹没什么意思，心想外面的世界一定很好玩，不如到外面玩耍玩耍。不过他不喜欢微服出宫，喜欢大张旗鼓，搞些大排场。他每一次到宫外游玩，都事先命武士将所经路段的民宅毁掉，然后再在路的两边立起用锦缎做成的幔帐，花花绿绿的，只要他感到好玩，才不管百姓的死活呢。他的行驾所到之处，老百姓都被撵得干干净净，连个鬼影也见不到。他还喜欢三更半夜出游，天还没亮，就从宫里吹吹打打地出来闲逛，害得老百姓无法掌握他出行的规律，经常在睡梦中就被武士从热乎乎的被窝里赶了出来。他就这样在野外四处游荡，如果觉得有些口渴，就拿出七宝器具，找个水池边舀起来就朝嘴里灌。为了避免珍宝做的马鞍子被雨淋湿，他将绸缎套在马身上，也不觉得这是浪费，只要好玩就行。

“我就是要竹子”

为了满足自己的奢欲，他不惜重金大造宫殿，把全国最有名的工匠都召集在一起，命令他们不分白天黑夜地建造，建好后又嫌这不好那不好，下令毁掉重建。至于花费多少金钱，他从不在乎，只在乎自己高兴不高兴。有一次，他来到伯父齐武帝萧赜时所建的青楼玩耍，看到满墙都是用的青漆，没有用金银饰物，便笑着对左右道：“这糟老头子真是个大笨蛋，这是什么破房子，为什么不用琉璃嵌上，笑死我了！”

他还喜欢种竹子，时值酷暑，根本就不是竹子成活的季节，可他不管这个，只管拼命种。夏天实在太热，竹子刚种下没多久就枯萎了。他不高兴了，便让老百姓献竹子，让太监们到宫外去挖竹子。后来也不管是不是竹子了，见树就挖，见花草就拔，运回宫中就种，可早上刚种好晚上就被他给拔了出来，这些拔出来的树和花又统统扔到宫外。

恋足癖

自古以来，将三千宠爱集于一身的专情帝王大有人在，但像萧宝卷这样，像受虐狂式地乐于被潘玉儿驱使和奴役的帝王，实在是少之又少。

潘玉儿的出现肯定让一些女人恨得咬牙切齿，也肯定让一些女人鼓掌称快。当历朝历代的后宫女人们都在为如何讨好帝王而机关算尽、战战兢兢甚至命丧黄泉时，她却不费吹灰之力就俘获了南朝齐国帝王萧宝卷。

萧宝卷对潘玉儿的玉足爱不释手

潘玉儿的父亲是街市上的小商贩，沦为歌伎的她美艳动人，妖冶风流，婴儿般的肌肤和一双柔若无骨的美足成为她的制胜法宝。萧宝卷荒淫无度，到民间广选美女，始乱终弃。但自从碰上潘玉儿，就像是遇到了克星一样，从此死心塌地。萧宝卷生性怪异，即使做了帝王，也本性不移，而潘玉儿的出现，则让他变本加厉，更为荒诞不经。为了讨好潘玉儿，这位游戏人间的帝王做下了很多荒唐之事，痴情得一塌糊涂。

萧宝卷有恋足癖，潘

玉儿有一双“步步生莲花”的美足，对这双美足的无比痴迷，让萧宝卷时常爱不释手，甚至又吻又咬。有时他把潘玉儿的美足咬疼了，她便用杖怒击其背，毫不留情。而这位帝王不仅不发火，还总是一副顺从样儿，乖乖地受罚，大有以受虐为乐的倾向。

潘玉儿卖肉

当他们的女儿夭折后，萧宝卷为了安抚潘玉儿，特别为她修建了神仙、永寿、玉寿三座宫殿，极尽奢华。在炎热的盛夏，为了让花园绿树成荫，他命人从各处寻找参天大树。为了获得一棵大树，不惜破门入户，强行抢夺。他甚至还突发奇想，命工匠把黄金凿成莲花的形状，一朵一朵地贴在地板上。当潘玉儿赤裸脚踝，袅袅婷婷行走其上时，就营造出了“步步生莲花”的美幻图景。

在后宫中，萧宝卷时常以奴仆自居，为潘玉儿端茶送水，捏脚捶背。他们出外游玩时，他让美人坐在可以躺下睡觉的舒适的轿子上，自己却骑着马，像个随从似的跟在后头，即使众人议论纷纷，他也毫不在意。

由于潘玉儿出身市井，萧宝卷为了让她重温旧梦，特意在皇宫中搭建了一个市集，卖肉、卖酒、卖杂货，煞有介事地做起了小生意。据《南齐书卷七·东昏侯》记载，他“又于苑中立市，太官每日进酒肉杂肴，使宫人屠酤，潘妃为市令，帝为市魁，执罚，争者就潘妃决判”。他把猪肉摆在肉案子上来卖，而潘贵妃则在一边高声叫喝着卖酒，让太监宫女们装成老百姓来买肉酤酒，潘贵妃除了卖酒之外，还是这个市场的管理人员，他让这些太监宫女没事找事，来让潘贵妃决断谁是谁非。而他自己还是这个市场的执法人员，潘贵妃判了谁的错，他就罚谁，为了真实再现市井生活，萧宝卷动用了数千宫人。这事儿在民间也闹得沸沸扬扬，百姓为此编了个民间小调：“阅武堂，种杨柳，至尊屠肉，潘妃酤酒”。

潘玉儿碰上萧宝卷，可谓臭味相投。因此潘玉儿的行为也显得不可复制，也许在中国的历史上，只有她一人可以如此肆无忌惮地奴役帝王。而潘玉儿能把帝王玩弄于股掌之间，也正是切中了他的心理要害，满足了他的怪癖要求。

萧宝卷只做了短短四个年头的帝王，十九岁时就被萧衍杀害。潘玉儿则被萧衍送予功臣的称号，不久后自缢身亡。潘玉儿的自杀，让人看到了她身上仅存的一点点光辉，苏轼的一句“玉奴终不负东昏”，也算是给了她一个正面评价。

光脚丫子逃命

江苏丹阳南朝齐梁帝王陵墓石刻

萧宝卷宠信一些小人，却对忠心耿耿的最高行政长官尚书令萧懿产生了极大的疑心，以为萧懿想拉自己下台，便找个借口杀了他。可没想到，杀害了萧懿，使得本来就怀有大志的萧懿之弟雍州刺史萧衍有了更大的理由，以清君侧为名，决定与萧宝卷公开决裂，起兵推翻萧宝卷的荒淫统治。

萧衍的军队势如破竹般杀到建康城下，全力攻打城池。在这个紧急时刻，萧宝卷想到的并不是如何击退敌军，而是如何再出些新花样来玩。直到建康城被萧衍部队快要攻破之时，他才想起还有叛兵在攻城呢，只得不情愿地召集部队抵抗。他听说城中供奉着一位蒋神，便把蒋神的牌位抬到城头上来准备吓退萧衍，后来觉得不起作用，才着了急。他的亲信茹法珍劝他散发金钱分给军士，让他们拼命守城。可这位帝王到了快掉脑袋的时候还舍不得他的奇珍异宝，一个铜钱也不肯拿出来，极大地动摇了城中守军的士气，许多将军都不想再为这个昏庸帝王卖命了，加上萧衍会收买人心，城中掌握重兵的将军纷纷向萧衍投降。有两个将军王珍国和张稷暗中投降萧衍之后，决定杀掉萧宝卷开城投降。他俩趁萧宝卷没有防备，夜里率兵来杀他。这个时候萧宝卷居然还有闲情逸致坐在床上悠闲自得地吹笛子，见到王张二人要杀他，便光着脚丫子拼命地跑，可没跑多远就被二人追上，一刀结果了这位昏君的性命，这年他只有十九岁。

萧衍打进建康城，奉他在襄阳立的萧宝卷之弟萧宝融为帝，追封萧宝卷为东昏侯。过了两年，萧衍又强迫木偶帝王萧宝融让出帝位，自己做了帝王，改国号为梁。就这样，建立南齐的萧氏退出了历史舞台，取而代之的是萧齐家族的远亲萧梁家族。

南朝梁武帝萧衍

——喜欢做和尚的高寿帝王

姓　　名：	萧衍
职　　称：	高祖
生卒年份：	公元 464 ~ 549 年，享年八十六岁
最高职务：	南朝梁第一任帝王
帝王工龄：	四十八年（公元 502 ~ 549 年）
最大政绩：	灭齐建梁
最大错误：	对亲戚徇私护短
荣誉称号：	武帝
老　　爸：	萧顺之
老　　妈：	不详
家庭出身：	高干家庭
接 班 人：	萧纲
最 得 意：	寿命很长
最 痛 心：	死后不久梁灭亡
最 擅 长：	谋略
最 失 意：	看破红尘
现在住址：	江苏丹阳县荆林镇三城里巷
个性签名：	俺和佛祖有缘！

南朝梁武帝萧衍像

博学多才的少年郎

手拿经卷的梁武帝萧衍

从血缘上来看，萧衍和南齐关系密切。他的父亲萧顺之就是齐高帝的族弟，曾经做过侍中、卫尉等高官。萧衍后来之所以能建立功勋，并最终建立梁朝，他的家族背景起了很大作用。

在隋朝隋炀帝正式创立科举制度之前，中国的官吏基本上是世袭加推荐两种形式，所以，家族的背景尤其重要。而且在三国两晋南北朝时期，更注重门第观念，不是名家望族的人，如果想做官是非常难的。萧衍因为有先天的家族背景，所以刚做官时就是在卫将军王俭手下，升官的机会比其他人要多。

萧衍小时候就很聪明，而且喜欢读书，是个博学多才的少年，尤其在文学方面很有天赋。当时他和另外七个好友被称为“八友”，其中包括历史上有名的沈约、谢眺、范云等。沈约后来写了《宋书》《齐纪》等书，而谢眺则是这时期有名的诗人。不过，这八个人当中，萧衍的胆识却是其他七个人无法相比的。

史书称萧衍“生而有奇异，两胯骈骨，顶上隆起，有文在右手曰‘武’”，正好王俭懂点相面之术，看了萧衍的面相后说，“此萧郎三十内当作侍中，出此则贵不可言。”起初，萧衍被提拔为户曹属官。因为他办事果断机敏，和同事以及上司关系融洽，不久又被提升为随王的参军。后来因为父亲去世，他回去守丧三年，随后复官，升任太子庶子和给事黄门侍郎。

公元 493 年，齐武帝病重，当时的大臣王融想在武帝去世后立自己喜欢的帝王，以便控制、掌握政权。后来事情败露，王融被缉拿入狱并赐死。对于王融的如意算盘和悲惨结局，聪明的萧衍很早就已经推算出来了。齐武帝去世后，新帝王只知道

武帝诗词：

《东飞伯劳歌》

东飞伯劳西飞燕，黄姑织女时相见。
谁家女儿对门居，开颜法艳照里闾。
南窗北牖挂明光，幄帷绮帐脂粉香。
女儿年几十五六，窈窕无双颜如玉。
三春已暮花从风，空留可怜与谁同。

吃喝玩乐，根本不理政务，对大臣的劝谏也不接受。掌权的大臣萧鸾很生气，打算把他废掉，另立帝王。萧鸾在和萧衍他们商议时，萧衍表示反对，他说："废立帝王是大事，不能轻率从事，现在废立难免遭到众王爷的反对。"萧鸾则说："现在的众王爷没什么才能，只有随王萧子隆文武兼备，而且占据荆州。如果把他召回来，就万事大吉了。但怎么才能让他回来呢？"萧衍说："这个随王其实徒有虚名，并没什么真本事。他的属下也没有出色的人，只是依赖武陵太守卞白龙和另外一个人，这两个也是无能之辈，贪图金钱富贵，到时候只要一封书信许诺高官厚禄，就可以把他们轻易地召回来。没有了左膀右臂，那个随王到时候也会跟着回来的。"

萧鸾对萧衍的分析很赞同，于是照他们商议的执行。先是废立了帝王，自己掌握朝政大权；三个月之后，这个萧鸾又干脆自己做了帝王，就是齐明帝。萧鸾做帝王之后，没有忘记萧衍的谋划之功，把他提拔为中书侍郎，后来又升为黄门侍郎。萧衍的地位开始显赫起来。

积累政治资本

在萧衍辅佐萧鸾做帝王的第二年，北魏的孝文帝率领三十万军队亲自征讨南齐，沿淮河向东攻打钟离。齐明帝萧鸾先派左卫将军崔慧景、宁朔将军裴叔业领兵迎战。听到北魏军队分兵攻打义阳后，又派遣萧衍和平北将军王广之领兵救援。

王广之领兵行进到离义阳百里之外时，听说北魏军队人强马壮，于是畏缩不前。萧衍则请求充当先锋，和北魏军队交战。王广之于是派部分军队归萧衍指挥，进兵义阳。

萧衍带领军队连夜抄小路赶到了距离北魏军只有几里地的贤首山，然后命令士兵将旗帜插满了山上山下。等到天一亮，义阳城中的齐军看到后，以为重兵已经赶到给他们解围来了，于是士

模印壁画

南朝时期“西方三圣”造像碑

气大增，马上集合军队出城攻击北魏军，同时顺风放火。这边萧衍的军队也趁机夹攻北魏军，萧衍亲自上阵，摇旗擂鼓助威，齐军士气高昂，个个奋勇杀敌。北魏军在齐军前后夹击下，溃不成军，只好退却。齐军最终取得了这场战役的胜利。萧衍也因战功而升任太子中庶子。

公元487年的秋天，不死心的北魏军再次南下，接连攻下了新野和南阳，前锋直逼雍州，即现在的湖北襄樊市。齐明帝萧鸾赶忙派萧衍、左军司马张稷、度支尚书崔慧景领兵增援雍州。

第二年三月，萧衍和崔慧景领兵与北魏军作战，在雍州西北的邓城被北魏的几万铁骑兵包围。萧衍知道城中粮草和兵器缺乏，就对崔慧景说：“我们远道征战，本来就很疲惫，需要休整，现在又遇强敌围困。如果军中知道粮草缺乏的实情，肯定会发生兵变。为防万一，我们还是趁敌人立足未稳，鼓舞士气杀出重围为上策。”

崔慧景却不听萧衍所言，他表面上假装镇静，并寄希望于魏军退兵。但后来的事态却超出了崔慧景的掌握，魏军不但没退，反而越来越多。崔慧景这时露出了胆怯的原形，没有和萧衍商议，就私自带着自己的部属逃走了。其他各部见统帅溜了，也纷纷逃散。萧衍无法控制局面，只好边战边退。过一道沟时，军队自相践踏，加上北魏军在后边射箭追击，齐兵死伤惨重。

最后，萧衍退到了樊城，才得以站稳脚跟。这次战败后，齐明帝没有责怪萧衍，而是让他主持雍州的防务，任雍州刺史。从此萧衍就有了一块固定的根据地，这为他势力的发展奠定了基础，成为他日后争夺齐政权的资本。

齐明帝萧鸾在位只有五年就病死了，他的儿子萧宝卷即位，就是无能的东昏侯。萧宝卷治国无术，却很残忍，做帝王后杀掉了很多大臣，对于一些功臣也不知道爱护，妄加杀戮。萧衍逐渐和他对立起来。

在东昏侯冤杀军功大臣萧懿之后，萧衍召集部下商议废掉东昏侯。众人非常赞同，萧衍于是大力招兵，准备和东昏侯决战，很快招募到甲士千人，马上千匹，战船三千艘。

为了增加号召力，萧衍联合了南康王萧宝融，他们共同和东昏侯争夺齐的政权。

萧衍像

最后，萧衍领兵到达了建康城下，和守军激战，攻下了外城，将齐宫城团团围住。

在国难之际，齐内部仍有奸臣进谗言，说事到如此完全是文武大臣的过错，怂恿东昏侯大开杀戒。这使征虏将军王珍国异常愤恨，暗中派心腹给萧衍送去一个明镜，表示心迹。王珍国其他大臣，带兵夜入皇宫，杀死在国难当头还在醉生梦死、歌舞不断的东昏侯。然后将他的头颅送出，献给萧衍。

萧衍在攻占首都建康后，派兵四处征讨，各地的官员纷纷投降归顺。萧衍消灭了东昏侯，并且立萧宝融为帝王。立下了赫赫战功的萧衍也因此升任大司马，掌管军国大事，还享有带剑上殿的特权，也不用向帝王行叩拜大礼。

萧衍虽然大权在握，要废萧宝融的话也易如反掌，但他并没有急于求成，而是静待时机。原来的好友沈约知道他的心事，于是委婉地向他提起此事，第一次提起时，萧衍装糊涂，推辞过去了。第二次提起时，萧衍犹豫片刻，说了句“让我想想再说吧”。再一次提起时，就“勉强”答应了。

沈约又告知了范云，两人都同意拥立萧衍做帝王。萧衍知道后，暗自高兴。范云和沈约写信给萧宝融的中领军夏侯祥，要他逼迫帝王禅让帝位给萧衍。同时，萧衍的弟弟、荆州刺史也让人传播民谣“行中水，为天子”，利用人们的迷信观念为萧衍称帝大造舆论。等帝王的禅让诏书送到后，萧衍又假装谦让。于是，范云带领众臣 117 人，再次上书称臣，请求萧衍早日登基称帝。太史令也陈述天文符谶，证明他称帝合乎天意，萧衍这才“勉强”接受众人的请求。

当年拥立萧衍为帝的沈约（石刻），位于今浙江金华

公元 502 年的农历四月，萧衍正式在都城的南郊祭告天地，登坛接受百官跪拜

朝贺。

接下来，萧衍派人给帝王萧宝融送去生金，逼其吞金自尽。宝融死后，萧衍说他暴病而死，追认为“和帝”。又按照帝王的规格举行丧礼，将他葬在安陵。

至此，萧衍的“登基之旅”算是完成了！

当了四次和尚

自古恋佛的帝王不在少数，可是像萧衍四进四出佛门的，还真不多。

和封建社会很多帝王一样，萧衍也是猜疑心很重，害怕开国功臣夺他的皇位。在功臣当中，应该属范云和沈约的功劳最大，他们出谋划策、辅佐他登上了帝王宝座。但萧衍并没有重用他们。刚一建国时范云就病逝了，而对于沈约，萧衍不但不重用，还经常斥责他，后来，沈约也病死了。

萧衍对功臣吝啬，但是对自己的皇室亲属却是格外照顾，照顾得有些徇私护短。但他的照顾没有给他

保圣寺

保圣寺原名保圣教寺，始建于梁天监二年（公元503年）。梁武帝萧衍笃信佛教，一做帝王就大兴寺庙。保圣教寺即是“南朝四百八十寺”之一。

带来好处，反而让他备受刺激，这是他以后当和尚的主要原因。

皇室亲属中有两个人对他影响最大，一个是他的六弟萧宏，一个是他的次子萧综。

萧宏窝藏杀人凶手，萧衍不但不加惩罚反而加封官职，妄加纵容。萧宏并不知恩，更加肆无忌惮地胡作非为。最后，竟和自己的侄女也就是萧衍的大女儿勾搭成奸，两个人还谋划着要篡夺萧衍的皇位，结果派人刺杀萧衍时，事情败露。萧衍的女儿知道自己罪孽深重，也没脸再见父亲，自尽而亡。萧宏也因为极度恐惧，得病而死。

保圣寺内的罗汉塑像

萧综是萧衍的次子，但是他的母亲吴淑媛原来是东昏侯的妃子，跟了萧衍后，仅七个月就生下了萧综，所以这个萧综很有可能是东昏侯的儿子。但萧综并没有受到歧视，被萧衍封王，还做了将军。吴淑媛失宠之后，由于对萧衍的怨恨，就把七个月生萧综的事告诉了萧综。从此，萧综就觉得自己是东昏侯的儿子，和萧衍疏远了。

后来，梁和北魏在边境发生冲突，萧衍让萧综领兵，督率各军作战。萧综却投奔了北魏，北魏帝王很高兴，授予他高官厚禄。萧综还改名为萧缵，并表示为东昏侯服丧三年。萧衍听说后，非常生气，不但撤销了给他的封号，还把吴淑媛废成庶人。

这两次打击对萧衍来说是很大的。建国之始，萧衍重视儒家思想，亲自写《春秋答问》等书，解答大臣们的疑问，直接倡导学习风气。但老年后，特别是上述这两件事后，萧衍看破红尘，从儒家转向佛家。

公元 527 年，梁武帝舍弃皇位，出家到同泰寺去做和尚。为显示自己对佛法的虔诚，他下令改年号为大通，不近女色，不吃荤。他不仅自己这样做，还要求全国效仿：以后祭祀宗庙，不准再用猪牛羊，要用蔬菜代替。他吃素，要神灵也吃素。老年帝

南京台城遗址（相传梁武帝曾饿死此地）

王做事总是和年轻时不一样。这个命令下达之后，大臣议论纷纷，一致反对。再说了，国不可一日无君，帝王出家了，朝廷大事由谁说了算？大臣们急得团团转，梁武帝才做了四天和尚，大臣们就把他接了回来，要他继续主持朝政。

梁武帝回宫后，想想不对：普通百姓出家后，要还俗还得拿一笔钱向寺院赎身；我是堂堂一国之君，还俗怎么能不出钱呢！于是，梁武帝再次“舍身”到同泰寺出家。这次大臣们又来请他回宫，他说什么也不答应了。有个大臣忽然灵机一动，说道：“皇上既然‘舍身’为僧，我们就要为他‘赎身’，才能请他回宫啊！”

大臣们觉得这话有道理，就花了一万万钱，去同泰寺为梁武帝“赎身”。寺院住持收到这么一大笔赎金很高兴，十分爽快地同意这位帝王和尚还俗。

过了不久，梁武帝第三次“舍身”到同泰寺出家。而且，他为了表示自己虔诚信佛，不但“舍”了自己的身子，还把宫内的人以及全国的土地都“舍”了。梁武帝“舍”得多，为他“赎身”的钱也要花得更多。大臣们花了一个月，凑足了二万万钱，又把他赎了回来。

过了一年，梁武帝第四次又到同泰寺出家。大臣们只得又用一万万钱为他“赎身”。梁武帝前后四次出家当和尚，大臣们共花了四万万“赎身”钱，把国库都给折腾光了。他一心只想当和尚，不管国家大事，直接导致了朝政混乱。

就在梁武帝萧衍沉溺于佛教不能自拔的时候，侯景之乱爆发了。梁武帝转眼间成为瓮中之鳖，被侯景囚禁于台城净居殿，不许与人接近。开始的时候，侯景还派人送些粗茶淡饭给萧衍吃，后来连粗食也不给他送了。萧衍被困时仍然念经诵佛、斋戒不辍，由于没有足够的食物营养，曾经风光的梁武帝竟然被活活饿死了，下场可谓凄惨。这只是民间的一种传说，也有说是病死的，不管病死还是饿死，萧衍的死跟他笃信佛教、不管百姓死活是有很大关系的。萧衍死时已经八十六岁，堪称中国历史上少有的高寿帝王。

南朝梁简文帝萧纲

——诗人帝王

姓　　名：	萧纲
职　　称：	太宗
生卒年份：	公元 503 ~ 551 年，享年四十九岁
最高职务：	南朝梁第二任帝王
帝王工龄：	三年（公元 549 ~ 551 年）
最大政绩：	推广“宫体诗”
最大错误：	只爱写诗不擅治国
荣誉称号：	简文帝王
老　　爸：	萧衍
老　　妈：	丁令光
家庭出身：	帝王之家
接 班 人：	萧绎
最 得 意：	接替哥哥萧统做帝王
最 痛 心：	没成为专业诗人
最 擅 长：	文学、医学
最 失 意：	被侯景所害
现在住址：	江苏丹阳荆林乡三城巷庄陵
个性签名：	我上辈子欠了侯景的！

南朝梁简文帝萧纲像

不只是帝王

萧纲，南朝梁简文帝，字世缵，小字六通，南兰陵（今江苏武进）人，梁武帝的第三个儿子，昭明太子萧统的胞弟。萧纲从小聪明伶俐，记亿力很强。他四岁就开始读书识字，能够过目不忘；到六岁时，已经会写文章了。梁武帝见自己的儿子如此好学非常高兴。有一次，武帝特地把他叫到跟前，当面出了一个题目，要他做一篇文章。萧纲稍稍考虑了一下，不慌不忙地提起笔来就写。不到一顿饭的功夫，写成了一篇词句整齐对偶的骈文，擅长文学的梁武帝一看，该文声韵和谐，词藻华丽，不禁赞叹道："你这孩子呀，真是我们萧家的东阿王！""东阿王"是三国时魏国文学家曹植的封号，由此可见梁武帝对萧纲评价之高。

随着年龄的增长，萧纲读的书越来越多。据说他阅读的能力很强，读书的速度惊人，有一目十行的本领。用这样的速度读书，当然能博览群书，写起诗赋文章来也得心应手。十一岁那年，萧纲被任命为宜惠将军、丹阳尹，开始处理郡里的各种事务。他虽然还是个少年，但因为读的书多，知识广博，因此处理事务有条不紊，颇有见地。二十八岁那年，长兄萧统去世，萧纲被立为太子。

来欣赏一下萧纲的宫体诗吧：

美女篇

佳丽尽关情，风流最有名。约黄能效月，裁金巧作星。粉光胜玉靓，衫薄拟蝉轻。密态随流脸，娇歌逐软声。宋颜半已醉，微笑隐香屏。

咏内人昼眠

北窗聊就枕，南帘日未斜。攀钩落绮障，插捩举琵琶。梦笑开娇靥，眠鬟压落花。簟文生玉腕，香汗浸红纱。夫婿恒相伴，莫误是娼家。

这种轻佻放荡的描写，虽然上面掩饰着一层华丽的辞藻，但内里蕴藏着浓烈的情欲与肉感，暴露了作者极端腐朽的灵魂。再如《戏赠丽人》、《伤美人》、《倡妇怨情》、《夜听妓》、《咏美人观画》、《美人晨出》、《见内人作卧具》等等，由题目便可想见其内容。萧纲不仅写女色，甚至还写男色。请看他的《娈童》诗："娈童娇丽质，践董复超瑕。羽帐晨香满，珠帘夕漏赊。翠被含鸳色，雕床镂象牙，妙年同小史，姝貌比朝霞。袖裁连璧锦，笺织细橦花，揽袴轻红出，回头双鬓斜。懒眼时含笑，玉手乍攀花。怀情非后钓，密爱似前车。定使燕姬妒，弥令郑女嗟"。

这种作品，充分反映了这位最高统治者的荒淫生活和他的堕落心理，其内容实在不值得提倡。

公元548年，侯景叛乱，攻陷了台城，萧纲老爸梁武帝于公元549年忧愤而死。侯景的心愿就是自立为王，但是这时候时机还不成熟，他便拥立萧纲为帝王，萧纲只不过是侯景的傀儡。公元551年，侯景又把傀儡帝王萧纲废掉，改立豫章王萧栋，萧纲又换了另外一种身份——晋安王，并被囚禁于永福省。巨大的身份落差让萧纲很郁闷，更郁闷的还在后面，侯景还嫌萧纲碍眼，干脆派人用棉被把他闷死，这年他四十九岁。

萧纲不仅仅是一个帝王，更是梁代的一位文学家。他是一个"诗癖"。

自东晋南迁以来，汉族政权偏安江左，历代虽间或有奋发有为的君主，但大多数帝王贵族都安于逸乐，纵情声色。反映在文学创作上，便往往以浮艳的辞句来表现空虚放荡的内容。萧纲在做太子时期，写作了大量这类题材的诗。当时的属官徐摛、庾肩吾等又推波助澜，下面的文臣竞相仿作，形成“宫体”诗的流派。现在所存的萧纲的作品中，像描写女性声容情态的《咏内人昼眠》《咏舞》《美人晨妆》等等，都属于这一类。

当时文人创作，已有不少以边塞为主题的乐府诗，萧纲也有一些这类作品，如《从军行》《陇西行》《雁门太守行》《度关山》等，在某些写作技巧上，开了唐人边塞诗的先河。他的咏物诗，写得也还轻巧，虽然轻细不足道，但这样的题材对后世也有一定影响。

帝王诗人萧纲的文学主张，在当时也具有代表意义。他既反对质直懦钝，又反对浮疏阐缓（《与湘东王书》），正面提出“立身先须谨重，文章且须放荡”（《诫当阳公大心书》），和萧绎主张的“情灵摇荡”互为呼应。《南史·梁简文帝纪》记载了他的文集100卷，其他著作600余卷。存世的作品，经明代张溥辑为《梁简文集》，收入《汉魏六朝百三家集》。

可惜的是，侯景兵围建康期间，曾经“募人出烧东宫，东宫台殿遂尽。所聚百橱图籍，一皆灰烬”。

除了擅长文学，梁武帝萧纲还精通医学，并著有《沐浴经》三卷、《如意方》十卷，可惜的是，这些宝贵的东西现在都找不到了。

在幕僚的熏陶下成长

萧纲自幼爱好文学，因为身份的特殊，以他的幕僚为主，围绕在他的周围，形成了一个主张鲜明的文学集团。随着萧纲被立为皇太子，这一集团的文学影响逐步达到登峰造极的地步，公开宣布并倡导文学史上著名的宫体文学，形成风尚，其影响于文学史不止一个时代。

作为宫体诗的主要倡导者，萧纲的文学观念，是在他的文学生涯中逐步建构完成的。

萧纲六岁能文，七岁有“诗癖”，是一位早慧的文学少年。但是，萧纲不同于普通的贵族少年，因为是帝王之子，他的文学趣味和他的生活一样，从年幼时期开始，就与众多的幕僚联系在一起。七岁这一年，晋安王萧纲正式出宫，为云麾将军，领石头戍军事，开王府，选幕僚。晋安王侍读徐摛堪称萧纲诗歌与文学的启蒙老师。萧纲从七岁开始，文学上接受的就是徐摛的培养，到萧纲二十九岁宫体诗出名时，徐摛仍被认为是宫体诗的老师。由此可见徐摛对萧纲及萧纲文学集团的影响。

与徐摛齐名、被后代论者称为“大徐庾”的庾肩吾，按照《梁书》的观点，是萧纲文学集团的代表人物。《梁书》中对萧纲文学集团文学成就与地位的论述，集中现于《梁书·文学·庾肩吾传》。《梁书·文学传》本传这样记载庾肩吾：“初为晋安王国常侍，仍迁王宣惠府行参军。自是每王徙镇，肩吾常随府。”

梁简文帝萧纲像，出自《建康兰陵六朝陵墓图考》

天监十二年（公元 513 年），还是晋安王的萧纲初为宣惠将军，庾肩吾担任宣惠府行参军。由此可知，他进入萧纲幕府还是在天监十二年之前。当时，府僚父子、兄弟同入一幕的现象特别多。庾肩吾的哥哥庾于陵于天监九年出任晋安王长史，有可能庾肩吾是随他的哥哥一起入的王府，并“初为晋安王国常侍”，那一年，萧纲才八岁。从此，庾肩吾跟随萧纲几十年，对萧纲文学趣味的影响可想而知。

江苏丹阳梁简文帝陵前的石刻

萧纲早年的文学侍从之臣当中，张率也是值得注意的一位。据《梁书》卷三三本传记载，张率天监八年初入幕府，此后随府迁转，“在府十年，恩礼甚笃。”张率在府实际上是九年，天监八年至十六年，从萧纲七岁至十五岁，对于一个文学少年的成长来说，应该是非常重要的时期。张率工于诗赋创作，有名于史，天监初年，颇受梁武帝赏识。曾经受敕撰集妇人事百余卷，令人缮写，以供给后宫阅读。张率的这一经验，究竟是否对萧纲后来倡导写作宫体诗的行为有影响，也是一个有趣的论题。按照萧纲后来在《与湘东王书》中的评价，他认为张率的赋是第一流的。

彭城安上里刘氏是当时一个显赫的文学家族，刘孺、刘遵兄弟，刘孝仪、刘孝威兄弟都曾入萧纲晋安王幕府。刘遵在天监十三年（公元 514 年）即萧纲十二岁这年入幕，至大同元年（公元 535 年）卒官为止，在府二十多年。他无疑也是见证过宫体文学理想孕育成长过程的重要人物。其他出入晋安王幕府的文学侍从之臣，还有几十甚至上百人。

总之，七岁至十五岁期间，围绕在文学少年萧纲周围的是晋安王府的众府僚，萧纲在他们的熏陶与培育下成长。这位文学史上的一代领袖人物，在某种程度上可以说是被徐摛、庾肩吾、张率等人一手塑造出来的。

南朝陈武帝陈霸先

——南朝第一英明帝王

姓　　名：	陈霸先
职　　称：	高祖
生卒年份：	公元 503 ～ 559 年，享年五十七岁
最高职务：	南朝陈第一任帝王
帝王工龄：	三年（公元 557 ～ 559 年）
最大政绩：	建立陈
最大错误：	尚在鉴定
荣誉称号：	武帝王
老　　爸：	陈文赞
老　　妈：	钱宝媛
家庭出身：	官宦家族
接 班 人：	陈蒨
最 得 意：	夺得帝位
最 痛 心：	受到后人指责
最 擅 长：	军事谋略
最 失 意：	在位时间不长
现在住址：	浙江金华华釜山后陵
个性签名：	我也是一点点熬出來的！

南朝陈武帝陈霸先像

出身寒门

定都南京的六朝中最后一朝——陈朝，因为只有三十三年的历史和半壁江山的版图，让世人一直误解，人们更多记得的是这一朝的末代帝王——陈后主荒唐的胭脂井以及国家积贫积弱、帝王荒淫无用的印象。其实，陈的创始人陈霸先却是南朝难得的英主。他从一个村官成长为将军，又由将军黄袍加身，承担下了一片支离破碎的江山。他和他所建立起来的陈朝虽然短暂却非常重要，而陈霸先本人则堪称南朝的第一英主。

陈霸先的远祖是东汉晚期太丘县的县令陈实，世居颍川许县（今河南许昌东）。西晋永嘉年间，陈霸先的十世祖陈达避乱，随西晋王室渡江南迁。陈达出任为长城（长兴古县名）令，就在当地定居下来。陈达选择长兴作为定居地时，曾有过预言：“此地山川秀丽，当出王者，二百年后，我子孙必钟斯运。”到陈达之后的第十代，果然出了个陈霸先。

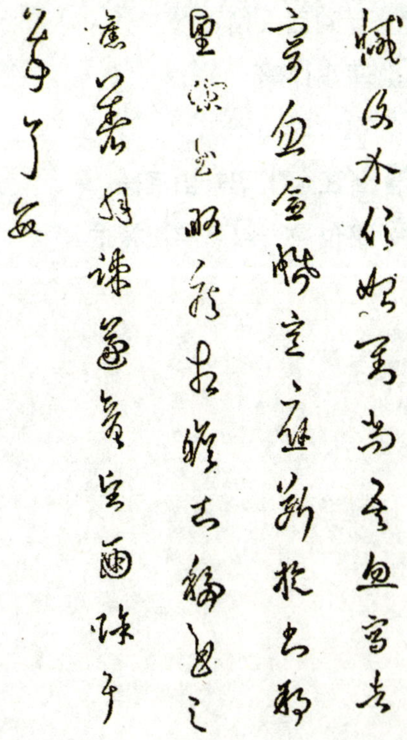

陈霸先手迹

陈霸先青少年时打鱼练武，兴趣广泛。《陈书》中称陈霸先“读兵书，多武艺”，而《南史》中更是记载他“涉猎史籍，好读兵书，明纬候、孤虚、遁甲之术，多武艺。”在当时，能够读史籍、兵书又多武艺的人可称得上是文武全才了。

到陈霸先时，陈氏子孙已蔚然成为人数众多的大家族，但南北朝门阀制度盛行，论地位，长兴的陈家仍属寒门，让世家大族瞧不起。可论经济实力，却又比刘裕们“赤条条来赤条条去”强得多。陈家发迹的方法也特别，从寒门子弟到地方大将，都只靠了一个字——混！混不是混社会，而是混官场，陈霸先从建康城一个小小的街道主任干起，勤勤恳恳工作，老老实实做人，殷殷切切拍马，从街道主任到管仓库的小科长，再到梁武帝侄子萧映的秘书，最后外放到广州，提拔成越南军分区司令。官场自古就是无烟的战场，在门阀世族垄断高位的南北朝，出身寒门的陈霸先从芝麻官混成封疆大吏，实属不易！

村官到帝王

“从村官到帝王”是陈霸先走的政治路线。当帝王，这是他自己都从没想过的，但是老天给了他这个机遇。

陈霸先混得好好的时候，一个突发事件让他混不下去了——侯景之乱。这个侯景在北方本来就是反复无常的主儿，梁武帝萧衍非把他招降了来，想把他养成一条看家护院的狗，却没想到招来一条白眼狼。没几年，侯景扯旗造反，勾结梁朝宗室攻下了建康，太平了几十年的梁王朝火海四起，宗族遭杀戮无数，连梁武帝本人都被困死在建康，国家眼看摇摇欲坠了。“侯景之乱”蔓延整个江南。侯景的士兵，多为冉闵屠胡时漏网的羯胡余孽后代，尽是穷凶极恶之徒；侯景本人，用兵阴险毒辣，其大军所过之处血流成河，是十足的恶棍匪徒。据史学家统计，侯景之乱时期，江南地区人口整整锐减三分之二！

陈霸先万安陵石刻

建康城在血火中颤栗，富饶的江南大地在兵灾中呻吟，社稷危急，国家危急，更重要的是，南方汉文明危急！于是，混了大半辈子的陈霸先终于认真了。历史注定他去当这个救世主的角色。他毅然出兵，先灭了勾结侯景的广州刺史元景仲。陈霸先不屈不挠，或打或拉，接着平灭了大大小小的势力，两广的力量终于凝聚起来捏成了拳头。他也许没有拓拔焘凶猛，却有另一样珍贵的能力——谋略！

公元551年，陈霸先率三万广东兵经南昌抵江南，侯景却不在意：广东兵嘛，有啥可怕的，北方的鲜卑骑兵和梁朝政府军都被我灭了，一群地方民团，不是来送死吗？

事实证明，失败的就是他侯景。

老天也帮陈霸先，江西大地暴雨滂沱，侯景的羯胡骑兵寸步难行，从江西到江南，陈霸先的大军势如破竹，凶悍的羯胡精锐碰到了更凶的广东兵，几番就被打得大败，三万精兵扬帆东进，与另一位梁朝大将王僧辩的部队会师西昌。陈霸先慨然将自己的三万石军粮赠送给王僧辩，两军团结一致，共同破敌，兵锋直指侯景最后的巢穴——建康。

公元552年3月，陈霸先与王僧辩兵分两路，扫荡建康外围，逐步消灭侯景部队。3月29日，两路大军合围建康，侯景狗急跳墙，集结所有兵马展开决战。他的如意算盘很明确：羯兵凶悍，又身临绝境，背水一搏，或许还有求胜之机。可惜，他遇到了陈霸先。

战幕拉开，侯景的八百精骑组成敢死队，奋不顾身朝梁军防线冲去，在反复冲荡下，梁军阵脚松动，渐渐开始败退，侯景大喜，广东兵不过如此么。顿时精锐尽出，齐朝对方杀去。

杀过了才知道，他们已经落到陈霸先的陷阱里。示敌以弱，诱敌深入，聚兵合围，陈霸先的算盘，步步都算到了侯景的前头，数万羯胡军，此刻上天无路入地无门，被广东兵围了个严实。侯景恼了，单枪匹马冲向陈霸先，嘴里嚷嚷着：陈霸先，敢和我斗吗？陈霸先不理他，却不是不敢：武松打虎固然英雄，可对付禽兽么，最好的办法还是用弓弩了。万弩齐发，密集的箭雨笼罩了战场，绝望的羯胡兵一次又一次发起反冲锋，却终不能冲出去，数万羯胡兵，尽被陈霸先射死。建康收复，侯景仅带数十人窜逃，不久被部下杀死，尸首送到建康，饱受荼毒的民众自发欢庆，争食其肉。

历时五年的“侯景之乱”，至此完全拉下了大幕。羯族，这个来自中亚草原、自西晋开始持续肆虐中国数百年的野蛮民族，至此整族被诛，再无遗类。

江南，重又归于太平，作为这一切的完成者，陈霸先，功不可没。乱平了，可事还没完。

立大功的陈霸先成为梁

洞屋车

侯景曾用它和它的改进型尖头木驴攻克建康

朝重臣，与王僧辩一起拥立梁朝宗室萧绎为帝。而国家的北面，两大鲜卑强国北齐与西魏正在虎视眈眈。陈霸先身为重臣，积极恢复民力，大量迁徙两广民众耕种江南。一时间，原本山河破碎的江南大地生机初现，照此下去，梁朝，似乎还能维持几年。

可老天偏偏不遂人愿。

公元554年，梁元帝萧绎死，鲜卑北齐政权送逃亡北方的梁朝宗室萧渊明南归，意图让萧渊明继承皇位的目的很明确，萧渊明若顺利即位，自然成了北齐傀儡，鲜卑人兵不血刃就可一统南北；若萧渊明不能顺利即位，那势必也引起南方一场皇位纷争，到时候坐山观虎斗的鲜卑人，同样可坐收渔翁之利。

算盘精明，精明到家了。

陈霸先一眼看穿了这套把戏，极力反对，可主持梁朝大政的重臣王僧辩却吓破了胆，废黜了已即位的萧方智，萧渊明顺利接位。

浴血奋战，平灭侯景，多少年呕心沥血，为的就是把南中国送给一个傀儡，再沦入鲜卑人之手么？！

兵变！公元555年，陈霸先奇袭建康，杀王僧辩父子，废黜萧渊明，重立萧方智为帝，整个过程做得干净利索，陈霸先独掌大权，已然是第一权臣。这一来，却产生了轮番的多米诺骨牌效应，王僧辩的部将杜龛率北齐军入侵，强敌压境下，陈霸先巧使谈判计，打打停停，众将同仇敌忾，大破北齐精锐部队，北齐数万人被杀，数十名大将战死，陈霸先终于打退最强大的对手，然后对付广东萧勃、长沙王琳，经过一系列讨伐，江南终归于平静了。

公元557年，陈霸先废黜萧方智，登基称帝，建立陈朝。

合格的守护神

陈霸先登基称帝的过程，虽说不怎么名正言顺，却也是不得已而为之。北方诸强虎视眈眈，南方梁朝残部也蠢蠢欲动，作乱不休，残破的江南更是百业凋零，人心思治，这等情形下，不改立新朝，稳定政局，能成么？

梁朝几代帝王都没什么好下场：梁武帝是饿死的，简文帝是被棉被捂在头上闷死的，元帝在投降后受尽侮辱被土闷死的，加上后来的萧正德、萧栋、萧纪、萧渊明等，都贵为王侯，下场都很悲惨。这绝不是死几个人的事，王朝的兴废、政局的动荡让曾经富庶的江南生灵涂炭。而这个时候，如果没有一个强势的帝王，那自东晋以来的南方汉族文化就会遭到严重的破坏。于是，历史选择了陈霸先，他受命于危难之际，振臂于无望之时。自登基之后，陈霸先兢兢业业，外抗强敌，内苏民力，大量的广东兵民迁移到江南地区，补充人口，恢复生产，代表汉文明的南朝政权终于重复生机。陈朝，看似国力孱弱，却顽强地守住了中国经济最繁荣的地区，为隋唐大一统留下了最丰厚的遗产，作为缔造者，陈霸先，功不可没。打下基础后，继承人陈文帝励精图治，国势逐渐强盛起来；陈宣帝为了实现陈霸先的统一遗愿，兴兵北伐，战败北齐，拥有了淮南之地，陈朝进入鼎盛时期。

传说陈武帝为他心爱的飞英姑娘建造的飞英塔，位于今湖州城内东北隅

历史上对陈霸先指责最多的，一是他的篡权，二是杀害老战友王僧辩。可大义不拘小节，若北齐阴谋得逞，当时的北齐恰是暴君高洋在位，江南百姓势必饱受屠戮，汉文明的最后一脉也将不复存在。

陈霸先，因这点不光彩而被史家忽略，被忽略的还有他平定战乱的武功，他延续江南文明的贡献。事实上，他或许不是一个雄才大略的开创者，却是一个合格的守护神，统一江山？他没这个机遇。

在六世纪南中国刀兵血火的混乱中，他似一个勇敢的忍者，忍受着一切指责，在四邻强敌的夹缝中，顽强地守住最珍贵、最重要的东西——汉文明。他所给予的和平，不是最繁荣，而是南北朝中最艰苦的。建康政变，或许不光彩，却一定很伟大。

湖州陈武帝故宫

南朝陈文帝陈蒨

——想立男人为皇后的帝王

南朝陈文帝陈蒨像

姓　　名：	陈蒨
职　　称：	世祖
生卒年份：	公元 522 ~ 566 年，享年四十五岁
最高职务：	南朝陈第二任帝王
帝王工龄：	八年（公元 559 ~ 566 年）
最大政绩：	政治清明，国势强盛
最大错误：	异于常人的爱情观引发了一系列非正常举动
荣誉称号：	文帝王
老　　爸：	陈道谭
老　　妈：	不详
家庭出身：	高干家庭
接 班 人：	陈伯宗
最 得 意：	遇见了韩子高
最 痛 心：	没能立韩子高为皇后
最 擅 长：	励精图治
最 失 意：	自己的爱情观不被认同
现在住址：	江苏省南京栖霞区永宁陵
个性签名：	人生得一知己足矣，管他是男还是女

帅哥帝王

从小就是人精，长大出落成帅哥，后宫佳丽三千，却独独宠幸一个男人。为了他，中国历史上出现了空前绝后的“男皇后”一词。尽管最后这对帅哥俊男并没有厮守到老，但留给后人的谈资却足够说上几天了。

陈文帝陈蒨，字子华，又名荃蒨，开国帝王高祖武帝王陈霸先的侄子，南北朝时期陈国第二位帝王，性格沉稳。

史载陈蒨从小就是个人精，又是个帅哥，行事举止优雅合度，此外还文武双修，为陈家打出了好大一片天下。陈霸先赞扬他道：“文华是俺老陈家的骄傲。”想来这个赞扬是发自内心的，不然也不会把老大的位置传给他。据说他曾经做过一个梦，梦见天上有两个太阳，一大一小，大的快掉地平线下了，于是他顺手取了三分之一揣进了自己兜里。这预示着陈蒨的未来绝非一般人能及。

阎立本《历代帝王图卷》之陈文帝

侯景起事的时候，陈蒨成了人质。作为一个巨大的筹码，侯景的态度也很矛盾，又想让他活着，又想弄死拉倒。陈蒨就在夹缝中一次一次保全了身家性命，这要没点真本事也是不可能办到的。终于等到侯景完蛋，陈蒨守得云开见月明，成了梁朝的吴兴太守，开始东征西讨。

陈文帝与他的“男皇后”

在征讨过程中，陈蒨遇到了自己一生中最重要的人——韩子高。

韩子高，南朝人，野史称作陈子高，本名蛮子，出身寒微，世代以做鞋为生。侯景之乱期间，蛮子寓居京城建康，时年十六岁，长得容貌艳丽，纤研清白，如美丽女子一般。当时兵慌马乱，蛮子几次陷入绝境，但每次乱军兵刃就要加到他的头上的时候，总是因为惊叹他的美貌而不忍下手。蛮子靠着美貌死里逃生，后来正准备随同部伍还乡的时候，不意碰上了陈霸先的远房侄子陈蒨，也就是后来的陈文帝。

陈蒨乍见如花似玉的蛮子，大为震惊，继而心中大喜，上前问蛮子道：“你可想享受荣华富贵？何不跟我走？”蛮子抬头见是一个英俊的年轻将军在跟自己说话，相信他能够为自己带来好运，便答应了。陈蒨嫌他名字太俗，便让他改名子高。

陈蒨登基后先封他为右军将军，在扫平留异的叛乱后，又给了他“尚方宝剑”（除假节），封为贞毅将军和东阳太守，最后加官为散骑常侍，爵位也升成了伯。在这个过程中，韩子高的兵马越来越多，势力越来越大，不过他和陈蒨之间并没有发生任何矛盾。

子高形体俊美，两臂修长，善于骑射，肌肤诱人，英武异常，令人痴迷而不能自拔。传说陈朝公主陈见琛疯狂暗恋子高，竟然因为日夜思念而咳血身亡。子高把全身心都奉献给了陈蒨，他们同食共寝，日夜不离，更

陈蒨永宁陵麒麟

因为子高的一段绯闻，而导致陈蒨一怒之下感情用事灭了王司马一族，后来两人并肩战斗，最终造成了梁朝的灭亡和陈朝的建立。这种因为情侣琐事而导致王朝颠覆的史实，在中国历史上绝无仅有。因为韩子高，中国历史上第一次也是最后一次提出了“男皇后”的概念，虽然最终誓言未能兑现，但是韩子高貌美倾国，德服天下的事实是不容辩驳的。陈蒨病故以前，子高端水送药，片刻不离，给弥留之际的陈蒨以极大的安慰。偌大的皇宫，一切人等均被拒之门外，只有陈蒨子高两人病榻厮守，度过了人生最后一段旅程。

废帝陈伯宗接手大哥的位置后，韩子高作为托孤重臣，也算忠心勤勉。不过也许是命该如此，不久陈顼（即后来的陈高宗，也是陈霸先的侄子）摄政，大肆贬杀旧臣。韩子高因权位过大，也心里也犯嘀咕，于是连续三十七次要求外放，均没有被批准。不久陈顼以讨论太子人选为名召集大臣们议事，韩子高赴会后即被逮捕，随即以谋反罪被处死，年仅三十岁。幸运的是，他的亲族并没有受到牵连。

陈史里对韩子高评价不高，估计是因为男风的缘故，不为道学家所喜。不管怎么说，他们的爱情，大概是少数几例综合值较全面的了：既是爱人，又是同志；既是君臣，又是朋友；既是战友，又是亲人。

陈蒨与韩子高之间的故事后来还被写成了《陈子高传》，子高变为陈姓。在明代杂剧《男王后》里，陈子高更是被封做了正宫王后，事愈传而人愈奇。

陈文帝永宁陵前一景

南朝陈后主陈叔宝

——全无心肝的亡国

姓　　名：	陈叔宝
职　　称：	后主
生卒年份：	公元 553 ~ 604 年，享年五十二岁
最高职务：	南朝陈第五任帝王
帝王工龄：	八年（公元 582 ~ 589 年）
最大政策：	好像没有
最大错误：	骄奢淫逸，葬送国运
荣誉称号：	炀公
老　　爸：	陈顼
老　　妈：	正在 DNA 鉴定
家庭出身：	高干家庭
接 班 人：	无
最 得 意：	有个好皇后张丽华
最 痛 心：	被杨坚评价为“没心肝”
最 擅 长：	作诗
最 失 意：	没当上诗人
现在住址：	河南省洛阳市孟津县送庄镇
个性签名：	来生要做专职诗人！

南朝陈后主陈叔宝像

陈王朝的“末代帝王”

陈叔宝是南朝陈国的第二代帝王，也是陈王朝最后的君主，他在历史上被称为“陈后主”。

陈叔宝这个人物是历史上典型的亡国型君主的代表。他继承王位时是公元582年，此时北方的杨坚已登上皇位，正在等待时机统一天下。陈叔宝的父亲陈顼去世时，杨坚正率兵越过国境攻打陈国，但又把大军撤回来了。原因是，陈叔宝为父亲举行葬礼，身着丧服，当时大家都公认趁人追悼之际出兵乃违背道德伦理之事，不得人心。暂时休战并非文帝的诈敌之策，仅表示文帝严守礼法，也表示了要消灭陈国是轻而易举的事，信心十足。

阎立本《历代帝王图》中的陈后主陈叔宝

国难当头即位的陈叔宝，本来应该是心情悲痛，但人们所见到的情况，使人对这位后主的所作所为不能理解。他每日沉醉在歌舞诗赋的欢乐之中，过着迷恋美酒美人的淫乱生活，把帝王的公务置之一旁毫不考虑。

国家面临财政困难，陈叔宝却建造豪华的宫殿，天天花天酒地，美女欢歌宴席不绝，建筑宫殿使用香木和珍贵的宝石，花费大量资金。除此他还到处游山玩水，喜欢写诗弄墨，其中有一首名叫《玉树后庭花》的诗流传至今（尽管一直被称作亡国之音）。

如此骄奢淫逸加重了陈国的财政困难，陈叔宝为寻求安逸，只好增加税收。人民受此压迫，早就瞻望隋军到来，把他们从苦海中解放出来。当时军费开支困难，帝王还随意动用军费携带美女外游，军内对这个庸君也起了反感。

不知陈叔宝，但知张丽华

不知陈叔宝，但知张丽华

陈叔宝除了皇后之外，还有不少宠妃。其中最有名的一位美女叫张丽华，她不但容貌美，身材也苗条，特别是她七尺长的秀发更是无人能比。据说把秀发摊在地上光亮如镜，十分诱人。陈叔宝对她宠爱有加，不离左右，在朝廷执行公务时也把她抱在怀中。

张丽华入宫时，年仅十岁，身份是陈叔宝的妃子孔妃的侍女。有一天，张丽华被陈叔宝偶然遇见，陈大惊，端视良久，对孔妃说：“真是天姿国色，你有这么漂亮的美人，为什么不推荐给我？”随后迫不及待地做了小词，并送给张丽华。丽华年虽幼小，但天性聪明，吹弹歌舞，一见便会，诗词歌赋，寓目即晓。随着年龄的增长，越发出落得轻盈婀娜，举止娴雅，姿容艳丽。每一回眸，光彩照映左右，惹得这位陈叔宝魂魄颠倒。

陈后主妃张丽华画像

不久宣帝驾崩，陈叔宝正式即位，并册封张丽华为贵妃。当初叔陵起兵作乱时，陈叔宝的脖颈被砍受伤，在承香殿中养病。他让其他妃子都退下，独留张贵妃随侍。陈叔宝病愈后，对张丽华更加爱幸。

张丽华很聪明，记忆

力也强，任何一点小事情都记得清清楚楚。倘若有什么芝麻大的小事弄得她不高兴，让她上告了帝王，就会有人掉脑袋。因此大臣们都拼命讨好张丽华，后宫家属犯了法，只要向张丽华求情，都一切好说。因此，在这个江东小朝廷里，出现了“不知陈叔宝，但知张丽华”的怪现象。

全无心肝

开皇九年（公元 589 年）一月一日，隋朝开始对陈作战，历史上称这次战役为“平陈之战”。行军元帅，即总司令，为文帝的次子晋王杨广，也就是后来的炀帝。他率领杨素、高颎、贺若弼、韩擒虎等开国宿将，以及五十万大军巧渡长江，直抵陈国都城建康。

陈叔宝听到隋军攻到城下，不知所措，只知道抱着张丽华嚎哭。面对突袭的众多隋兵，昔日善战的陈国军队无法长久抵抗，鲁广达、周罗喉等陈国勇将先后败阵，建康城终于失守。

鸡鸣寺里的胭脂井，已经成为旅游景观

狼狈不堪的陈叔宝，在宫殿东藏西躲不知如何是好的时候，一个叫袁宪的大臣看见他那副样子，揪住了他的袖子破口大骂："陛下乃一国之君，怎能如此失态？隋军军纪严明，想必也无人会伤害陛下，请陛下堂堂正正地坐在宝座上，以礼接待隋军。弃座而逃，成何体统！"

后人作张丽华画像

但是，陈叔宝仍是挣脱了袁宪的手，跑去躲到了一口井里。隋军把井围住，然后往井口扔石头试探，井里面发出求救的喊声："救命呀！我投降，别杀朕！"这口井被后人称为"胭脂井"。

从井下拉上来的，不光是陈叔宝一个人，还有张丽华，以及另外一个宠妃共三个人。

陈叔宝被抓后，没有被处死，让他享受贵族的待遇，逍遥自在，每天饱贪终日。杨坚还怕惹他伤心，不奏吴音。后来陈叔宝竟对文帝要求："我还没有一个称谓，每回朝集，无法与人交谈，愿得一官号。"

隋文帝后来叹息说："陈叔宝全无心肝。"

监管陈叔宝的官吏都说陈叔宝每天喝得烂醉，很少有醒来的时候。隋文帝便问他们陈后主喝多少，他们回答说："与其子弟日饮一石。"文帝大惊，叹道："随他去吧，否则叫他如何过日子呢！"

软弱无能的陈叔宝就这样度过了十五年，直到他死去。死后被授予"炀公"之号。

主业诗人，副业帝王

杨坚当初说"陈叔宝全无心肝"，是把陈叔宝作为一个帝王来批评的，而在陈叔宝眼里，他做诗做曲才是正业，兴趣也全在这上头，而管理国家不过是他偶尔为之的兼职"副业"而已。也正因为这样，他才会在隋军兵临城下时，告急文书未曾开拆就被丢在床下；才会在隋军杀入宫中时，他不顾帝王的尊严，与几个女人抱作一团躲在井里，以致隋文帝对一国之君如此不顾体面而大吃一惊。也许陈叔宝并不

“我是诗人”

是“无心肝”，他只是从来就把自己当作一个风流才子，一个诗文骚客，亡不亡国，无所谓，帝王的体面，更是无所谓的了。

陈叔宝虽然不是一个称职的帝王，但是他在辞赋上确实有很高的造诣，创作出了很多辞情并茂的好作品。他曾作《玉树后庭花》：“丽宇芳林对高阁，新装艳质本倾城；映户凝娇乍不进，出帷含态笑相迎。妖姬脸似花含露，玉树流光照后庭；花开花落不长久，落红满地归寂中！”“玉树后庭花，花开不复久”成为有名的亡国之音。陈后主的好日子就像玉树后庭花一样短暂，仁寿四年死于隋大兴城，时年五十二岁。

北朝北魏道武帝拓跋珪

——晚节不保的北魏雄主

北朝北魏道武帝拓跋珪像

姓　　名：	拓跋珪
职　　称：	太祖
生卒年份：	公元 371 ~ 409 年，享年三十九岁
最高职务：	北朝北魏第一任帝王
帝王工龄：	二十四年（公元 386 ~ 409 年）
最大政绩：	汉化治国，强盛国势
最大错误：	在位后期嗜杀成狂
荣誉称号：	道武帝王
老　　爸：	拓跋寔
老　　妈：	贺兰氏
家庭出身：	高干家庭
接 班 人：	拓跋嗣
最 得 意：	自立为帝
最 痛 心：	死在儿子手上
最 擅 长：	军事
最 失 意：	吃补药致病
现在住址：	胜东金陵（有研究认为系今内蒙古自治区和林格尔西北）
个性签名：	晚节不保啊……

自古英雄出少年

拓跋珪是个奇童，生下来就是个大胖娃娃，体重比普通的婴儿重一倍，年纪很小就会开口说话。爷爷什翼犍死时，拓跋珪年仅六岁。

战斗中的拓跋珪

什翼犍是魏国前身代国的开国领袖，英明神武。代国大臣长孙斤谋反，一次朝会时拔刀直奔御座刺杀什翼犍。当时身为嫡子的拓跋寔徒手与其格斗，以身护父，被长孙斤刺中肋部，伤重而死。拓跋寔的儿子拓跋珪年纪还小，在代国遇难时被生母贺兰氏带着逃走，往投刘库仁部。后来，贺兰氏又带着儿子逃回娘家贺兰部，依附拓跋珪的舅舅贺兰讷。不久，贺兰讷的弟弟贺兰染干见自己这个外甥越来越得众心，想方设法要杀掉拓跋珪，但皆未得逞。

拓跋珪雕像

逃过几次劫祸，大难不死，加上他是什翼犍嫡长孙的身份。公元386年2月，拓跋珪在牛川即代王位，改元登国。同年四月，改称魏王。自此之后，拓跋珪连年征伐，先后击破刘显、库莫部、高车诸部，又记恨前仇，讨伐舅氏贺兰部。一直与魏国有世仇的刘卫辰此时也派儿子直力（革是）攻击贺兰讷，毕竟骨肉相连的血亲，拓跋珪反击直力的军队。接着，他率军征伐黜弗部；又在戈壁上冒险行军，连追三天，在南床山大破柔然，斩杀不可胜计。

偏偏刘卫辰父子自己找死，面对拓跋珪如此雄主不仅不避锋芒，反而再三侵掠，趁拓跋珪伐柔然之际，又派兵攻击魏国南部。拓跋珪大败直力于铁床山，获牛羊二十多万头，擒斩直力。刘卫辰连老巢悦跋城也顾不得守，奔遁而走，路上被手下所杀，传首于魏国。拓跋珪忆起新仇旧恨，把俘获的刘卫辰家族五千多人不分老少，全部杀死，投入黄河，一时间河水全部变红。刘卫辰全族尽灭，只有第三子勃勃逃脱，就是后来追立大夏国的那位杀人如麻、积尸成奇观的赫连勃勃。

拓跋珪在攻灭刘卫辰部的战争中，共获良马三十多万匹，牛羊400多万头，周围各部落纷纷降服，奠定了国家繁盛的物质基础。

“汉化”治国

拓跋珪即帝王位，定都平城（今山西大同），成为北魏王朝的第一个帝王。在深入中原地区的过程中，他渐渐发现汉族统治方式的优点，开始任用汉族读书人助他治理国家，在北魏军队中任职的汉人也越来越多。他广泛招贤纳士，只要是前来投奔的人，都尽量给他们机会，努力做到人尽其才。

在国家制度和各项礼仪方面，拓跋珪也处处模仿中原汉族。他在平城建起宫殿和宗庙，规定了统一的度量衡；制定官职品级和典礼上的仪式音乐；申明法律和各项禁令；规划了行政区域和军事制度，让国家尽量变得井井有条。

北魏都城——平城遗址

在多年的战争中，原本强大的贺兰、独孤等部落逐渐削弱，拓跋珪采取了许多措施，或者把他们的部众从原来的土地上迁走，或是命令部落首领与他们统

云冈石窟中的主佛——卢舍那佛，高 13.7 米，象征着当时的北魏开国帝王拓跋珪

领的氏族成员脱离关系，想方设法让他们不能再对拓跋氏的统治构成威胁。拓跋珪还用国家政体取代原有的血缘部落，鲜卑族就这样从松散的游牧部落一步一步走向了组织严密的北魏王朝，如今的鲜卑人已经与当初生活在东北的鲜卑游牧民族完全不同了。他们拥有了中原地区的大片土地，也接受了汉人的农耕生活方式。根据各地域的具体情况，拓跋珪制定了非常详细的租税赋役制度，把过去的氏族成员转变成稳定的农业人口。北魏的经济因此得到了发展，国家财政从中受益匪浅。

在文化上，拓跋珪也逐渐向中原靠拢。他曾经问当时的“博士”李先有什么东西能让人变得更聪明，李先回答说是书。拓跋珪很高兴，很想知道天下总共有多少书，怎样才能把它们全收集过来。李先回答说天下的书无穷无尽，只要帝王重视起来，努力收集，就一定有效果。拓跋珪就命令各郡县广收书籍，全都送到平城去。但在很多贵族和大臣看来，帝王在改变传统的路上越走越远了，他们担心下一步就要损害到自己的利益，就不愿意配合拓跋珪的决定。拓跋珪也感到自己的权威总在受到挑战，他很想知道怎样才能像中原帝王那样建立起至高无上的皇权，恰好另一位“博士”公孙表上书论述韩非的法家精神，建议他以法制治国，这正符合了拓跋珪的心思。他找了一个试验的机会，把表现粗鲁的左将军李粟以不敬之名处死，让贵族和官员们都心惊胆战。又有人举报说司空庾岳穿着华丽，行为铺张，举止气度都与天子相似，拓跋珪很快就把庾岳抓来杀掉。

虽然需要用汉人治理国家，但文化和血缘上的不同难免让拓跋珪感觉和汉人心存隔膜。在与汉族官员相处的过程中，由于背景的差异和猜忌心理，拓跋珪心里渐渐积累下了许多矛盾。公元 399 年 7 月，拓跋珪和一些汉族官员的矛盾激化，他杀掉了汉族官员崔逞，废黜了张衮等一些人。这种意气用事给拓跋珪的事业造成了很大的负面影响，他曾经听说很有名望的西晋宗室司马休之打算投奔北魏，大喜过望，但此后却总也等不到消息，到处打听，得到的答案却是司马休之听说崔逞被杀，不敢来归附他了。拓跋珪后悔不迭，从此以后亡羊补牢，对汉族士人格外宽容。

北魏的发展从此步入正轨。

死在儿子手上

魏帝拓跋珪晚年，常服食一种叫“寒食散”的补药，由于矿物质的提取物对人体很有害，使得这位不到四十岁的帝王屡屡病发，或数日不食，或数夜不睡，精神忧闷不安，有时整晚自言自语，好像对身旁的鬼怪说话。他上朝时喜怒无常，追思朝臣旧恶前怨，动辄杀害。见到大臣脸色有异，或呼吸不调，或言辞失措，就大叫而起，亲自殴打致死在大殿之上，尸体一字排开摆放于天安殿前。这一来朝野人情骚动，各怀忧惧。

拓跋珪死在亲生儿子刀下

就是这样一个“恶魔”，最后竟死在自己儿子的手上，下场相当悲惨。

公元 409 年的一天，性情无常的拓跋珪突然大骂自己的老婆——贺兰妃，还把她关在宫里，扬言要杀掉她。贺兰妃派人向儿子拓跋绍求救。当时这位小王爷才十六岁，凶猛性格酷似其父，夜里与宦官宫人密谋，跳过宫墙，冲入天安殿。周围侍者惊呼“有贼”，拓跋珪四处摸索半天也找不到弓刀，却被冲进来的拓跋绍一刀杀死。

又据逸史记载，道武帝晚年时有个预言很灵的巫婆说帝王当有飞来横祸，唯有灭“清河”，杀“万人”才可免祸。于是拓跋珪派人屠灭清河一郡，又亲手杀人，想凑够一万整数。他常常坐在辇上，手里拿剑，直刺前面抬辇人的后脑，一人死，马上另一人代替，每出行一次就杀死几十人。凑巧的是拓跋珪有个爱妃名字就叫万人。这位万人妃子也不怎么争气，与清河王拓跋绍私通。当拓跋绍听说老爸要杀母亲贺兰氏，他不仅仅是为了保护母亲，也是担心自己私通的事泄露，于是杀掉了拓跋珪。估计到武帝临死一瞬间，或许才能能够恍然大悟巫婆所说的灭“清河”杀“万人”的谶言就应验在自己身边两个人身上吧。

北魏陶牛，西安经文牛文化陶瓷博物馆藏

北朝北魏孝文帝元宏

——有为的少数民族帝王

姓　　名：	拓跋宏（后改叫元宏）
职　　称：	高祖
生卒年份：	公元 467 ~ 499 年，享年三十三岁
最高职务：	北朝北魏第七任帝王
帝王工龄：	二十九年（公元 471 ~ 499 年）
最大政绩：	励精图治，汉化改革
最大错误：	尚需考证
荣誉称号：	孝文帝王
老　　爸：	拓跋弘
老　　妈：	李氏
家庭出身：	帝王之家
接 班 人：	元恪
最 得 意：	促进民族融合
最 痛 心：	母亲早亡
最 擅 长：	诗赋
最 失 意：	几经努力没能灭掉南齐
现在住址：	北邙长陵
个性签名：	我厉害吧，把老祖宗的姓都给改了！

北朝北魏孝文帝元宏像

恶奶奶与乖孙子

北魏第六位帝王献文帝信仰佛教，对政治极其厌恶，总是想超脱世俗，修身养性。所以，公元471年，献文帝就把皇位让给了刚刚五岁的儿子拓跋宏。北魏拓跋家一直引用汉武帝的老办法，“立其子杀其母”，就是在立儿子做太子的同时，杀掉太子的母亲，以此防止吕后那样的悲剧重演。拓跋宏的生母也是这样被杀死的。年幼的拓跋宏只能由祖母抚养。

生母被赐死时，拓跋宏刚刚三岁，一直跟着冯太后，就把冯当作自己的母亲，而亲生母亲是谁，他一直不知道。

冯太后杖罚孙子拓跋宏

公元471年至490年的二十年间，北魏国家政权一直由冯氏把持。冯太后对拓跋宏一直存有戒心，担心他长大后会对自己不利，所以也不怎么喜欢他。有一次，冯太后听信谗言，杖罚了幼小的拓跋宏。又有一次，冯太后在大冷天里，把穿着单衣的小帝王关在一间空屋中，三天不给饭吃，还打算废掉他。后来因为大臣穆泰的劝阻，拓跋宏才保住了皇位。

虽然做奶奶的不仁，可人家做孙子的没有不义。拓跋宏即使被打被骂也毫无怨言，可以算是冯太后的孝孙。

大刀阔斧的汉化改革

北魏自从太武帝死后，帝王不再实行太武帝那样以武力强国和节俭强国的政策，政治开始日渐腐败，鲜卑贵族和大商人压迫人民，不断引起北方人民的反抗。孝文帝拓跋宏是太武帝拓跋焘的嫡系第四代子孙（拓跋焘——拓跋晃——拓跋浚——拓跋弘——拓跋宏）。公元490年，二十四岁的拓跋宏开始亲政，他开始大刀阔斧地进行汉化改革。

孝文帝规定了官员的俸禄，严厉惩办贪官污吏；实行了“均田制”，把荒地分配给农民，成年男子每人40亩，妇女每人20亩，让他们种植谷物，另外还分给桑地。农民必须向官府交租、服役。农民死了，除桑田外，都要归还官府。这样一来，开垦的田地多了，农民的生产和生活比较稳定，北魏政权的收入也增加了。

孝文帝把国都迁到洛阳以后，决心进一步改革旧的风俗习惯。

有一次，他跟大臣们一起议论朝政。他说：“你们看是移风易俗好，还是因循守旧好？”咸阳王拓跋禧说：“当然是移风易俗好。”

孝文帝说：“那么我要宣布改革，大家可不能违背。”

孝文帝迁都洛阳之后，决心开始进行改革。他的汉化改革之所以能够推行，首先得力于他知人善任。他不仅重用主持改革、提倡汉化的鲜卑贵族，还重用了许多有才干的汉族人。他深知笼络汉族地主对于巩固北魏统治的重要，所以一直不持民族偏见，重用汉人。对南朝投降过来的官吏，他也能不加怀疑，待之以礼。孝文帝不拘一格地选用人才，为自己的改革组织了一个智囊团，在这些智囊的支持和帮助下，孝文帝从改革鲜卑旧俗、学习汉族的生活方式和典章制度着手，开始了自己的改革：

北魏孝文帝出行图

一、易鲜卑服装为汉服。公元495年十二月，孝文帝在先极堂会见群臣时，“班赐冠服”，这是易鲜卑官服

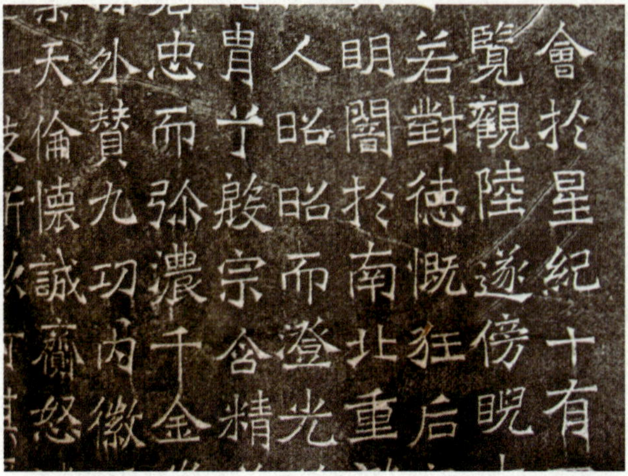
會於星紀十有
覽觀陸遂傍晛
若對徳慨狂后
明闇於南北重
人昭昭而澄光
胄兮殷宗含精
忠而弥濃千金
外贊九功内徽
天倫懷誠

北魏孝文帝《吊比干文》（拓片）

为汉官服的具体实行。

二、规定在朝廷上使用汉语，禁用鲜卑语，称鲜卑语为“北语”，称汉语为“正音”。孝文帝曰：“今欲断诸北语，一从正音。”三十岁以上的鲜卑官吏，在朝廷上要逐步改说汉语。三十岁以下的鲜卑官吏在朝廷上要立即改说汉语。如有故意说鲜卑语的，要降爵罢官。

三、迁洛阳的鲜卑人，以洛阳为籍贯，死后不得归葬平城。

四、改汉姓，定门第等级，改变鲜卑贵族原有的姓氏为汉姓。所改汉姓，以音近于原鲜卑姓者为准。拓跋氏为首姓，改姓元氏，为最高门第。孝文帝还设法使皇族和鲜卑贵族与汉族的主要士族通婚，以此为光荣。

就这样，为了汉化，帝王老儿把老祖宗的姓也改了，不过这是历史进步、民族融合的表现，可不是什么丢人现眼的事儿。

拓跋宏改姓

附：鲜卑族姓和汉族姓对照表

鲜卑族姓	汉族姓
拓跋	元
拔拔	长孙
丘穆陵	穆
步六孤	陆
赖	贺
独孤	刘
尉迟	尉
纥嵇	嵇
贺楼	楼
勿忸于	于

迁都洛阳

为了便于学习和接受汉族先进文化，进一步加强对黄河流域的统治，孝文帝决心把国都从平城（今山西大同市东北）迁到洛阳。

他怕大臣们反对迁都，先提出大规模进攻南齐，大臣纷纷反对，最激烈的是任城王拓跋澄。

孝文帝很恼火地说："国家是我的国家，你想阻挠我用兵吗？"

拓跋澄反驳说："国家虽然是陛下的，但我是国家的大臣，明知用兵危险，哪能不讲。"

洛阳古成

孝文帝想了一下，宣布退朝，回到宫里，再单独召见拓跋澄，跟他说："老实告诉你，刚才我向你发火，是为了吓唬大家。我真正的意思是觉得平城是个用武的地方，不适宜改革政治。现在我要移风易俗，非得迁都不行。这回我出

孝文帝迁都洛阳前后凿刻的帝后礼佛图

兵伐齐，实际上是想借这个机会，带领文武官员迁都中原，你看怎么样？”

拓跋澄恍然大悟，马上同意魏孝文帝的主张。

公元493年，魏孝文帝亲自率领步兵骑兵30多万南下，从平城出发，前往洛阳。正好碰到秋雨连绵，足足下了一个月，到处道路泥泞，行军困难。但是孝文帝仍旧戴盔披甲骑马出城，下令继续进军。

大臣们本来不想出兵伐齐，趁着这场大雨，又出来阻拦。孝文帝严肃地说：“这次我们兴师动众，如果半途而废，岂不是给后代人笑话。如果不能南进，就把国都迁到这里。诸位认为怎么样？”

大家听了，面面相觑，没有说话。孝文帝说：“不能犹豫不决了。同意迁都的往左边站，不同意的站在右边。”

一个贵族说：“只要陛下同意停止南伐，那么迁都洛阳，我们也愿意。”许多文武官员虽然不赞成迁都，但是听说可以停止南伐，也都只好拥护迁都了。

孝文帝把洛阳一头安排好了，又派任城王拓跋澄回到平城去，向那里的王公贵族宣传迁都的好处。后来，他又亲自到平城，召集贵族老臣讨论迁都的事。

平城的贵族中反对的还不少。他们搬出一条条理由，都被孝文帝驳倒了。最后，那些人实在讲不出道理来，只好说：“迁都是大事，到底是凶是吉，还是卜个卦吧。”

孝文帝说：“卜卦是为了解决疑难不决的事。迁都的事，已经没有疑问，还卜什么。要治理天下的，应该以四海为家，今天走南，明天闯北，哪有固定不变的道理？再说我们上代也迁过几次都，为什么我就不能迁呢？”

贵族大臣被驳得哑口无言，迁都洛阳的事，就这样决定下来了。

文帝的"姐妹花"老婆

孝文帝十八岁时，皇长子恂被立为太子，按魏祖训，太子的生母林氏只能被赐死。尽管文帝非常不情愿，并因此向冯太后求情，但冯太后想从哥哥冯熙的女儿中选一个做皇后，因此林氏必不能留。

冯熙的妻室常氏，生了个美丽的女儿，大女儿冯妙莲，二女儿冯姗，小女冯媛。

林氏死后，孝文帝异常伤痛。冯太后嘱咐冯熙，将女儿好好打扮，准备入宫。冯熙心领神会，在后花园建了一座迎恩亭，而后请太皇太后和孝文帝入府赏茶游玩。

常氏是南方人，知道太后和孝文帝喜欢南朝的文雅，也知道太后携皇上赴宴的意义，特地将两个女儿细细打扮。大女儿冯妙莲十七岁，二女儿冯姗十六岁，两人都挽着南朝贵族女子的飞云髻，斜插细珠的凤钗，身穿粉绸衫，外罩紫纱带，加之两人正值妙龄，窈窕风韵，身形修长，配上一双水灵灵的大眼睛，愈加楚楚动人。

先是小女儿冯媛敬酒，她这一年十三岁，按北方闺女的打扮，梳平头，略加采饰，上身穿一件高领窄袖的紫绸短袄，娴静可爱。其后，两姐姐移着莲步，双双跪拜，奉上美酒。孝文帝简直看呆了。这南朝仕女的高雅风韵真是与众不同，果然令人耳目一新。

冯太后想立冯媛为皇后，因年岁太小，需再等几年。因皇上喜欢两个大点儿的女儿，太后决定先将冯妙莲、冯姗送入后宫。入宫后，两人很快被封为贵人。冯妙莲聪明伶俐，善解人意，会梳南朝发髻，而且花样百出。她知道孝文帝爱吃鹅掌，喜爱文章音乐，便在这方面狠下工夫，加之工于心计，能察言观色，渐渐独得宠幸。妹妹冯姗喜好文学，长得小巧玲珑，虽然楚楚动人，但过于含蓄，不解男女风情，较之姐姐妙莲自是逊色不少。孝文帝对她二人各有评价，冯姗"媚而不佻，静而不滞"，冯妙莲"风韵自饶，妩媚艳丽。"

孝文帝皇后冯妙莲（即冯润）

冯氏姐妹在宫中过着幸福愉快的生活。不幸的是，三年后，灾难降临，冯

北魏冯太后陵寝——永固陵

姗怀上了龙子，却因难产而死；妙莲患了绝症，咯血不止。孝文帝因念旧情不顾众人反对，时时去看望妙莲，但太后严禁孝文帝留宿。

这时，龙城太守送来一位绝世美人——北海高丽人高扬的女儿。此女长身玉立，冰肌玉骨，堪称绝色，倾城倾国。孝文帝有了新宠，对妙莲自然有所疏远，妙莲无限伤感，忧思日积，病势加重，太后觉得这样不好，便命妙莲回老家平城，在庙中为尼，静心修养。

不多久，冯太后死了，孝文帝坚持三年服丧，禁绝酒色肉食。三年后，一切恢复如常，元丕等大臣进奏后宫无主，请求册立皇后，孝文帝便遵冯太后生前所愿，册冯媛为皇后。冯媛这一年十八岁了，性情稳重，知书达理，心胸开阔，能容其他受宠嫔妃，后宫中一时相安无事。

元宏左拥右抱

洛阳太庙修建完后，孝文帝要回平城迎列祖列宗神主，移祀洛阳太庙。太师冯熙此时仍居平城，卧病在床。皇后冯媛要留守新都，孝文帝便答应一到平城就去冯府看望冯熙，冯妙莲复出的机会来了。劫后余生的冯妙莲一来，宫中就失去了平静。

妙莲听说孝文帝要来冯府，便想着重返宫中。她求父亲将孝文帝留下，亲自下厨做了孝文帝最爱吃的鹅掌，孝文帝睹物思人，自然亲自去见她，这一见就一发不可收拾，痴情的孝文帝看着身穿道服、素雅圣洁、仙子般的妙莲后大为震动，没过太久，就急急接妙莲入了宫。妙莲本就颇有心机，又长于风情，且从高菩萨那学了许多的媚术，把孝文帝迷得神魂颠倒，很快便封为左昭仪，地位仅次于皇后。妙莲和皇后是同父异母姐妹，因妙莲不是嫡出，冯媛自是看不起她，然而妙莲觉得自己年长，又早入宫，此时封昭仪，并不比皇后差。这样，规定的每月朔望嫔妃参拜皇后，妙莲总称病不去。为此，冯媛很是恼火。

妙莲独宠后宫，恃宠而娇，常常诋毁皇后，试图取而代之，久而久之，皇上便对冯媛也有所反感。一次宴席之上，冯媛看不过妙莲所为和皇上的恣意独宠，当着众人的面，很是发泄了一番，言语自是极不中听。事后，冯媛被废为庶人，收回其皇后玉玺。

与此同一年，太子拔跋恂十五岁，因肥胖怕热，竟趁孝文帝不在京城，想逃回平城避暑。孝文帝大为震怒，亲自鞭笞，下旨废为庶人，改立高夫人所生的拔跋恪为太子。妙莲借机将高夫人害死，又自请抚养皇太子，想仿效冯太后。这样她离皇后之位又近了一步。

太和二十一年，齐魏两军在南阳交火，孝文帝统兵二十万进军新野。冯昭仪立为皇后，正位中宫。

冯妙莲统领后宫，一切事务由她作主。孝文帝在南阳争战一年有余，冯妙莲本是水性杨花，哪里熬得住。她秘密将高菩萨弄到后宫，两人又淫通起来。日复一日，高菩萨出入宫禁，都由皇后的近侍负责。后来，有消息说孝文帝在南阳病重，冯妙莲竟无所顾忌起来，公开与高菩萨淫乐。

孝文帝的幼妹彭城公

嵩山少林寺

少林寺始建于北魏太和十九年（公元495年），由孝文帝元宏为安顿印度僧人跋陀而依山辟基创建，因其座落于少室山密林之中，故名少林寺。

主，曾为南阳王刘昶之妻，此时寡居。冯妙莲有个同母弟冯夙想娶彭城公主，妙莲奏报孝文帝，并得到了许可，于是妙莲命公主改嫁。公主不愿，冯妙莲强行选定婚期，施压逼嫁，彭城公主抵死不愿，逃出洛阳往南阳去。

开凿于北魏孝文帝迁都洛阳前后的龙门石窟佛像

孝文帝听妹妹进奏完冯妙莲的所作所为，不相信。彭城公主就请他派人详察。冯妙莲知道彭城公主已见孝文帝，自感凶多吉少，极是惊惧，先让高菩萨速离后宫，且每日探听文帝病情。孝文帝不动声色，遣秘史察访，表面上像没事一样照旧赏赐皇后的来使。不久，孝文帝秘密回到洛阳，查清了事实的真相，即刻拘拿高菩萨和冯妙莲心腹，亲审冯妙莲。

孝文帝悲痛异常，对彭城王、北海王说，“冯家女不能复相废逐，且使在宫中空坐，有心乃能自死，汝等勿谓吾犹有情也。”冯妙莲不想自杀，孝文帝也不强迫，众嫔妃依旧每月拜谒。其实，孝文帝还是深爱妙莲，否则早就逼她自杀了。

孝文帝再次南征，北返途中，行至鲁山驾崩，享年 33 岁。临死时，对彭城王拓跋勰说：“后宫久乖阴德，自绝于天。若不早为之所，恐成汉末故事。吾死后，可赐自尽别宫，葬以后礼，庶掩冯门之大过。”孝文帝死，梓宫达鲁阳颁行遗诏，奉上药酒于妙莲，妙莲不喝，北海王强令执行，冯皇后只得“含椒而尽”，殡以后礼，谥幽皇后，葬于长陵。

北朝西魏文帝元宝炬

——有为的傀儡帝王

姓　　名：	元宝炬
职　　称：	没有
生卒年份：	公元 507 ~ 551 年，享年四十五岁
最高职务：	北朝西魏第一任帝王
帝王工龄：	十七年（公元 535 ~ 551 年）
最大政绩：	建立西魏
最大错误：	待定
荣誉称号：	文帝王
老　　爸：	元愉
老　　妈：	尚待考证
家庭出身：	高干家庭
接 班 人：	元宝钦
最 得 意：	由鲜卑人拥立为帝
最 痛 心：	不能与心爱的乙弗氏长相厮守
最 擅 长：	做个好傀儡
最 失 意：	再怎么努力，西魏还是一个短命王朝
现在住址：	陕西富平县东南永陵
个性签名：	傀儡也杰出

北朝西魏文帝元宝炬像

傀儡也有为

北朝西魏文帝元宝炬，鲜卑族，是西魏的开国君主，北魏孝文帝的孙子，京兆王元愉的儿子。

公元534年，北魏孝武帝元修不甘心当大将高欢的傀儡，逃离洛阳，投奔到长安将领宇文泰的部下。高欢另立北魏宗室元善见为傀儡帝王，并将都城迁往邺城。至此，北魏一分为二，东魏以邺城为都城，西魏以长安为都城。

西魏建立后不久，宇文泰下药毒死魏孝武帝元修，于公元535年，另立元修的堂弟元宝炬为帝。宇文泰任尚书令，升任丞相，独揽大权。

元宝炬称帝后，改名为元大统，着力于西魏的建设。

当时，西魏国土极小，需要进一步扩展疆域。然而，西魏开国，举步维艰，它东有东魏，南有梁朝，北有突厥，几乎处在四面包围之中，面对这一严峻形势，元宝炬细细考虑后和丞相宇文泰商量，决心实行改革，振兴关中，富国强兵，改变不利局势。

首先，元宝炬推行汉化政策，极力吸收汉族知识分子从政。他破格提拔了汉朝苏武的后代苏绰，任苏绰为大行台右丞、领著作郎等数职。

苏绰上任后，极力为西魏效劳。一边总管国家财政、农业及朝廷枢密事务，一边提出富民强国的策略。在苏绰的筹划下，元宝炬和宇文泰如鱼得水，锐意推行新政：创立府兵制；建立户籍制度、计帐；改定官制，整顿吏治，裁减冗员。同时，元宝炬提出六条为官的原则：先修心、敦教化、尽地利、擢贤良、恤刑狱、均赋役，并让官员熟记，不得违背。

元宝炬时期西魏人民安居乐业图

除此之外，为了检讨自己的过失，元宝炬把鼓、笔、

西魏五铢钱

纸放在宫门之外，让过往的百姓对自己提出批评意见。

经过一系列改革，关中地区的农业生产很快得到恢复和发展。不仅使西魏的经济实力、财政收入、军事力量大大加强，而且巩固了政权，使西魏具备了抵御外侵的能力。

公元 537 年 10 月，东魏大将高欢率军二十万分三路攻打西魏。西魏丞相宇文泰以一万精兵迎战，双方在沙苑（今大荔县南）开战，结果，高欢失败，东魏元气大伤，西魏取得胜利。

然而，不久后，东魏国力又有所增强。元宝炬和宇文泰秘密筹划后，由宇文泰乘胜率兵东进，先后占领了东魏山西、河南的大片领地。此时，西魏南方的梁朝发生内乱，宇文泰又率军攻取了巴蜀和江陵地区，使西魏的疆域扩大到四川、湖北一带。

元宝炬在位期间，和宇文泰默契配合，使西魏很快富强起来，成为我国古代少数民族最杰出的帝王之一。

感人的爱情传奇

东西魏对立的时候，中原地区面临着北方的强大威胁，东西魏都对柔然曲意逢迎以求自保。东魏把公主嫁给柔然统治者和亲，西魏宇文泰便要元宝炬娶柔然长公

魏文帝元宝炬永陵石兽

元宝炬和乙弗氏永陵远景

主作为皇后。当时元宝炬已经有了乙弗氏皇后，非常钟爱。但是宇文泰的命令又是不能拒绝的，元宝炬只好迎娶了长公主，立为皇后，即“郁久闾皇后”，痛心地废掉了乙弗氏皇后，将她打入冷宫。

元宝炬新婚后的家庭生活并不幸福。柔然公主是个嫉妒心极强的女人，她将自己婚姻的不幸归结为乙弗氏的存在并想方设法要除掉她。为了保护自己心爱的女人，元宝炬再次做出牺牲，将乙弗氏贬到秦州（今甘肃天水）出家为尼。

元宝炬虽然距离乙弗氏越来越远，但对她的爱意并没有丝毫减弱，相反却更加思念起来，两人多次秘密通信传情。柔然长公主很快知道了这个消息，向娘家哭诉自己的不幸。为了给女儿出气，柔然国出兵大举进攻西魏，名义就是要诛杀乙弗氏。元宝炬感叹，爱情遇到政治怎么会如此艰难。但是一个女子和百万大军比起来，自然是后者分量更重。元宝炬于是忍痛派遣使者去秦州，敕令乙弗氏自尽。乙弗氏冷静地对使者说：“愿帝王享千万岁，天下百姓康宁，我死而无恨。”随后走进卧室，“引被自覆而崩”，年仅三十一岁。

元宝炬与乙弗氏的爱情最终还是战胜了政治风云。元宝炬死后，人们将他和乙弗氏合葬在一起，成全了两人的爱情传奇。两人的合葬墓就是现在的陕西永陵。

西魏强不过三代

虽然元宝炬的个人生活是不幸的，但是西魏在他在位时期得到了恢复和发展。

在与东方各邦的国力竞争中，西魏由弱变强，取得了优势。元宝炬配合宇文泰主导了一系列政治和经济改革：整顿经济，订立财政计划；鼓励农业生产，关中地区的经济很快得到恢复和发展；财政收入与经济实力成为坚实的后盾，军事力量自然就大大加强。

公元537年秋，高欢亲率二十万大军分三路进攻西魏，宇文泰以一万精兵迎战，在沙苑经过血战打败高欢。东魏军队元气大伤，一蹶不振，而西魏在沙苑战后蒸蒸日上。宇文泰乘胜东进，占领了山西、河南的大片地区。此后西魏

西魏元宝炬永陵纪念碑

甘肃天水麦积山石窟的西魏第 44 窟佛像

出土于河南洛阳城北张羊村的《元钦墓志》（部分）

又趁南梁内乱攻取了巴蜀和江陵，使西魏疆域扩大到四川和湖北一带。宇文泰为西魏灭亡东魏直至最后为隋朝统一开启了大门。

公元 552 年春三月，四十五岁的元宝炬驾崩于乾安殿，没有实现自己五十岁退隐的计划。一个月后，元宝炬被葬在永陵，谥号“文帝王”。“文”是一个非常好的谥号，用以表彰元宝炬的文治成绩。在他死前两年，东魏的元善见禅让给了高洋。宇文泰并不急于登基，因此魏室得以在长安延续。

元宝炬的长子元钦在父亲死后，继承了皇位，但却没有继承父亲对傀儡角色的理解。元钦犯了一个傀儡最要命的错误：争夺权力。宇文泰因为权力斗争的缘故杀死了尚书元烈。元烈被诛杀后，元钦对大权旁落非常不满，时常发两句对宇文泰的怨言。淮安王元育、广平王元赞等人常常劝谏元钦，甚至哭着请元钦注意言行，以免给皇室带来危害。血气方刚的元钦哪里肯听？公元 555 年正月，对政敌毫不手软的宇文泰断然废掉了元钦，元钦成了历史上一名“废帝”。元钦之后，元廓即位，并改名为拓跋廓。公元 556 年，宇文泰病死，其侄宇文护承继其职，公元 557 年，宇文护逼迫拓跋廓退位，拥立宇文觉即大周天王。至此，北周建立，西魏退出历史舞台。

北朝北齐文宣帝高洋

——从英明君主到血腥魔头

姓　　名:	高洋
职　　称:	显祖
生卒年份:	公元 529 ~ 559 年，享年三十一岁
最高职务:	北朝北齐第一任帝王
帝王工龄:	十年（公元 550 ~ 559 年）
最大政绩:	建立北齐
最大错误:	血腥残暴
荣誉称号:	文宣帝
老　　爸:	高欢
老　　妈:	娄氏
家庭出身:	高干家庭
接 班 人:	高殷
最 得 意:	当上了帝王
最 痛 心:	被怀疑精神有问题
最 擅 长:	杀人
最 失 意:	被兄弟看不起
现在住址:	疑为河北省邯郸市彭城
个性签名:	下辈子一定要当帅哥！

北朝北齐文宣帝高洋像

初期是明君

北朝北齐文宣帝高洋在位初年，他留心政务，削减州郡，整顿吏治，训练军队，加强兵防，使北齐在很短的时间内强盛起来。

高洋执法非常严格，不管皇亲国戚还是平民百姓，都同等对待。有一次国都邺城大旱，百姓无粮可吃。高洋得知此事，命皇后李氏的弟弟李长林打开国库，赈济灾民。然而半年以后，邺城老百姓还是饿死了很多，没死的四处逃荒，敢怒不敢言。后来一位正直的大臣不顾自己的安危，把此事上奏给了皇上。高洋一听，勃然大怒。待原因查明后，下令将李长林斩首示众，后经许多大臣求情，才留他一命，但仍将他削职为民。从此再有了灾荒，没有一个人敢克扣赈灾粮食了。

高洋改革官制，他看到地方上的官吏太多，人浮于事，又加剧了农民的负担，于是采纳一些大臣的建议，削去州、郡建制。这样，全国的官吏一下子就减少了几万人，贪污腐化现象大大减少，农民们的负担也减轻了很多。

为防止北方少数民族的进攻，高洋还加固长城。每到农闲季节，他就调民工修长城，这对边疆的稳固起了很大的作用。经过一系列的改革和发展，齐国慢慢强盛起来。

有了充裕的经济实力，高洋便出兵进攻柔然、契丹、高丽等国，都大获全胜。同时，北齐的农业、盐铁业、瓷器制造业都相当发达，是同陈朝、西魏鼎立的三个国家中最富庶的。高洋可谓中国历史上少见的年轻有为之君。

高洋时期的钱币

北齐文宣帝高洋天保四年铸，制作精细，钱纹优美，笔画圆润，特别是“平”字上横与面穿下廓合一，背为七星双宝剑，设计铸造极为考究。

有名的测字帝王

北齐文宣帝高洋在中国历代帝王中并没啥名气，但他却是个名符其实的测字帝王，其测字的技巧确实达到了出神入化、令人难以置信的程度。公元550年，高洋废东魏，建立北齐。开国帝王高洋当然要给自己创建的王朝起个大吉大利的新年号，他让大臣们议一议。有人提议叫“天保”，让老天爷保佑北齐万年万年万万年吧。众人齐声叫好。高洋却说道，好是好，可这“天保”两字拆开来不就是“一大人只十”吗，你们是笑我在位只有十年啊。这时众大臣都吓得跪地求饶，谁知高洋却哈哈大笑说，没事，没事，这是天意，不怪你们。我有十年帝王做就不错了。

测字是中国神秘文化中的一个独特分支。测字就是用加减汉字的笔画、拆合字体结构的方式附会人事，进而推断祸福吉凶的一种文化活动。由于测字属于预测学的范畴，关系帝王政权或朝代的命运，因而引起历代帝王的重视，在中国历史上对测字感兴趣的帝王不乏其人，比如汉高祖刘邦、唐太宗、武则天、唐玄宗、唐僖宗、宋高宗、明太祖、乾隆等人都留下了与测字有关的趣闻逸事。

有关魏武帝曹操的测字故事流传很广。故事之一：曹操曾送给众人一瓶酪，瓶盖上写了个“合”字，大家不解其意。曹操的主簿杨修见了，说，魏王叫大家一人一口酪，吃，别客气。故事之二：还有一回，那是曹操当丞相时，有一天，他亲自去看相府的施工情况，在大门上写了个“活”字，工头百思不得其解。杨修时任相府秘书，工头来问他，杨修说，这还不简单，丞相是嫌门太大了，赶快改小一点。如果说曹操称得上测字四段的话，那么他比起测字九段的高洋来说那就是小巫见大巫了。

高洋曾经问卦的岱庙整体建筑

有意思的是，高洋不但

响堂石窟中的佛像

将佛教奉为国教的高洋选择此处凿窟建寺，营造官苑，作为他的避暑、游玩和礼佛之地。

高洋测字

知道自己在位几年，甚至连何年何月何日要寿终正寝也晓得。有一年，高洋带着美若天仙的皇后李祖娥上泰山的岱庙向老道问卦。高洋问，你看我有多少年的天子位可坐？老道不假思索地说“三十年”。高洋面露喜色地对皇后说，你看，老道也说我只有十年的时间了。皇后不解道，老道不是说三十吗？高洋解释道，这三十是指十年十月十日，三个十加起来不就是三十吗。后来，高洋果然在天保（公元 559 年）十年十月得了暴病，食不能下咽，饿了三天，真在十日这一天病逝。

更有意思的是，当初太子高殷将入学时，高洋特请国子监博士邢子才替他起个字号。邢子才思索再三，得意地说，字正道，人间正道是沧桑嘛。谁知高洋一听大叫，糟了，正字是一止，我儿子恐怕很难继承大统了。邢子才吓得魂不附体，慌忙恳求重新起字号。高洋喟然长叹，不用了，这是天意，就是改了也枉然。高洋环视众臣对他的同母弟常山王高演说，阿演仔，我要是现在杀了你，师出无名，反而落个千古骂名。只求你日后手下留情，要篡位就篡位，可不要乱杀无辜啊。高演一听跪在地上磕头不止，连说，不敢，不敢。高洋死后，高演位至太师，矫诏杀了他的侄子、年仅十七岁的高殷和尚书令杨愔，果然如高洋所料。

话说侯景在梁朝作乱失败后，将传国玉玺交给侍中赵思贤让他转交自己的属下，赵思贤见侯景东山再起无望，便将玉玺送给新主子北齐南兖州刺史郭元振作为投靠的见面礼，郭元振又上交顶头上司辛术，几经周转玉玺竟最终落到了高洋手中。一日，高洋问众大臣，你们说说看，为何侯景已经得到了传世玉玺结果还是保不住天子的宝座？诸臣无言以答。高洋破解道，侯景曾对他的部下说过，你们要知道我侯姓的人字旁不是作人看，要作人主看。不错，侯景确实是当上了天子，可他忘了不能光看侯姓还要同名字景连在一起看，侯景两字拆开来就是“小人百日天子”。所以他的天子宝座屁股还没坐热就滚下台了。我算了一下，他以辛未年十一月十九日攻破建康，篡位成功，到壬申年三月十九日兵败，总共是120日。而侯景在三月一日便离宫前往姑孰，刚好在宫殿只住了百日，众臣听了无不钦佩高洋的神机妙算。

血腥魔头高洋（泥塑）

血腥魔头

假使世界上有疯子集团建立的国家，北齐帝国就是了。后期的高洋几乎嗜杀成狂，他在金銮殿上设有一口锅和一把锯，每逢喝醉了酒，必须杀人才能快乐。而他从早到晚都在醉酒，所以从早到晚不停地杀人。宫女、宦官和亲信每天都有人惨死在他

北齐长城一隅

的“快乐”之下。最后改由司法部门把判决死刑的囚犯，送到皇宫，供高洋杀人时用。后来杀得太多，死囚不够供应，就把拘留所里正在审讯中的被告充数，称为“供御囚”。不但送到皇宫，即使高洋出巡时，“供御囚”也跟在高洋的屁股后，只要三个月不死，即作为无罪释放。

高洋幼年时，宰相高隆之对他曾经不太礼貌。坐上王位后，高洋记起前恨，下令把高隆之杀掉。但他感觉还是不太解恨，就把高隆之的二十多个儿子唤到马前，马鞭在马鞍上轻轻一扣，卫士群刀齐下，人头同时落地。宰相李暹病故，高洋亲去李暹家祭吊，问李暹妻子：“想不想你的丈夫？”回答说：“结发夫妻，怎不想念？”高洋说：“既然想念，何不前往？”抽出配刀，把她的头砍下，扔到墙外。

高洋非常宠爱一位妓女出身的薛贵嫔，同时又跟她的姐姐私通。有一天，到她姐姐家吃酒，

洪谷寺

洪谷寺位于林州市合涧镇西部洪谷山中，始建于北齐，为文宣帝高洋天保初年著名的地伦师僧达所建。

姐姐求高洋给她父亲一个大官，高洋大怒，命卫士把她悬挂起来，用锯锯死。又有一天，高洋忽然想起来薛贵嫔曾经跟别的男人有过不正当关系，又把她杀掉，把血淋淋的人头藏到怀里参加宴会，在宴会高潮时掏出来抛到桌子上，全席大惊失色。高洋又把她的尸体肢解，用腿骨做一个琵琶，一面弹一面唱“佳人难再得。”出葬时，高洋跟随在后面，蓬头垢面，大声哭号。

涉县娲皇宫石窟遗迹，此皇宫系高洋时期所建离宫

高洋凶性发作时，对亲娘也一样看待。有一次他曾把母亲娄太后坐的小矮凳（胡床）推翻，使老太婆跌伤。高洋把平日经常规劝他的两个弟弟高浚和高涣，囚到地窖铁笼之中。去看他们时，高洋纵声高歌，命二人相和，二人既惧又悲，唱出歌声，声音颤抖。高洋听了，不禁流下眼泪，然后提起铁矛，向二人猛刺。卫士们群矛齐下，两个弟弟用手抓住铁矛挣扎，号哭震天，不久就被刺成一团肉酱。最后连同铁笼，一齐烧毁。高洋最后做的一件事，是把北魏帝国元姓皇族全部屠杀，婴儿们则抛到空中，用铁矛承接，一一刺穿。

高洋的女人，只有一个没有受到他的欺侮，那就是皇后李氏。李氏是汉人，才色俱美。高洋为太原公时娶她为妻，当上帝王后立她为皇后，高洋对后妃虽喜怒无常，厌烦了就杀掉，但对李氏却以礼相待；至于对李氏的母亲和姐姐，他就另眼相看了。一次酒后，高洋闯进岳母家中，见岳母一副养尊处优的样子，发起无名之火。他从随从手里拿过弓箭，一箭射中岳母的脸，并对流血如注的岳母说：“我打过母后，还没有打过你，这不公平，我还要打你一顿才好。”于是又命令手下抽了岳母100马鞭才罢休。

李皇后的姐姐是魏亲王元昂的妻子，长得香艳迷人。高洋早就对她垂涎欲滴，于是故伎重演，借口到元昂家饮酒，酒后装疯，同李姐调情。他故意把酒洒在自己身上，让李姐为他擦拭，趁机在李姐身上摸摸捏捏。他甚至将酒吐在裆处，要李姐清理。

正当李姐把手伸过去，擦也不是不擦也不是时，高洋突然一把把李姐抱住。元昂和李姐面呈不快之色，高洋虽欲火中烧，却最终无由下手。

为了得到李姐，高洋想将她纳入宫中当三昭仪，但又怕她留恋丈夫，便心生一计，找个借口，召元昂进宫，用乱箭射死。李姐设置灵堂，祭奠元昂，高洋假装前往祭祀。欲火攻心的高洋竟在元昂灵前把李姐奸污了。朝廷命官吓得从此不敢蓄美纳艳，有了美女也只送往宫中。

腐化的生活缩短了高洋的寿命。北齐天佑十年（公元559年），高洋死去，年仅三十一岁。

高洋究竟怎么了

高洋被兄弟嘲笑

高洋给人最深的印象是从一个英明神武的开国君主直接堕落为荒淫无度、冷血残暴的血腥魔头。他的前后行为举止判若两人，以致于很多人猜测此公患上精神分裂症。

那么高洋究竟是怎么样的一个人？

高洋七岁就被封为太原公，他有一个有权势的父亲，帝王是他们家立的。然而在这个显赫家族中高洋只是属于二等公民。

高家出产帅哥，但是高洋是例外，因为相貌丑陋，所以他同母大哥高澄常常当众凌辱他“此人亦得富贵，相法亦何由可解”，甚至还当着高洋的面经常欺负他老婆。

三弟高浚（同父异母弟弟）也不甘示弱，常常指桑骂槐，斥责高洋左右“为什么不替二哥擦鼻涕！”完全把他看作弱智儿了。

兄弟如此，那么他的父母呢？

史书上有些记载说高欢还是挺器重这个丑儿子的，遗憾的是高洋始终没有入他的眼。高欢对他的长子高澄倒是竭尽全力地栽培，先是让他入朝辅政，再是通过整顿官场，打击权贵而为高澄立威，再后临死前还把手下哪些人怎么用、哪些人不能用，能治侯景的又是谁统统安排好才闭眼。高澄能够顺利接班全亏有个好父亲。高澄之外应该是第五子高澈，高澄有一次犯错误差点被废，老高当时考虑接班的候选人就是高澈，而不是嫡次长子高洋，另外高浚、高涣都是他的宠子。一大群聪明伶俐长相俊秀的孩子围着，谁还会想到终日坐着不吭一声的丑孩子？

高洋的母亲呢？一般人认为儿是母的心头肉，老妈肯定还是爱他的，但事实上那是一般人的想法，太后、皇后等等女性不能以常人的心态来推理的。

高洋打算当帝王的时候，他老妈就说：“汝父如龙，兄如虎，犹以天位不可妄据，

位于太原市西南天龙山腰的天龙山石窟，这里曾是高洋父亲高欢的避暑之地

校书图

画中所记录的是北齐天保七年（公元556年）文宣帝高洋命樊逊等人刊校五经诸史的故事。画面有三组人物，居中的是坐在榻上的四位士大夫，或展卷沉思、或执笔书写、或欲离席、或挽留者，神情生动，细节描写也很精微，旁边站立服侍的女侍也表现得各具情致。

高洋墓出土的A型甲胄骑兵俑

终身北面。汝独何人，欲行舜、禹之事乎！”可以看出老太太眼里高洋肯定不如父兄，她不了解这个儿子，她也不关心他，她的心在另外一个儿子高演身上。高洋死后，老太太就急不可耐地帮着爱子高演从自己亲孙子手上夺取皇位。

一个显赫的家族中，他得不到应有的尊重，也得不到亲人的呵护，得到的是冷眼、耻笑、侮辱，这个人会怎么样呢？高洋想做的一切只是想证明他的存在，他的能力不比兄弟们差。

从“快刀斩乱麻”的典故到勒众擒彭乐，无不显示这个天才少年想要告诉父亲他比兄弟们优秀。而他的父亲除了“是之”、“异之”没有其他的表示，他在这个家里的地位始终没有改变。尽管这样他还是没有自暴自弃，一直韬光养晦。

高澄被刺杀，事出突然，内外震惊，大臣们不知所措，高家的命运以及东魏的命运都悬在一刻。高澄一死，高家群龙无首，政权要回归了，试想一下如果帝王真的掌握了政权，第一个要收拾的肯定是高家了；当然另外一种可能就是再出现第二个高欢，结果也是免不了要血洗高家；东魏发生内乱，旁边的西魏、南边的大梁肯

高洋墓中的壁画

北朝壁画北齐高洋帝王墓地由墓室、甬道、墓道组成，墓道两侧、甬道、墓室四壁绘有精美的壁画，仅墓道两壁面积就有320平方米。墓道壁画为前后关联、上下呼应的整幅巨制。由53人组成的仪仗队列，人物如真人大小，生动逼真，规模宏大，系经过统一筹划，由一流画家完成，应是出自当时宫廷画家之手，展现了北朝时期绘画艺术的高超水平。图为墓道西壁第20—27人形象。

即使高洋已经漂亮地接过帅印，但还有很多人怀疑他的能力。一个人想要证明自己，怎么办呢？他选择了当帝王。大部分人都反对，因为他们打心眼里就瞧不起他。这个时候有人劝他“正因为不及父兄，所以才更要做帝王”，这句话怕是真的说到他心里去了。

始凿于北齐文宣帝高洋时期的响堂山石窟中的石像

高洋坐上皇位后，想做一个好帝王、好儿子、好哥哥、好丈夫，这一切他都做到了。“初践大位，留心政术，以法驭下，公道为先。”贵臣高隆之因为私怨想害崔暹、崔季舒，高洋不许；而后崔季舒等又诋毁高隆之，高洋也不理会，真正做到了公道为先。至于好儿子，也许有人会奇怪，因为高洋基本上被视为逆子，而事实上高洋是一个孝子，只是他不喜言谈，别人不知道而已。

高洋知道自己的儿子软弱，治不住他的两个弟弟，他对李皇后说：“人生必有死，何足致惜！但怜正道尚幼，人将夺之耳！”而他也知道这个要夺位的是他的亲弟弟，在临死前对他弟弟说："夺则任汝，慎勿杀也！"其实他也想过替儿子拔刺除掉高演，但事实上最后的亲情让他放弃了这种做法，用他自己的话说是："傥小儿死，奈我老母何？"如果他真得冷酷无情，完全可以向汉景帝学习。而高洋却把皇位以及妻儿的性命都押在宝贝弟弟身上，临死前他还相信兄弟间的亲情。而最后的结果是他的两个弟弟完全让人失望：高演废杀高殷（高正道），高湛逼奸他的皇后，还杀了他的儿子绍德。

北朝北齐武成帝高湛

——绿帽子帝王

姓　　名：	高湛
职　　称：	世祖
生卒年份：	公元 537 ~ 568 年，享年三十二岁
最高职务：	北朝北齐第四任帝王
帝王工龄：	五年（公元 561 ~ 565 年）
最大政绩：	肯定没有
最大错误：	荒淫，国事日衰
荣誉称号：	武成帝
老　　爸：	高欢
老　　妈：	娄氏
家庭出身：	高干家庭
接 班 人：	高纬
最 得 意：	哥哥传位给自己
最 痛 心：	死得太早了
最 擅 长：	荒淫凶暴
最 失 意：	老婆的作风不好
现在住址：	永平陵，具体地址不详
个性签名：	谁也别跟我比绿帽子！

北朝北齐武成帝高湛像

残暴荒淫的恶魔

荒淫的暴君

高湛，北齐时期武成帝，东魏权臣高欢的第九个儿子，和孝昭帝高演是同母异父的兄弟，他们都是娄太后所生。高湛“仪表瑰杰”，也是个美男子，小时候非常受父亲高欢的宠爱。

当他的哥哥高演严重患病时，他和侄子高元海以及叔叔平秦王高归彦等人秘密商讨，准备出兵谋权篡位，这时候正好有一位占卜师，告诉他“不利举事，静则吉”，高湛就停止了这个想法。不久之后高演因病去世，临死时，为了不让自己的儿子高百年陷入高殷的命运（高殷是高洋的儿子，因为父亲死了才得以继位，高洋临终前命高演辅助高殷。谁知不久，高演通过发动政变，杀了侄子高殷，自己继位），高演将王位传给了弟弟高湛。公元 561 年，高湛继位，他就是历史上的北齐武成帝，改元太宁。

刚继位不就，高湛便把原太子高百年降为乐陵郡王，同时立自己老婆胡妃为皇后。

狡兔死走狗烹，没过两三个月，高湛就把迎立他有大功的族叔祖平秦王高归彦外放为冀州刺史。有功还被贬，谁心里能平衡？不久，高归彦在冀州造反，高湛派大军围城，一举擒获这位老王爷，押至邺城，“载以露车，衔枚面缚，并子孙十五人皆弃市”。高归彦后悔当初怎么迎立了这么个忘恩负义的东西！

太宁二年（公元 562 年）年底的一天，暴君高湛闯进二哥高洋寡妻李祖娥所居的昭信宫，一见面就自己脱光衣服，要凌辱嫂子。李氏不从，反复抵抗，只是听到高湛恶毒地说道："如果你不依我，我立刻要你儿子的命！"李氏别无选择，为了儿子的姓名，只得依从。一来二去，李氏便有了身孕。

李氏的儿子，太原王高绍德在十五岁的时候，有一天去拜见母亲李氏。怀孕在身的李氏不敢与他见面，只得托辞不见，高绍德便在阁外高声喊道："母后您怀孕了，我知道这事，您为这个才不见我吧！"

李氏觉得愧对儿子，竟然当时就给把肚子里的孩子流掉了。高湛听到这个消息马上过去，见死婴是个女孩，生气的说道："你杀我女儿，我就杀你儿子！"他派卫士把侄子高绍德当场按住，守着李祖娥，用刀柄猛击这位亲侄头，把高绍德活活敲死。高湛一边敲击，口中还恶毒地说："当初你父亲打我，你为何不去劝阻！"李氏大哭。高湛更是大发雷霆，亲手扒光李氏衣服，一顿乱踢。李氏哭嚎翻滚，痛得死去活来。高湛命人把李氏装在绢囊里，扔在宫渠之中，差点给呛死，后来她被送到妙胜寺剃发为尼姑，吃斋念佛去了。北周灭北齐李祖娥被俘，隋朝建立后得以返乡，最后的结局算是不错。

除掉亲生侄子

河清三年（公元 564 年）七月，由于出现"白虹贯日"、"赤星见"天文星象，高湛就想起了六哥高演的旧太子、自己另一个侄子乐陵王高百年。当时，有个叫贾德胄的儒生教高百年书法，小孩子不懂事，看见什么写什么，曾写过数个"敕"字，书法老师缺德，藏起这数个描画的字，秘密向高湛报告。这可不得了，"敕"字只可帝王亲写，高湛抓住这个借口，传召侄子入宫。

高湛享乐图

这位十四岁少年入宫前，知道自己一去凶多吉少，就与自己的王妃斛律氏辞行，割下所留玉玦以作忆念。入宫后，高湛高坐王位，阴沉着脸，让高百年写几个"敕"字。验看

由握槊演化出来的“双陆”游戏

之后，与贾德胄上呈的“敕”字笔迹相同。高湛大怒，重击桌案，立刻命几个武士上堂对这个侄子拳打脚踢，打得高百年口中狂吐鲜血，倒在地上。高湛还不泄恨，让人揪住高百年的头发在地上拖，后面卫士随行还用大棒击打，“所过处血皆遍地”。

将死之际，少年哀求说：“阿叔饶命，我愿给您作奴仆。”高湛起身，亲手用刀当胸给了亲侄一刀，随即将他一脚踢入池中，池子里的水顿时一片血红。还怕这位旧太子不死，高湛又亲自跟到后园看着手下将高百年的尸体埋了。往日哥哥高演从未对他有一句恶言，又传皇位于他，他竟如此杀害亲生侄子作为“报答”，真是禽兽不如，高湛简直凶残到了非人的地步。高百年的王妃斛律氏闻知夫君死讯，持玉玦哀号不已，再不肯吃饭，不久就死了，临死时仍紧握那个玉玦。

群臣之中，高湛最宠信侍中和士开。和士开的先祖本是西域胡商，原姓素和，后来留居临漳，渐渐定居中原。高湛当王爷时好握槊（一种棋戏），和士开也是大玩家，于是两人便成了好朋友。加上和士开善于逢迎，还擅长演奏胡琵琶，因而十分得宠。这两人磁场相吸，非常投缘。

当时，和士开奉承高湛：“殿下不是普通人，是天帝啊。”

高湛回言：“你也不是一般人，是世神啊。”

当帝王后，高湛一刻也离不开和士开，和士开为报答“知遇”之恩，也放言“谏劝”高湛：“自古帝王，尽为灰土，尧舜贤君，桀纣昏君，死后又有何分别！陛下应该珍惜少壮之年，横行玩乐，一日快活敌千年。国事尽可吩咐大臣，何必自己劳心费神！”

高湛听后大悦，果然从此以后，三四天才上朝摆摆样子，随即返回后宫继续玩乐。

高湛墓志原石初拓本

和士开“奸谄日至，宠爱弥隆，前后赏赐，不可胜记”。为了更加忠心“报答”主上，和士开还勾搭上了高湛的胡皇后，搞得这一对帝王夫妻都舒服得了不得。

高湛大哥高澄的儿子河南王高孝瑜因谏劝胡皇后不应该和做臣子的和士开玩握槊游戏，和士开便乘间对其加以谗毁。高湛大怒，在一次酒席上命高孝瑜饮酒三十七大杯，又让人在他回家的路上往这位侄子嘴里灌毒酒，难受至极，高孝瑜投水而死。高孝瑜的三弟河间王高孝琬是高澄嫡子，听说大哥被毒死，天天恨得扎草人射箭，以泄心中怨愤。和士开听说后，又对高湛说：“高孝琬把草人当成您来射！”高湛命人拘讯，高孝琬一个失宠的姬妾又诬称：“孝琬画陛下图形夜哭切齿。”其实，那幅图象是河间王生父高澄，儿子忆父，每每对之流泪。高湛怒极，把这个侄子抓进宫中，派卫士用鞭把击打高孝琬。

高孝琬看见高湛坐在上座饮酒观刑，大叫：“九叔！”

高湛更气，便问：“谁是你叔？你怎敢叫我叔叔！”

高孝琬也是个驴脾气，不仅不改口称“陛下”，反而说道：“我是神武帝王（高欢）的嫡孙，文襄帝王（高澄）的嫡子，魏孝静帝王（元善见）的外甥，为什么不能叫你一声叔叔呢？”

高湛大哥高澄雕塑

高湛闻言暴起，用大棒亲自击碎其髀骨，高孝琬活活痛死了。

高湛二十七岁时，有彗星出现，太史官奏称是“除旧布新之象，当有易主”，即该有新帝王出现。为了“应天象”，高湛就传位给自己的儿子高纬，自称“太上皇”。至此，北齐又改元天统。

最后，高湛因为酒色过度而死，年仅三十二岁。这就是：自作孽，不可活！

貌似及时行乐的帝王，实则有苦衷

话说回来，高湛其实算是捡到了一个帝王来当。本来他应该是很满足，兵器应该对高演也是表示感谢的。但是他并没有这样认为，因为他觉得只要有高百年的存在，自己的皇位就无法传到自己儿子的手里。于是他想尽办法杀掉了他的兄弟与侄儿们。这也表明，高湛是十分看重这个皇位的。

其实，高湛当时真的不应该放弃那个皇位。他也很清楚，他那年纪轻轻的儿子现在根本就没有处理朝政的能力。同时，国家还正遭受着来自突厥和北周两方面的强力攻击，北齐随时随地都有被灭亡的危险。如果他的国家灭亡了，那么，他也不可能天天饮酒作乐了。

不过，事情到了最后，高湛还是果断地传位给儿子高纬。高湛之所以要走出这一步，他肯定是有原因的。首先高湛想到了皇位变更的悲剧。从一开始，皇位更迭太多这个苦衷便一直缠绕在高湛的心中。北齐从建朝开始，无论是高欢还是高澄，无论高洋还是高殷，无论高演还是他，就没有人能把这个皇位坐稳。尤其是高殷和高白年，都因为当时太年轻，他们的先皇把皇位传给他们后，就被皇叔给多了权。为了避免再发生这样的悲剧，高湛干脆自己还在世，就把皇位传给儿子高纬，这样

魏　高湛志铭

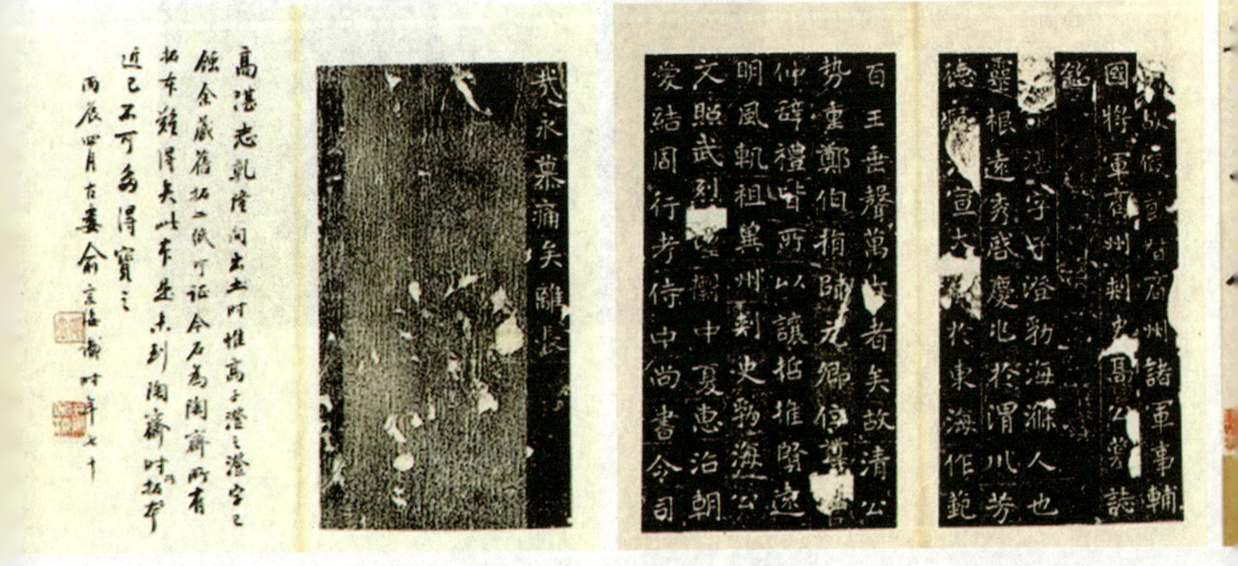

作风不好的胡氏

一来，在他的保护下，就没有人去和他的儿子高纬去争夺这个皇位了。

还有一个原因，高湛本人有非常严重的哮喘。这种哮喘病也是高湛的难处之一。此外，他天天和宫中的妃子们把酒言欢，高湛对自己的身体情况更没有信心了，他觉得自己也会不久于人世，都不如趁着自己还能享受，赶紧去享受一天的好日子。所以，高湛才提前把皇位传给儿子。

除了这两个难处之外，高湛实际上还认为国家在自己的治理下，已经盛世和平了。能够在活着的时候把皇位传给儿子高纬，就肯定能确保儿子的稳定。另外的原因，就是当时朝廷是由高湛最亲近的大臣和士开把持着，而且和士开和高湛的老婆胡皇后一直都有着藕断丝连的不可告人的秘密往来，然而高湛并不觉得这是一件丢人的事情，反以为荣。在高湛看来，有他最宠幸的大臣和士开以及他老婆管理，就天下太平了。

不幸的是，才过了三年，也就是天统四年（568 年），高湛就死了。又过了五年，高湛的儿子高纬也变成了一个亡国君，把国家给败光，被北周替代了。

优秀的“忍者神龟”

北朝北周武帝宇文邕，汉化鲜卑人，小字弥罗突，祖籍代郡武川（今内蒙古武川西）。宇文邕当帝王前，前面两个哥哥都是当上帝王没多久就死了，于是他顺理成章地登上了宝座。宝座后面还有一个人，没有这个人，他是万万坐不上去的，此人便是北周权臣——宇文护。

宇文护乃是宇文泰的侄子，宇文泰病死后，将社稷托付给宇文护。宇文护保着叔叔的几个儿子陆续登上皇位，一统关陇大地。但是宇文护这人好权，有点自大，不听帝王使唤，总想使唤帝王，哪个帝王愿意被别人使唤？帝王的日子不舒心，自然就有君臣矛盾发生。这矛盾一多，宇文护也受不了了，于是为了自己以后能健康顺利地活着，就把前面几个帝王统统干掉。宇文护有干掉帝王的胆子，可没有当帝王的胆子，一心只想当一个幕后操盘手，过过权臣的瘾，却没想到——过把瘾就要死！

北周帝王死了几个，按顺序排位，轮到了宇文邕当王。宇文邕非常不容易，当上帝王后，就在晋公宇文护面前表现得毕恭毕敬，连放个屁都得征求宇文护的意见。宇文护杀了他几个兄弟，按常理，做弟弟的都应该很悲伤才对，可是宇文邕表现得就像个不懂伦理的人一样，对杀兄之仇视而不见，对宇文护处处不提防，事事都按宇文护的要求去做。如果属下有人骂宇文护，宇文邕老弟是铁定站在宇文护一边，帮着反骂，甚至处死这些人都有可能。

一次，陈崇和宇文邕去原州办事，宇文邕执意要回去，别人都不明白宇文邕此举的意思。陈崇却装聪明对身边众人说今年晋公不利，晋公当死。武帝听说后，当着众大臣的面把他痛骂一顿，当天夜里陈崇就被宇文护逼迫自杀了，可见武帝的韬光养晦到了什么程度。就这样装孙子，整整装了十三年！

人的一生能有几个十三年？一个窝囊帝王当了整整十三年，唯唯诺诺，大气不敢喘，走路都得小心翼翼，不容易。后世也有几个窝囊帝王，被自己的亲族或者权臣整得人不像人，鬼不象鬼，比如光绪帝王。但是这些帝王死得也窝囊，到死也没翻过身来。唯一翻身做主人的只有宇文邕一个！

宇文护该死了，木秀于林，风必摧之，树大招风的道理他懂得不彻底。公元572年，宇文邕对宇文护亲热地说：“太后最近很郁闷，经常饮酒，希望您能劝劝她，让太后

高湛碑墓志（部分）

戒酒。”看在一片拳拳爱母之心的分上，宇文护答应了，他哪里料到这是一个阴谋啊。

怎么去劝呢？宇文护拿出了办法——读《酒诰》给太后听！

《酒诰》是尚书中的篇章，是中国最早的禁酒令，由西周统治者在推翻商代的统治之后发布。其中反对经常饮酒，只有祭祀时，才能饮酒。对于那些聚众饮酒的人，抓起来杀掉。《酒诰》中禁酒之教基本上可归结为：无彝酒，执群饮，戒缅酒，并认为酒是大乱丧德，亡国的根源，这构成了中国禁酒的主导思想之一，成为后世人们引经据典的典范。

宇文护表示要将《酒诰》亲自读给太后听。一个权臣，作恶多端，稍微长点脑子的，都懂得多带刀剑，多配侍卫，内衣衬甲，眼观六路，耳听八方，后面随时跟着人，否则长多少脑袋也不够人杀的啊！可是傻傻的宇文护老先生在宇文邕长期隐忍的麻痹下早已失去了危机感，一个人起身到宫里给太后读催命的《酒诰》，宇文邕自然在旁边陪着。正当宇文护读得专心时候，宇文邕突然拿出家伙在宇文护后脑上来了一下子，宇文护根本没反应过来，宇文邕带着下人趁着这结结实实的一闷棍，干净利落地杀掉了宇文护，从此北周天下他做主了，正式亲政，并立下赫赫功勋，彪炳史册。

北朝北周武帝宇文邕

——横空出世的英才之主

北朝北周武帝宇文邕像

姓　　名：	宇文邕
职　　称：	高祖
生卒年份：	公元 543 ~ 578 年，享年三十六岁
最高职务：	北朝北周第三任帝王
帝王工龄：	十八年（公元 560 ~ 578 年）
最大政绩：	为隋朝统一中国奠定了基础
最大错误：	尚未发现
荣誉称号：	武帝王
老　　爸：	宇文泰
老　　妈：	不详
家庭出身：	高干家庭
接 班 人：	宇文赟
最 得 意：	施计除掉了宇文护
最 痛 心：	求婚过程太过艰难
最 擅 长：	隐忍
最 失 意：	没能多活几年
现在住址：	陕西省咸阳市底张镇孝陵
个性签名：	我真得还想再活五百年！

历史没有给他时间

宇文邕是我国历史上的一位少数民族杰出的英才之主。

宇文邕是宇文泰第四子，从小就得到宇文泰的喜爱。泰常对别人说："成吾志者，此儿也"。待到宇文邕依计除去已被他麻痹而失去危机感的宇文护之后，他施展抱负的时刻来到了。

从西魏到北周的建立过程中，战事不断，战乱频繁，很多壮丁死去，有劳动能力的人越来越少，再加上自然灾害不断侵袭，农民们被迫要饭。那些寺院里的和尚、僧侣，不但不当兵，不纳税，不赈济灾民，反而趁机吞并农民土地。这些不劳而获的寄生虫，使农民的生活更加困苦，也严重威胁着北周政权。武帝觉得改革政治、取消佛教势在必行。

一位叫卫元嵩的和尚到武帝面前述说了灭佛立道的建议。武帝很是高兴，因为此时他的心里已经有了灭佛的想法。不久又因为一次农民起义，让他下定决心，取消佛教。

公元574年，武帝开始寻找灭佛借口。他召集文武百官、和尚、道士等，共同讨论佛、道二教的优劣，并最终决定灭佛。"融佛焚经，驱僧破塔，……宝刹伽蓝皆为俗宅，沙门释种悉作白衣。"此时蜀新州果愿寺一些僧人，进京与武帝呈述不宜灭佛；静蔼法师亦面见武帝论其灭佛之过，皆被逐出；宜州僧人道积，与同伴七人绝食而死，极为壮烈。建德六年（公元577年）灭北齐后，武帝接着把废除佛教的政策推广到北齐境内。他亲自到邺城（北齐国都，今河北临漳县西南二十公里漳水边上），召僧人入殿宣布废佛令，下令在原齐国境内灭佛，寺院等"准毁之"。

"忍者"宇文邕

曾有一位大胆的僧人问武帝说："佛是救世主，施恩布道，陛下取消佛教，不怕受罚么？"

周武帝说："只要百姓幸福，国家兴盛，我宁可受尽苦难。"

这是何等的胸襟！

最终，武帝把废佛运动在原北齐境内铺天盖地地开展起来。结果，四万多所寺庙赐给王公作宅第，一切经像尽毁于火；寺院财产，簿录入官，僧尼全部勒令还俗。灭佛之后，北周的国力大大增强。

宇文邕泥像

建德四年（公元 577 年），宇文邕与齐王宇文宪等少数人策划，力排众议，决定伐齐并亲自统军围攻金墉城（今河南洛阳），但因病还师。次年又率大军伐齐，几路并进，攻克平阳（今山西临汾）；不想围晋阳（今山西太原西南）时军事失利，自己幸免于死；之后听从宇文忻“死中求生，败中取胜”的建议，终于攻克晋阳。后入邺，灭北齐，从此拥有了黄河流域和长江上游，为隋的统一奠定了基础。

宇文邕诸事希求超越古人，对宇文护及北齐所修过于华丽的宫殿一律焚毁，对下严酷少恩，但果断明决，耐劳苦，征伐时躬亲行阵，得士卒死力。在其传记中常见“登城搏战”之类的用词。他勤于政事，生活简朴，后宫佳丽仅有十余人。

当时，突厥强盛，气焰嚣张，扬言北齐、北周是自己在南面的两个儿子。迫于形势，宇文邕不得不娶突厥公主为后。灭齐之后，宣政元年（公元 578 年），宇文邕率军分五路讨伐突厥，谁知未成行而病死。只可惜，他那“平突厥，定江南”的计划最终没有实现，“出师未捷身先死，长使英雄泪满襟”！

现在，我们都认为是隋文帝杨坚完成了中国历史上第二个大一统，但是我们不应该忘记是宇文邕灭了北齐，使整个北方成为一体，完成了局部的统一。后继者的无能、残暴注定了大周政权不能完成历史的使命，也暂时推迟了中国的统一进程。

虽说运气不太好，寿命太短，但是以如此之短的时间，在历史上留下流传千古的好名声，英明帝王宇文邕，着实不简单！

可怜的皇后

周、齐之际，北方草原崛起了一支新的民族——突厥。突厥本为柔然的奴隶，地位低下、受尽欺凌，后来却击败了不可一世的柔然帝国，成为了北方草原的新霸主。当时，突厥的王族是阿史那氏。

宇文邕孝陵出土的墓志

北周五佛像

对于都在跃跃欲试一统中原的周、齐而言，强大的突厥是不可或缺的帮手。双方都极力拉拢突厥，和亲则是与突厥结盟的最好方式。

当时的形势是这样的，北齐在几位暴君的折腾下日渐衰落。北周虽积极搞统一，但政局不稳，权臣宇文护短短几年内换了三个帝王。新继位的宇文邕刚十八岁，一面小心提防宇文护，一面实施统一大业，实在是力不从心，与突厥和亲无疑可以减轻统一的压力。

于是，宇文邕即位不久，再一次向突厥求婚。之前，宇文邕的老爸宇文泰曾向突厥木扞可汗俟斤求婚，俟斤一开始答应嫁女于宇文泰，不久又反悔，宇文泰也很快病故，首次求婚不了了之。这位突厥公主很幸运，要真嫁给了老头子宇文泰，还不得早早守寡？第二次求婚，年轻的宇文邕志在必得，表现得很有诚意，不断派使节呈上大量贡品，陈说突厥与北周联姻的好处。一而再、再而三，心猿意马的木扞可汗也架不住那么多人的游说，便答应将自己另一个十岁的女儿嫁给宇文邕。本来是做好持久战准备的，没想到木扞可汗答应得这么痛快，宇文邕只需要虚位以待将给自己带来一笔不菲政治财富的小女孩阿史那氏了。

宇文邕没高兴多久就被一盆冷水泼了个透心凉，他怎么也没想到，自己盼星星盼月亮等了八年才娶到阿史那氏。野蛮人木扞可汗是个贪心之人，一直在周、齐之间摇摆不定，企图从两国都获利，被齐人暗中挑拨就断然悔婚。宇文邕很有耐心，仍然继续派使团求婚，在利益的驱使下，木扞可汗再一次答应下婚事。

保定五年，二十三岁的宇文邕派出了一个盛大的迎亲使团迎接准皇后——十五岁的阿史那氏。齐人慌了神，又跑到木扞可汗面前大行挑拨之事，木扞可汗真是不要脸，第三次拉下脸皮悔婚，准备把女儿嫁给北齐后主高纬。北周使臣非常着急，屡次恳求木扞可汗遵守原来的约定，可汗执迷不悟，就是不听。北周使团一行人马尴尬地留在突厥，整日唉声叹气，不知所措。

偏偏就在这个时候，草原上又是打雷又是大风，突厥人的穹庐损毁大半。天灾降临，可汗又惊又怕，以为自己三番五次的无耻悔婚行为遭到了天谴，于是不再犹豫，备好仪仗立刻送走了女儿。这是木扞可汗在整个和亲过程中唯一痛快的一次。

历史没给宇文邕时间

这一场迎亲耗费了四年光阴，阿史那氏到达北周都城时已经十九岁了，在那个年代算是老姑娘了。八年的求婚历程，无数次的出尔反尔，阿史那氏的婚姻堪与跨度长达二十年的叶赫老女相媲美。

直到阿史那氏车骑驶入北周国境，宇文邕才长出了一口气，终于娶到手了！二十七岁的宇文邕亲自出城迎接阿史那氏，以表示对皇后的尊敬。

史书载阿史那氏“有姿貌，善容止，帝深敬礼焉”。

不难看出，宇文邕与阿史那氏的婚姻完全是政治婚姻，宇文邕一点也不喜欢阿史那氏。这不完全是阿史那氏的问题，问题主要出在宇文邕身上，估计他一见皇后就想起她那贪得无厌的无耻老爸，心里实在不爽。他对阿史那氏的冷落实在太过明显，连一个五六岁的小女孩都看了出来。

这个早慧的小丫头窦氏是宇文邕最疼爱的外甥女，自幼被养育宫中，她偷偷对舅舅说：“国家还没有安定太平，正需联合突厥平定中原，您可得对皇后好一点啊。”宇文邕不禁感叹外甥女的聪慧，从此改变了对皇后的态度，渐渐增加了对皇后的宠幸。这个心思伶俐的小女孩窦氏后来嫁给了唐高祖李渊，生下李世民兄弟，被尊为太穆皇后。

阿史那氏和宇文邕一起生活了九年，始终没有生下一男半女。九年的滋味很不好受，她一直在默默忍受着丈夫的冷暴力，度日如年。阿史那氏二十八岁那年，三十六岁的宇文邕去世。她的丈夫成为一统中原、赫赫有名的周武帝，可这跟她有什么关系？她只是个慢慢等死的深宫怨妇而已。新即位的宇文赟——她名义上的儿

突厥石人

子已经二十岁了，他尊阿史那氏为皇太后。之后精力旺盛、创意无穷的宇文赟变着法儿给这位寡妇改尊号，又是天元皇太后又是天元上皇太后，很没有意义。两年后宇文赟把自己折腾死了，三十岁的阿史那氏成为了太皇太后，名义上的新皇孙宇文阐只有八岁。

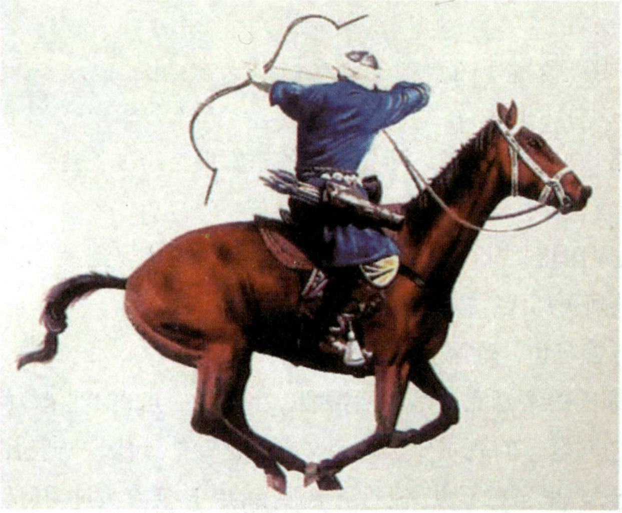
突厥人善骑射

不到一年，宇文阐被外公杨坚废掉，皇宫中住进了新得势的女人们，阿史那氏和北周后宫凄凉地离开了皇宫。因为周武帝皇后的身份，阿史那氏得到了一定的礼遇。其余人等，除了杨坚的女儿皇太后杨丽华外，悉数出家为尼。九岁的宇文阐两个月后被毒死，又过了一年，阿史那氏去世，时年三十二岁。杨坚将她葬入武帝孝陵，上谥号为“武德皇后”。

阿史那氏的一生是孤独的，她从十岁起就开始等待她的男人，可终其一生也没有等到男人的心。

1993年阿史那氏的墓志出土，上面只是简单地记载着她去世和下葬的日期。

恶习不改的宇文赟

北周"天元皇太后玺"金印

宇文赟刚满两周岁,还不知权力为何物时,就承袭了鲁国公爵位。建德元年,宇文邕杀了宇文护亲自执政后,十四岁的宇文赟又以长子身份被立为太子。

悠闲舒适的宫廷生活,整天与一帮专事阿谀的小人混在一起,使宇文赟渐渐养成了喜欢受人奉承的毛病。负责管教太子的官员左宫正宇文孝伯见太子不成器,经常向武帝宇文邕报告。武帝严肃地说:"你家世代耿直,尽心尽忠。从你刚才所言看来,真有乃父家风。"宇文孝伯笑着说:"并非难于直言,难在使他接受啊!"武帝不无感慨地说:"为了教正太子,怎么会怪罪于你呢!"随后,武帝便又任命尉迟运为右宫正,让他们二人共同负责管教太子。

宇文邕外甥女窦氏

武帝为了让大儿子建立功业,树立威望,也算给自己挣个面子,于建德五年二月命他巡抚西部边境,讨伐吐谷浑,并特地派了名将王轨和左宫正宇文孝伯从行。谁知这次出征,宇文赟非但寸功未立,反而与宫尹郑译、王端等佞幸小人在军中胡作非为,声名狼藉。八月,大军返回长安,王轨等立即一五一十向武帝作了汇报。武帝听后,按捺不住心头怒火,便下令将太子和郑译等痛打一顿,然后其他相关人等开除的开除、责罚的责罚,以示惩戒。不料太子的胆子越来越大,背着武帝又把郑译等人召回东宫鬼混,一如当初。郑译擅于拍马,讨好地说:"殿下何时能当皇上?"宇文赟听了这话,甭说有多高兴,自然和郑译更加热乎。

宇文邕望子成龙，对太子严格管教，每次朝见，都要求他和一般大臣一样，无论隆冬盛夏，不得偷闲休息。见他嗜酒，特地禁止宦官给东宫送酒。稍有不妥，就大棒伺候，并警告说："自古至今被废的太子不少，难道我别的儿子就不堪继任大统吗？"言外之意，就是这个不争气的家伙再这么没用，就废了他！同时，他严令太子东宫官属每月写一份详细报告，细细禀明太子一个月的所作所为。一看老爸动真格的了，这位好酒好色的太子爷竭力压抑自己的癖好，和众臣一样在北方冬天的五六点钟冒严寒伫立于殿门外等待早朝，可谓用心良苦，演戏很投入，毕竟惧从心来，真怕老爹一怒之下废了他，另立别的兄弟为皇储。

北周释迦牟尼佛像

宣政元年五月，武帝亲自率大军讨伐突厥，二十七日走到云阳（今陕西泾阳），突然得病，过了两天，仍不见好转，只得下令停止进军，并把宇文孝伯召到云阳别宫。武帝拉着宇文孝伯的手感慨地说："我自知不会好了，后事就托付给你。"当夜，任宇文孝伯为司卫上大夫，总领宿卫兵，又命他乘驿马急速驰回京城长安镇守，以备不测。六月初一，武帝病重，回到长安，当夜去世。宇文赟盼望已久的皇位终于到手，是为宣帝。

打也打了，骂也骂了，但是宇文赟就是狗改不了吃屎。老爸的棺材还摆在宫中没有入殓，宇文赟非但一点不像个刚死了爹的，还摸着脚上的杖痕，大声对着武帝的棺材叫骂："你死得太晚了！"一转身，这位新帝王马上把武帝的嫔妃宫女叫到面前，排队阅视，模样俊俏的都一一纳为自己的后宫。封建时代，伦常严谨，即使周武帝的嫔妃比宇文赟还要年轻，辈分上讲仍是母辈，太妃级的人物，这位新帝王全然不顾这些帝王礼仪，拥着那些年轻的"后妈们"共入花闱，春风遍度。

父母死后，起码要居丧三年，不能听音乐，不可嬉笑，还要穿朴素无装饰的衣服，这是自古流传下来的规矩。人家宇文赟才不管这些。他天天在殿前观看歌舞表演，还命郑译又把被周国灭掉的北齐末帝高纬的歌舞班子重新组织起来，招致殿前，号称"鱼龙百戏"，包括舞龙，侏儒搞笑，说相声，山车攻战，巨象游巡，拔河表演，杀马，剥驴皮等等奇异怪端，昼夜欢歌，好不热闹；他还在后宫聚集无数美女，增置了无数千奇百怪的嫔妃位号，连周国写起居注的史官都记录不下那么多名号；他沉湎酒色，整日在宫内嬉乐，大臣奏事都由宦官处置，搞得整个朝廷乱七八糟，乌烟瘴气。

北朝北周宣帝宇文赟

——22岁的『太上皇』

姓　　名：	宇文赟
职　　称：	无
生卒年份：	公元 559 ~ 580 年，享年二十二岁
最高职务：	北朝北周第四任帝王
帝王工龄：	两年（公元 578 ~ 579 年）
最大政绩：	还没发现
最大错误：	生下来就是错
荣誉称号：	宣帝王
老　　爸：	宇文邕
老　　妈：	李娥姿
家庭出身：	帝王之家
接 班 人：	宇文衍
最 得 意：	想整谁整谁
最 痛 心：	从小挨老爸打
最 擅 长：	吃喝玩乐
最 失 意：	葬送了祖宗的基业
现在住址：	定陵（今地不可考）
个性签名：	人活一世，图个潇洒！

北朝北周宣帝宇文赟像

秋后算账

宇文赟当太子时周围有硕儒指导，读书很多，对汉族的典籍很有研究。按理说这位青年帝王天资不低，但偏偏只知断章取义，只知道浮皮表面的东西。史载他上台后不久就大会群臣，大家都按古制穿上汉魏衣冠，峨冠云带，博领大袖，飘然欲仙，搞得个个都像活神仙。战国时赵武灵王胡服骑射，在乱世之中占了不少先机，宇文赟一反其道，采用汉魏朝仪，华而不实。当然，他身死以后老丈人杨坚建立隋朝，由“胡”变“汉”的过程倒被他本人先完成了大半。

宇文赟还乱改刑法。他认为老爸时期的《刑书要制》里刑罚太严酷，便下旨废除。为了收买人心，又大赦囚犯，一时间盗贼们纷纷从牢里跑出来，乡里为患。见到国家量刑过轻，周围人也纷纷“以身试法”，社会一片混乱。南北朝时期四分五裂，群雄环立，所谓“乱世用重典”，周武帝的刑法应该是必要的。宇文赟年轻小伙子不懂事，按书本治国，不知变通，不谙时事，一时间搞得自己下不来台。加之他本人又“奢淫多过失”，为了慑服臣下，又颁布新法《刑经圣制》，上演祭天告地行

北周敦煌壁画

恨爹不早死的宇文赟

新法的把戏，刑罚比周武帝时更重，稍有过失，便或打或杀，严加惩罚，臣下人民小有过失，马上就会被砍头灭家。

几个月后，宇文赟忽然又想起自己被父皇杖打的旧事，他闲聊天似地问宠臣郑译："我脚上的杖痕该怪谁啊？"郑译马上回答："都怪王轨和宇文孝伯！"其实这两个重臣都没有私心，他们只是希望宇文赟能自强自立。王轨曾假装酒醉，摸着周武帝胡子说："这么好的一个好爸爸，可惜没有好儿子！"周武帝当时也深知宇文赟好酒好色不成器，但次子更加无德能，别的儿子又太小不懂事，最终也没有采纳王轨之言。至此，宇文赟念起"旧恶"，加上郑译挑拨，便把王轨杀死在徐州任上，宇文孝伯被赐死于家中。王轨被杀之前早有心理准备，知道马上就要大祸临头，对亲信说："徐州地近陈国，如果我想保全自己，投降就是了，但是忠义之节不可违，况且先帝（周武帝）对我恩重如山，不能忘怀。我就在此地等死吧，希望千载以后还知道我的一片忠心……"

这一次秋后算账，害了两位忠臣！

盘剥百姓的"太上皇"

为了过一过当"太上皇"的瘾，刚刚二十二岁的宇文赟当帝王不久，就传位给8岁的儿子宇文衍，自称"天元帝王"，所居住的宫殿称"天台"，对臣下自称为天，改"制"为"天制"，"敕"为"天敕"。他又戴上冠冕，车服旗鼓比古代帝王都多加一倍，对旧礼古仪随意变更，对臣下讲话时也不称"朕"，自称"天"，妄自尊大，吃饭时用典籍中记载的樽、彝、珪、瓒等古怪的东西装载饮食。他还戴个高高的"通天冠"，加上金蝉做的饰物，斜佩夸张的大绶带，引领古代帝王奇装异服的新潮流。大臣要想见他，都得斋戒三日，清身一日，浑身上下里里外外干干净净才能上殿。不许大臣和他穿戴相同的衣服冠带，严禁别人使用“天”“高”“上”“大”之类称呼，凡有以此类字为名者，一律改换，姓高者改为姓姜，高祖改称长祖。又下令除宫人以外，天下妇女都不得涂脂抹粉。他每次召见大臣，不是要兴建新的形象工程，就是想方设法盘剥愚弄老百姓，从来不谈政事。

宇文邕时候，力主灭佛毁像，到了宇文赟这儿，全颠倒了。他一反父亲所为，精工制作了一尊大佛像，一尊天尊像，他自己坐在两像的中间，南向而坐，面前的广场上大陈杂戏，让长安的市民开眼：哇，“天王巨星”现身啦！宇文赟特别喜欢军队盛大的排场，常常自己一身上下甲胄齐全，光闪鲜亮，骑着高头大马四处乱逛。最盛大的一次是他壮观大阅兵，十万多马步兵列阵于宏武湖边，五百多艘大型楼船战舰缓缓驶出瓜步江口，旗蔽日，蔚为壮观。他去同州巡游，命为前驱的导行士官有三百六十重，数十里之间幡旗大举，乐声震天，无数武士皆于马上持戟，其壮观景色即使用今天的数码技术也肯定做不出那种效果，一般的电影场景肯定难以重现往昔这位帝王的壮观。倘若日后“时光机器”成真，人们能有幸穿梭回溯至周天元帝宇文赟时代，也一定会被如此盛宏奇特的排场而惊诧得瞠目结舌。

宇文赟最喜欢的汉服

宇文赟疯狂的代价

作为一国之君，好面子，摆排场也不是不能接受，最过分的是，宇文赟还是一个淫乱的变态狂，他所做出的事情简直超出了正常人的想象，让人不可理解。

即位不久，宇文赟看中了自己堂侄西阳公宇文温的妻子尉迟炽繁，在朝会时他把这位侄媳灌醉，逼而淫之。宇文温的父亲宇文亮得知当帝王的堂弟霸占了自己的儿媳妇，自是怒火中烧，又怕帝王杀了自己的儿子且连带上下一家人，便狠心起兵谋反。名不正言不顺的谋反，很快就兵败，宇文亮被杀，戴了顶大绿帽子的宇文温也被拖去斩首。堂兄、堂侄一家人宰杀完毕，宇文赟便欢欢喜喜地把堂侄媳妇尉迟氏迎入宫中，正式纳为贵妃。

宣帝常常让五个皇后各坐一辆车，在车上挂着许多倒悬的活鸡和散瓦片，他自己率领左右侍卫步行跟在后面，车子一走动，碎瓦碰击声和鸡的扑腾号叫声此起彼伏，乱成一团，宣帝见了却是打心里美到脸上。

不知道是从小挨打的阴影一直挥之不去，还是想将这股恶气发到别人身上，宇文赟非常喜爱捶打臣下，而且人家打人从不乱打，是有制度的。这个打人“定制”以一百二十杖为度，称为“天杖”，后来又翻倍，加至二百四，即使被宠幸的皇后、嫔、妃众多美女也不能幸免，且喜怒无常，想打谁就打谁。

“天王巨星”现身

虽然小帝王荒唐，周朝的国力和战斗力并不弱。众大臣齐心合力，攻下敌国南朝陈国的寿阳、黄城、广陵等地，江北之地尽皆入周。为了庆祝胜利，宇文赟在富丽堂皇的正武殿大集百官，又让宫人、内外命妇集体参加仪式，大肆娱乐。为了搞笑开心，又弄了一帮“胡人”大冬天光着膀子在庭院里四处游走，装作要饭花子乞寒衣，帝王自己和众大臣及宫人齐操家伙，用冷水乱浇乱泼，看见那些“胡人”被冰得四处乱跳乱叫，众人齐声大笑不已。玩完后，他又忽然巡幸洛阳，本人亲自驾着驿马，日行三百里，风驰电掣。倒霉的是他的四个皇后，皆被命令紧随他车后驾马齐奔，文武侍卫都心惊胆战，稍有不如意就会遭受谴斥，并会挨帝王定下的“天杖”。一路之上，人马顿仆，旌旗散乱，一点秩序都没有，就像是大败退慌忙逃命的景象。在洛阳一直折腾到三月底，春暖花开，宣帝才返回长安。到了十二月，他忽然又要去洛阳散心。他亲自驾驭御马，冒着刺骨的寒风，日行三百里，让四个皇后及文武百官侍卫随从几百人也都骑马跟着。到洛阳不几天，便又驰回长安。一路上，许多体质差些的人马都被累得倒在地上，他却觉得非常有趣。

终于有一天，宇文赟深更半夜兴师动众，去了天兴宫。不想他那纵欲过度的身体，已经极其虚弱，不堪折腾，受了点风寒，一病不起。还没来得及交代后事，便呜呼哀哉了。终年二十二岁，葬于定陵。

昏君背后的女人

杨丽华，宇文赟的皇后，后为隋朝乐平公主，这个女人很不寻常。

杨丽华是隋文帝杨坚的长女，母亲是独孤皇后。公元 573 年嫁给当时的太子宇文赟为妃，时年十三岁。公元 578 年，宇文赟即位，杨丽华成为皇后。然而宇文赟荒淫无道，竟然同时并立四个皇后，即杨丽华、朱满月、陈月仪、元乐尚；后来又逼淫宇文亮之儿媳尉迟炽繁，等宇文亮谋反被诛后将尉迟炽繁纳入宫中，成为他的第五个皇后。

虽然如此，杨丽华性情温和，对其他女子都不抱妒忌之心，深受其他皇后、嫔妃和宫女们的尊敬和爱慕。可是宣帝却偏不喜欢她，经常要给她点颜色看。杨皇后虽然温和，却认死理，觉得自己没有过失，她便心安理得，并不卑躬屈膝。即位之后，宇文赟越来越显得喜怒无常，有一次责备她，想要定她之罪，但是杨丽华却仍然一派安闲，毫无惊恐之貌，宣帝哪里容得她如此，便逼着要她自杀。消息传到杨皇后母亲独孤氏那里，独孤氏赶忙进宫，磕头到头破血流，苦苦哀求，杨丽华才算免于一死。宣帝余怒未息，仍忿忿地对杨皇后说：“早晚要灭你家族！”

"虐待狂"宇文赟

公元580年，宇文赟病重，刘昉、郑译假诏让杨坚领受遗命辅政。后来宇文赟逝世，而北周静帝宇文阐还很年幼，朝政遂由杨坚把持。杨丽华虽然原本并没有加入这场夺权计谋当中，不过一想到帝王年幼，如果由别人掌政，恐怕不利于己，得知刘昉与郑译的举动之后，心里曾经有些高兴。后来杨坚将自己的意图展露出来之后，杨丽华反而言行举止中都表达出她的忿忿不平之气。等到静帝禅位给杨坚以后，杨丽华极为愤怒，悲痛惋惜不已。杨坚内心惭愧，便在公元586年封她做乐平公主。后来又一度要她嫁给自己，她誓死不从，杨坚终未如愿。

公元609年，杨丽华在随同隋炀帝行至张掖（甘肃河西走廊中部）时在河西过世，享年四十九岁。炀帝返回京城时，把她的棺木带了回来，附葬于周宣帝的定陵。

北周宣帝宇文赟的陵墓定陵